0 歳児の保育

●あそび ●生活 ●発達 ●健康 ●指導計画 ●保育のアイディア ●保育イラスト

CD-ROM＆ダウンロードデータ付き

Gakken

JN041895

0歳児の保育 もくじ

※右記の内容は、『あそびと環境0.1.2歳』『ピコロ』に掲載した記事に加筆・再構成したものです。
※青字の項目は、本シリーズの『1歳児の保育』『2歳児の保育』との共通記事です。

・子どものこころに寄り添う ★『あそびと環境0.1.2歳』2014年〜2021年
・安心して食べる ★『あそびと環境0.1.2歳』2021年4月号
・0歳児のせいさくあそび ★『あそびと環境0.1.2歳』2012年〜2020年
・0歳児の手作りおもちゃ ★『あそびと環境0.1.2歳』2013年〜2019年
・0・1・2歳児の発達と保育 ★『あそびと環境0.1.2歳』2022年4月号別冊付録
・病気とけが 園でのケア ★『ピコロ』2014年4月号別冊付録
・0歳児の保育のアイディア 12か月 ★『あそびと環境0.1.2歳』2014年〜2023年
・0歳児の指導計画 ★『あそびと環境0.1.2歳』2021年〜2022年
・0・1・2歳児の保育イラスト ★『あそびと環境0.1.2歳』『ピコロ』2010年〜2015年

0歳児の保育

この本の使い方

0歳児担当の保育者として知っておきたい知識や資料をコンパクトにまとめた1冊です。明日からの保育をより楽しく確かなものにするために、この本を活用してください。CD-ROMやダウンロードできるデータもついています。

P.6 0歳児の保育で大切にしたいこと
子どものこころに寄り添う

0歳児担当保育者として理解しておきたい「子どものこころに寄り添う」ということを、さまざまな事例を通して考えます。

P.16 **安心して食べる**

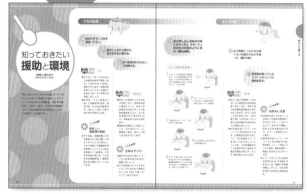

「食に関する子どもの主な姿」とそれに応じて援助するために知っておきたい知識をまとめました。

P.24 **0歳児のせいさくあそび**

0歳児がさまざまな素材との出合いを楽しむあそびを、季節感を織り込みながら紹介します。

P.36 **0歳児の手作りおもちゃ**

身近な素材で作る手作りおもちゃのアイディア。子どもたちに合わせてアレンジしてください。

必ずお読みください！

安全にあそび・活動を行うために

●紹介しているあそび・活動は、保育者のもとであそぶことを前提にしています。あそぶときは、必ず保育者が見守ってください。
●小さな素材の誤飲に十分注意してください。
●あそぶ前におもちゃや道具に破損などがないかを必ず確認してください。
●食材や絵の具、粘土などを使うときは、アレルギーに注意してください。口に入れないよう必ず保育者がそばにつき、使用後は手を洗ってください。
●リボンやゴムひも、ロープなど、長いひも状の物を使うときは、首や手指に巻き付かないように注意してください。
●壁面や天井に固定する物は落ちないようにしっかりと固定してください。
●ポリ袋や柔らかいシート状の物などを頭から被ったり、顔を覆ったりしないように注意してください。
●針、糸の取り扱いや後始末に注意してください。

P.49 0・1・2歳児の発達と保育

0・1・2歳児の発達のみちすじと、それに対する援助をまとめたページです。2歳児までを見通せる内容になっています。

P.83 病気とけが 園でのケア

園での病気・けがに対する応急手当てとそのポイントを解説します。

P.97 0歳児の保育のアイディア12か月

生活、あそび、保護者支援の視点でセレクトした園発信のアイディアです。

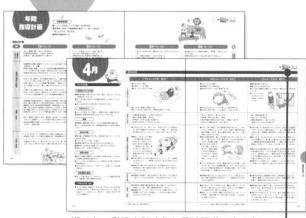

P.147 0歳児の指導計画

期ごと、発達を踏まえた月齢区分ごとの年間計画、クラス案と個別の計画例をあわせて紹介する月の計画。データもあわせて活用してください。

CD-ROMにデータが収録されているページには、CD-ROM内のフォルダー構成を示して、探しやすくしています。

各見開きの右ページには、インデックスを表示して、目的のページをすぐ見つけられるようにしています。

P.44 P.201 保育イラストを活用しよう 0・1・2歳児の保育イラスト

毎月のクラスだよりをはじめ、お知らせや掲示、マークなど、保育のさまざまなシーンで活用できるイラスト集です。このページをコピーしても、CD-ROM、またはダウンロードデータからも使えます。データはすべて、カラー、モノクロ（1色）の両方を収録しています。

※データの使用に際しては、P.229以降を必ずお読みください。

0歳児の保育で大切にしたいこと

子どもの こころに寄り添う

乳児保育（0歳代の保育）から始まる0歳児の保育では、
とりわけ「特定の大人との応答的な関わり」*が大切ですが、具体的にはどういうかかわりが求められるのでしょうか。
さまざまな場面を取り上げながら、子どもの心に迫ります。

指導●帆足暁子
（公認心理師、臨床心理士 ／ 「親と子どもの臨床支援センター」 代表理事）

はじめに

「いい保育」に必要なこととは

「いい保育」とは、どんな保育を指すのでしょう。子どもが泣かないように、気配を察して授乳したり、だっこしたり、おむつを見たり、また、あやしたりすることでしょうか。確かに子どものサインに気づく感性は保育に必要です。

でも、大事なことは、子どもがSOSを出せることです。自らが「泣く」などのサインを出し、子どもにとって「不快」な状態を解消し、「快」な状態になる体験です。そのためには、まずは子どもが訴えを出せる「泣く」体験が必要になります。

泣きを受けとめられる体験をすることで、子どもは泣くと応えてくれる人の存在に気づいていくからです。ですから、保育者は子どもの訴えを受けとめることが大切なのです。生活の主体者は子どもです。子どもからの働きかけが「生きる力」のスタートになります。

*「保育所保育指針 第2章 保育の内容　1 乳児保育に関わるねらい及び内容」より引用

"泣くと気づいてもらえる" という実感に注目して

昔から「赤ちゃんは泣くのが仕事」などと言われますが、それはどういう意味を含んでいるのでしょうか。アンケートの結果をもとに、子どもの「泣き」と保育者のかかわりについて考えてみましょう。

保育者の思い

「気になるから、まずはだっこ」

Q 子どもの泣き声が気になりますか?

0歳児	はい 50%	いいえ 50%
1歳児	はい 50%	いいえ 50%
2歳児	はい 65%	いいえ 35%

Q よく泣くと思う時間帯や場面はいつですか?

0歳児 1位=登園時　2位=授乳前　3位=夕方

1歳児
1位=登園時
2位=夕方
3位=あそんでいる途中

2歳児
1位=登園時
2位=あそんでいる途中
3位=午睡明け直後

Q 泣く理由として多いのはどんなことですか?

0歳児
1位=眠い
2位=不安
3位=甘え

Q 泣いたときにどんな対応をしますか?

0歳児 1位=だっこ　2位=話しかける　3位=おむつを調べる

1歳児
1位=話しかける
2位=だっこ
3位=体を触る

2歳児
1位=話しかける
2位=だっこ
3位=しばらく様子を見る

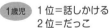

※このアンケートは、『あそびと環境0.1.2歳』2014年5月号の記事から引用したものです。

子どもの気持ち

「不快」を経て感じる心地よさ

あら、どうしたのかな？
ミルクかな？
おむつかな？

よかったね
おなか いっぱいに
なったね

　アンケートの回答にもあるように、0歳児が泣く場面の多くは生理的な欲求によるものです。子どもは、生理的な欲求に応えてくれる大人の行いや表情、声などを通して、"人っていいものだな"と感じます。このことが人への基本的な信頼感を育むベースとなるのです。そして、0歳代に育んだこの信頼感が、1、2歳児のコミュニケーションとしての「泣き」につながっていきます。

　赤ちゃんが泣くことについて、大人はどうしても「困ったこと」とネガティブに捉えがちです。でも、専門家であれば、「泣けてよかった」とポジティブに捉えましょう。

　赤ちゃんが泣く理由で一番多いことは、不快感（おなかすいた・眠いなど）です。例えば、おなかがすいて泣いたら、大人が気づいて授乳してくれて、「よかったね。おなかいっぱいになったね」と共感して言葉をかけてくれたという経験を繰り返す中で、泣けば応えてくれるという実感をもつようになります。この実感が、"自分の発したサイン→応えてくれる人の存在を感じる＋快適になる"ことを経て、"自分はサインを出していい"という自分を信頼することにつながっていきます。

　ですから、もし、泣いても応えてもらえないことが続いてしまうと、子どもの心には"泣いても誰も応えてくれない"という実感だけが膨らんでいくことになります。そのため、"自分はサインを出してもいい"という自信がもてず、人を求める気持ちや関心も弱くなり、泣くことすらしなくなっていきます。

　赤ちゃんの頃にだっこされて安心した経験は、子どもの中にしっかりと記憶されます。そして、この記憶が、その後、だっこされたときによみがえり、再び安心感をもたらします。この経験が、強い安心感、そして愛着関係を作ります。ですから、0歳代の泣きへの気づきは、とても大事な一歩なのです。

子どものこころに寄り添う

事例を通して考えよう

たくみちゃんのこころ

10か月で0歳児クラスに入園してきたたくみちゃん。
いろいろな場面で嫌がったり、怒ったり、泣いたりします。
そんなたくみちゃんと保育者とのやり取りの1年を追ってみましょう。

記録より　**4月の姿**（10か月）

やりたいことがある

"立ちたい！　歩きたい！"という気持ちがあり、移動するときにもほとんどはいはいをしないで、つかまり立ちをしようとします。保育者がはいはいに誘うと「あー」と言い、どうも"嫌だ"と抗議しているようです。

保育者の思い

たくみちゃんの気持ちは大事にしたいが、はいはいの機能も大切なので、楽しんではいはいができるように誘っていきたい。

あー

たくみちゃん、おいで〜

暁子先生の読み解きとアドバイス

子どもの今の気持ちを大切に

　たくみちゃんは自分の「イヤダ」という気持ちをしっかり表現しています。そして、その気持ちを保育者もちゃんとキャッチしています。であれば、まずは、"つかまり立ちをしたい"というたくみちゃんの気持ちに寄り添ってみませんか。

　たくみちゃんは、今、自分の可能性に挑戦しています。一緒にわくわくしながら、そのひとときを共有してほしいのです。つかまり立ちをしても、移動はやはりはいはいのほうが速いので、「待て待て〜」と追いかければ、はいはいで必死に逃げるでしょう。保育者が願うように、そのときはきっとはいはいが楽しいはずです。どうしても、発達の順番を考えて「はいはいをしっかりしてから」と思いがちですが、そのときの子どもの気持ちをまず大切にしましょう。そのやり取りが、子どもにとって、受けとめてもらえたという安心感につながるのですから。

たっちできたねうれしいねー

たくみちゃんのこころ

記録より **5月の姿** (11か月)

"いつもと同じ" を求める

連休の最中、お休みの子が多かったので、いつもとは違う場所にテーブルを設置しました。ぱくぱくと食べるはずが、きょろきょろと周囲を見回し、落ち着かない様子でほとんど食が進みません。

保育者の思い

いつもとは違う景色に違和感があるのかもと思い、いつもと同じ場所に席を戻した。すると、表情が明るくなり、自分からスプーンを持とうとしたので、驚いた。

 暁子先生の読み解きとアドバイス

それでいいかどうかは子どもが教えてくれる

　たくみちゃんの姿から、「いつもと違うことが原因かもしれない」と思う保育のセンスがすばらしいです。子どもにとって、「いつもと同じ」は安心感の基盤です。「同じ」ことを大切にしていく心もちは、この年齢だからこそです。特に、「食べる」「眠る」といった生理的欲求では、安心感を求めます。そして、子どもの気持ちを読み取れたかどうかは、子どもの姿が教えてくれます。

　たくみちゃんのなんとなく落ち着かない気持ちを保育者が感じ取って、"落ち着くいつもの場所"に戻したことを、できれば言葉できちんとたくみちゃんに伝えることで、たくみちゃんは自分の気持ちに気づき、そして、自分に向けられた保育者の愛情を感じられます。表情が明るくなり、自分からスプーンを持って食べはじめた姿に、たくみちゃんのうれしさや安心感が表れています。

食べたいのに、いらいら

食事中、何かを訴えて怒っているような姿が多くなってきました。保育者があれこれ推測して、いろいろ言葉をかけるのですが、いらいらしている様子は収まりません。もちろん食事も止まってしまいます。保育者がスプーンにのせて口元へ運ぶと、大きな口を開けて食べようとします。食欲はあるようです。

保育者の思い

自分でつまんで食べることもあるが、保育者に食べさせてもらいたい気持ちがあるようだ。それで怒っているのだろうか。あるいは、今の食事では物足りなくなってきているのかな？　咀嚼を考えて、もう少し今の内容で続けたい。

暁子先生の読み解きとアドバイス

わからなくても受けとめようとする 保育者の思いが大事

　保育者は、たくみちゃんが怒っているように感じているので、やはり何か不満があるようです。なんの不満でしょうか。保育者が振り返っているような理由かもしれませんし、あるいはいつも気持ちをわかってくれるのに、わかってくれないと感じているのかもしれません。

　子どもの気持ちは、できればわかりたいと思いますが、わかりにくいときもあります。子ども自身も自分の気持ちが明確になっていないことがあるのです。そうなると保育者には伝わりません。保育者は、もちろん迷います。そういうときは「どうしてほしいのかしら」と話しかけて、子どもの気持ちを理解しようとしながら、消去法で可能性を少なくしてみましょう。

　それでもわからないときには、「なんだかわからないけれど嫌なのね」と、そのまま丸ごと受けとめようとすることも必要です。子どものぐちゃぐちゃな気持ちの状態に巻き込まれず、受けとめようとする保育者の姿勢が、子どもに安心感を与えます。また、子ども自身がこの状態の自分を受けとめる力を育んでいきます。

たくみちゃんのこころ

記録より **9月の姿** (1歳3か月)

"嫌なこと"を伝えたい

生活している中で、何かに、ぶつかって痛かったり、やりたいことがうまくいかなかったり、保育者のかかわりや働きかけなどが嫌だったりすると、大きな声で泣くことが多くなってきました。保育者に甘えて、膝でごろごろすることも増えています。

保育者の思い

少しずつ自分の気持ちを周りにも出すようになったのかなと成長を感じている。

暁子先生の読み解きとアドバイス

たくみちゃんの気持ちを整理するかかわりを

　確かにたくみちゃんは、「イヤダ」という自分の気持ちを泣いて周りに出しているようです。6月には何かを訴えて怒っているような姿がありました。その「何か」が、6月には、たくみちゃん本人にもわからなかったのですが、成長して、その「何か」が明確になってきているようです。ですから、保育者にもくみ取れるようになってきたのです。この明確になってきた気持ちを言語化して、たくみちゃんに戻すと、さらにたくみちゃんの気持ちが整理されていきます。

　それからもう一つ。たくみちゃんは泣くだけではなく、甘えも出せているようです。保育者との関係が安定しているからこそ、プラスの気持ちもマイナスの気持ちも表現できているのでしょう。

自分で食べたいのに
うまくいかないね

6月

1月の姿（1歳7か月） 記録より

食事でぐずる

保育者に甘えたくて「だっこ」と言って、だっこしてもらったり、だっこしてほしくて追いかけたりする姿がありました。食事中に泣いて食べられなくなったり、食事の椅子に座ったとたんに大泣きして、保育者の膝の上でないと食べられなくなったりすることもありました。

だっこ！

保育者の思い

食事の時間にぐずることが多かった。何かすっきりしない気持ちがあって、それを保育者に受けとめてほしいのかなと感じている。

2月の姿（1歳8か月） 記録より

食事への不安

園庭から入室するときに泣いてしまって、食べはじめるまでに時間がかかったり、食べ終わっても"ごちそうさま"をしたくなくて、ずっと座っていたりすることが何度かあります。

保育者の思い

その都度、たくみちゃんの姿に応じてつき合ったり、気分が変わるまで様子を見たりして、気持ちよく食事の時間を過ごせるように配慮した。

いや！

ごちそうさましないの？

暁子先生の読み解きとアドバイス

たくみちゃんが不安になる場面を共有することが次につながる

　たくみちゃんは、保育者との愛着関係が形成できて、「甘えたくて」「だっこしてほしくて」という気持ちが明確に表現できるようになり、保育者もたくみちゃんの気持ちを理解し、受けとめられるようになってきました。

　一方、これまでの経過を見ていくと、たくみちゃんは食事場面に何か不安を感じているようです。泣いて食べられなくなったり、大泣きをしたり、食べはじめるまでに時間がかかったり、食べ終わっても"ごちそうさま"をしたくなくてずっと座っていたりする姿は、まだ自分の気持ちのありようが安定しない印象を受けます。保育者も、何かはわからなくても食事場面が安定していないことには気づいていて、気持ちよく食事の時間を過ごせたらいいな、と願いつつ、たくみちゃんとその場を共有しています。この丸ごと受けとめるかかわりが、3月のたくみちゃんの育ちにつながります。

記録より **3月の姿**（1歳9か月）

揺れる気持ち

その1

先月末からすっきり食べ終われない姿が見られましたが、3月上旬に、突然、食べ終えた食器を自分で下げることがありました。そのときは、すっきりした表情で"ごちそうさま"をしていました。

保育者の思い

自分で終わりのタイミングを決めたかったのかなと思う。引き続き、声をかけながら様子を見ていきたい。

保育者の思い

"この人と！"という、たくみちゃんの"つもり"がはっきりあったのだと思う。保育者の都合ではなく、たくみちゃんの気持ちを尊重すべきだったと反省した。

その2

午睡の際、そばに付いてとんとんしてくれていた保育者が、他児の食事の介助で離れてしまいました。すぐに別の保育者と交代したのですが、激しく泣いてなかなか寝つけませんでした。

 暁子先生の読み解きとアドバイス

たくみちゃんの成長と保育の課題と

　あんなに不安を抱えていた食事場面でしたが、たくみちゃんは大きく成長しました。なんだかわからない気持ちを自分の中に抱えながら、たくみちゃんがそれまでの自分を乗り越えた瞬間です。保育現場では、このように保育者がかかわる方向性を見出せない場面がときどきあります。そんなとき、どうにかしようと思わずに、ありのままを共有しようとする保育者のかかわりが、子どもにとっては、"否定されず、その状態でいさせてくれる"体験になります。たくみちゃんにとっても、その体験が、安心して自分の力で成長することにつながったのでしょう。そして、この瞬間を保育者がちゃんと見ていることがすばらしいです。

　でも、一方で、午睡のような場面もあります。なぜそうなったのでしょうか。このときたくみちゃんが求めていたものはなんだったのか、保育者の都合とはなんなのかを考えてみる必要があります。その場面の担当やローテーションなどを優先するとこのようなことが起きてきます。どうしても、交代しなければならない場合には、子どもにきちんと伝えてから代わるようにします。それでも泣くことはあるでしょう。でも、自分の気持ちをわかってくれているという安心感がもてるようになっていきます。

**かかわりの
ポイント**

０歳児は
自分のことで精いっぱい

０歳児は、自分の内外の区別、ものと人の区別、自他の区別といった認知機能がまだ十分ではありません。混沌とした世界の中で、少しずつ外の世界とつながっていきます。認知機能の育ちについて少し紹介します。

内外の区別

生後２〜３か月の頃、自分の手にはじめて気がつき、じっと見る姿があります。手を開いたり閉じたりして得られる感覚を通して、外に出ている「自分」を認識するようになります。

**ものと人の
区別**

７、８か月頃から１歳前後くらいの子どもから見ると、ほかの子が持っているおもちゃとその子は混沌とした１つのかたまりです。つまり、ものと人は区別されていないのです。ほかの子が楽しそうにあそんでいるおもちゃに興味をもって近づき、取りあげて自分のものにしたのに、そのとたんに興味をなくすことがあります。取られた子も、さほど執着せず、「あれ？」という程度です。

自他の区別

他者の存在を認識する１歳前後までは、自分のことしかわかりません。近くにほかの子が横になっていても、気にせずにはいはいで乗り越えていくこともあります。乗り越えられた子は、驚いて泣きますが、乗り越えていった子を責めて泣いているわけではありません。

「取られた子」や「泣いている子」を弱者と捉えてかかわる保育者に出会うことがあります。「取ったらだめだよ」「“痛い”って、泣いているよ」などと子どもの行動を否定し、子どもの心に訴えようと考えているのかもしれません。でも、認知機能が十分発達していない０歳児にとっては、こうした保育者のかかわりはなんだか違うのです。いずれもそんなに情緒的なことではないからです。それは、上で紹介した３つの区別にあるとおり、保育者は自分の価値観で子どもの行動を捉えるのではなく、子どもの育ちを客観的に捉える専門性が必要です。

安心して食べる

新しい環境への不安を乗り越え、一人一人が安心して食事を楽しめるように、
押さえておきたい子どもの姿と援助のポイントをまとめました。
あわせて、不安を表す子どもを理解する手立ても紹介します。

子どもにも、保育者にも、保護者にも心地よい場を目指して

　4月は、子どもも保育者も、そして保護者もドキドキです。見知らぬ人と、慣れない場所で、慣れない食事をしていく子どもにとっては、食事の場が安心できる場でなければ、「食べない（飲まない）」という行為となって表出しがちです。

　新入園児の保護者も、よくわからない状況に不安を感じています。ましてや、「食べなかった（飲まなかった）」となると、今までの子育てを否定されたように受け止める人もいるでしょう。

　この時期は担任間で、子どもの姿とどう向き合い、食器やテーブルなどの環境をどう整え、どのように援助するのか、再認識する絶好のチャンスです。同時に、それを保護者にも伝えていくことが、大丈夫という安心感をもつことや信頼関係を築くことにつながっていきます。どこでも得られる情報ではなく、我が子に直結する情報は代え難いものです。保育者の食の援助の行動見本を示すことが、子育て支援になっていきます。

　毎日、何回もある食事だからこそ、みんなにとって、安心して、心地よい場にしていきたいものです。食に関する子どもの姿を観察する目を高めるとともに、援助に込めた保育の意図を意識していきましょう。

酒井治子
（東京家政学院大学教授）

ガイダンス 「食育のねらい及び内容」とは

　P.17〜19で紹介している「食育のねらい及び内容」は、『楽しく食べる子どもに 〜保育所における食育に関する指針〜』（食育指針）第3章の0・1・2歳児に該当する内容となります。それぞれの年齢区分において、食育の目標を具体化した「ねらい」と、子どもが自らのねらいを達成するために必要な経験を「内容」としてまとめています。0・1・2歳児は毎回の食事を通して、「食を営む力」の基盤を作っていく時期です。この時期のさまざまな体験が、3歳以上児の5つの観点（食と健康・食と人間関係・食と文化・いのちの育ちと食・料理と食）から考える食育につながっていきます。

　あわせて紹介した「食に関する子どもの主な姿」は、目安となる姿の一例です。特に離乳期は、身近な大人のかかわりの違いや、発達を支える食事の提供内容などによって、進み方は異なってきます。一人一人の子どもの気質なども含め、個人差が大きいことを踏まえながら、観察する力をもつことが大切です。

食育を通して子どもとかかわるためのキホン

『保育所における食育に関する指針』でまとめられている０・１・２歳児の「食育のねらい及び内容」を抜粋して紹介します。
あわせて、０歳代から３歳代の食に関する子どもの主な姿もまとめました。

●監修／酒井治子

食に関する子どもの主な姿

*それぞれの姿の記載は、おおよその順序を表示しています。
丸数字がついた姿は、P.20〜23 で援助や環境作りについて紹介しています。

0歳代・6か月未満 P.20-21 掲載

①おなかがすくと目を覚まして泣く。
・徐々にミルクを飲む力が増し、飲む量が増えていく。

②首がしっかりと据わり、支えられると座れる。

③食べ物を見せられると、口を開ける。
④舌の押し出し反射が次第に少なくなり、ポタージュ状のものをかむように飲む（離乳初期）。
・舌の動きは前後運動。
・授乳時刻や睡眠など１日の生活リズムが整ってくる。

0歳代・6〜11か月 P.21-22 掲載

⑤舌で簡単につぶせる豆腐くらいの固さのものを食べる（離乳中期）。
・もぐもぐかんでいるように見えるが、舌の動きは上下運動のみ。

⑥保育者が持っているスプーンやコップに興味を示す。

・食べ物を見ると手を伸ばす。
⑦歯ぐきでつぶせるモンキーバナナくらいの固さのものを食べる（離乳後期）。
・前歯でかみ取る。
・スティック状のものを持って食べようとする。
⑧両手でコップを持って飲もうとする。
・エプロンを着けようとする。
⑨食べたいものを指さしたり、声を出してせがんだりする。
⑩手でつかんだものを口まで運ぶが、口に入れる段階でこぼしてしまう。

前歯が生えはじめる。

食育のねらい及び内容

	6か月未満児	6か月〜1歳3か月未満児
ねらい	①お腹がすき、乳（母乳・ミルク）を飲みたい時、飲みたいだけゆったりと飲む。 ②安定した人間関係の中で、乳を吸い、心地よい生活を送る。	①お腹がすき、乳を吸い、離乳食を喜んで食べ、心地よい生活を味わう。 ②いろいろな食べものを見る、触る、味わう経験を通して自分で進んで食べようとする。
内容	①よく遊び、よく眠る。 ②お腹がすいたら、泣く。 ③保育士にゆったり抱かれて、乳（母乳・ミルク）を飲む。 ④授乳してくれる人に関心を持つ。	①よく遊び、よく眠り、満足するまで乳を吸う。 ②お腹がすいたら、泣く、または、喃語によって、乳や食べものを催促する。 ③いろいろな食べものに関心を持ち、自分で進んで食べものを持って食べようとする。 ④ゆったりとした雰囲気の中で、食べさせてくれる人に関心を持つ。
配慮事項	①一人一人の子どもの安定した生活のリズムを大切にしながら、心と体の発達を促すよう配慮すること。 ②お腹がすき、泣くことが生きていくことの欲求の表出につながることを踏まえ、食欲を育むよう配慮すること。 ③一人一人の子どもの発育・発達状態を適切に把握し、家庭と連携をとりながら、個人差に配慮すること。 ④母乳育児を希望する保護者のために冷凍母乳による栄養法などの配慮を行う。冷凍母乳による授乳を行うときには、十分に清潔で衛生的に処置をすること。 ⑤食欲と人間関係が密接な関係にあることを踏まえ、愛情豊かな特定の大人との継続的で応答的な授乳中のかかわりが、子どもの人間への信頼、愛情の基盤となるように配慮すること。	①一人一人の子どもの安定した生活のリズムを大切にしながら、心と体の発達を促すよう配慮すること。 ②お腹がすき、乳や食べものを催促することが生きていくことの欲求の表出につながることを踏まえ、いろいろな食べものに接して楽しむ機会を持ち、食欲を育むよう配慮すること。 ③一人一人の子どもの発育・発達状態を適切に把握し、家庭と連携をとりながら、個人差に配慮すること。 ④子どもの咀嚼や嚥下機能の発達に応じて、食品の種類、量、大きさ、固さなどの調理形態に配慮すること。 ⑤食欲と人間関係が密接な関係にあることを踏まえ、愛情豊かな特定の大人との継続的で応答的な授乳及び食事でのかかわりが、子どもの人間への信頼、愛情の基盤となるように配慮すること。

食育を通して子どもとかかわるためのキホン

食に関する子どもの主な姿

1歳代 P.22-23 掲載

・いったん口に入れたものを出して、じっと見たり、つぶしてみたりなど、「あそび食べ」の行為が増えてくる。
⑪一人で椅子に座って食べる。
⑫手づかみ食べが上手になる（離乳完了期）。
・スプーンに載せてもらい、自分で口に入れようとする。

⑬スプーンですくって自分で食べようとする。
・保育者と一緒に「いただきます」「ごちそうさま」をしようとする。
・おかわりが欲しいとき、身ぶりなどで伝える。

⑭スプーンを使って自分で意欲的に食べる。
⑮食べ物の好みが出てくる。
⑯一緒に食べる友達に関心をもつ。
・一人でコップを両手で持って飲む。
⑰おしぼりで手や口を拭く。
・保育者に声をかけられると、食器に手を添えて食べようとする。

前歯が8本生えそろう。

食育のねらい及び内容

1歳3か月～2歳未満児

ねらい
①お腹がすき、食事を喜んで食べ、心地よい生活を味わう。
②いろいろな食べ物を見る、触る、噛んで味わう経験を通して自分で進んで食べようとする。

内容
①よく遊び、よく眠り、食事を楽しむ。
②いろいろな食べ物に関心を持ち、手づかみ、または、スプーン、フォークなどを使って自分から意欲的に食べようとする。
③食事の前後や汚れたときは、顔や手を拭き、きれいになった快さを感じる。
④楽しい雰囲気の中で、一緒に食べる人に関心を持つ。

配慮事項
①一人一人の子どもの安定した生活のリズムを大切にしながら、心と体の発達を促すよう配慮すること。
②子どもが食べ物に興味を持って自ら意欲的に食べようとする姿を受けとめ、自立心の芽生えを尊重すること。
③食事のときには、一緒に噛むまねをして見せたりして、噛むことの大切さが身につくように配慮すること。
　また、少しずついろいろな食べ物に接することができるよう配慮すること。
④子どもの咀嚼や嚥下機能の発達に応じて、食品の種類、量、大きさ、固さなどの調理形態に配慮すること。
⑤清潔の習慣については、子どもの食べる意欲を損なわぬよう、一人一人の状態に応じてかかわること。
⑥子どもが一緒に食べたい人を見つけ、選ぼうとする姿を受けとめ、人への関心の広がりに配慮すること。

2歳代

・スプーンを使って自分で食べるようになり、食べる量も急に増える。
・同じ食べ物でも、食べたり、食べなかったりする。
・食器に手を添えて食べる。

・保育者と一緒に手洗いやうがいをする。
・4、5人の友達と一緒に食べる。
・「これ、なに？」と食材を確かめるようになる。

・あそび食べが少なくなり、落ち着いて食べるようになる。

3歳代

・こぼさずに食べるようになる。
・準備や片づけをしようとする。
・食事のルールやマナーを理解し、守ろうとする。

- - - 奥歯と乳犬歯が生えはじめる。 - 乳歯が生えそろう。 - - -

2歳児

①いろいろな種類の食べ物や料理を味わう。
②食生活に必要な基本的な習慣や態度に関心を持つ。
③保育士を仲立ちとして、友達とともに食事を進め、一緒に食べる楽しさを味わう。

①よく遊び、よく眠り、食事を楽しむ。
②食べものに関心を持ち、自分で進んでスプーン、フォーク、箸などを使って食べようとする。
③いろいろな食べ物を進んで食べる。
④保育士の手助けによって、うがい、手洗いなど、身の回りを清潔にし、食生活に必要な活動を自分でする。
⑤身近な動植物をはじめ、自然事象をよく見たり、触れたりする。
⑥保育士を仲立ちとして、友達とともに食事を進めることの喜びを味わう。
⑦楽しい雰囲気の中で、一緒に食べる人、調理をする人に関心を持つ。

①一人一人の子どもの安定した生活のリズムを大切にしながら、心と体の発達を促すよう配慮すること。
②食べ物に興味を持ち、自主的に食べようとする姿を尊重すること。また、いろいろな食べ物に接することができるよう配慮すること。
③食事においては個人差に応じて、食品の種類、量、大きさ、固さなどの調理形態に配慮すること。
④清潔の習慣については、一人一人の状態に応じてかかわること。
⑤自然や身近な事物などへの触れ合いにおいては、安全や衛生面に留意する。また、保育士がまず親しみや愛情を持ってかかわるようにして、子どもが自らしてみようと思う気持ちを大切にすること。
⑥子どもが一緒に食べたい人を見つけ、選ぼうとする姿を受けとめ、人への関心の広がりに配慮すること。また、子ども同士のいざこざも多くなるので、保育士はお互いの気持ちを受容し、他の子どもとのかかわり方を知らせていく。
⑦友達や大人とテーブルを囲んで、食事をすすめる雰囲気づくりに配慮すること。また、楽しい食事のすすめ方を気づかせていく。

参考資料 『楽しく食べる子どもに〜保育所における食育に関する指針〜』（平成16年3月29日付け雇児保発第0329001号 厚生労働省雇用均等・児童家庭局保育課長通知）

知っておきたい 援助と環境

指導●酒井治子
（東京家政学院大学教授）

「食に関する子どもの主な姿」（P.17～19）から特に覚えておきたい姿をピックアップ。その姿に応える援助を、月齢や年齢を追って紹介します。それぞれの援助について、なぜ必要なのかを解説している「ここが大事！」も必読です。

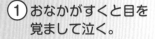

6か月未満

① おなかがすくと目を覚まして泣く。

② 首がしっかりと据わり、支えられると座れる。

③ 食べ物を見せられると、口を開ける。

 …①

- 子どもと1対1になれるような静かな場所で授乳します。できるだけいつも同じ場所で行います。保育者自身もリラックスして授乳できるようなソファや椅子を用意しましょう。
- まずは、「ミルクを飲もうね」と言葉をかけます。授乳中は、子どもと目を合わせ、「おいしいね」と語りかけながら授乳します。

望ましい食習慣の基礎

- 子どもは、空腹を感じて不安を訴えたときに優しく応えてもらうことで安心し、ミルクを飲んで満腹感や満足を得ていくことに心地よさを感じていきます。この学びの繰り返しが、人とかかわる基盤を培い、食事を楽しむ行動のスタートとなります。

 …②③④

- 安定した姿勢でいられる椅子を使ったり、保育者の膝に乗せたりして、お互いの表情がわかるスタイルで食事を進めましょう。子どもの表情や声に穏やかに応え、言葉をかけながら進めます。
- 援助の手順はいつも同じにして、子どもがスプーンに無理なく慣れ、安心して食べられるようにします。

主体は子ども

- 離乳を始める目安として、②③④の姿が見られるか、確認しましょう。
- 子どもが食べようとするタイミングに合わせて援助することが「自分で食べる」ことにつながります。

安心して食べる

④ 舌の押し出し反射が次第に少なくなり、ポタージュ状のものをかむように飲む（離乳初期）。

⑤ 舌で簡単につぶせる豆腐くらいの固さのものを食べる（離乳中期）。

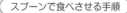
スプーンで食べさせる手順

1 スプーンに少量の食べ物を載せて、子どもの目の高さで見せる。子どもが目で認知したかどうか確認した後、口元までスプーンを下げる。

2 スプーンでトントンとノックするように正面から軽く下唇にふれ、サインを送る。

3 口を開けたら、スプーンを水平に下唇に置く。

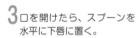
4 子どもが自ら上唇で取り込むのを確認する。

5 スプーンを上唇にこすりつけず、水平にゆっくり引き抜く。喉の動きを見て、ごっくんと飲み込んだことを確認してから、次の1さじをすくう。

⑥ 保育者が持っているスプーンやコップに興味を示す。

援助 & 環境 …⑤⑥

● 舌と上あごで簡単につぶせるくらいの固さのものを用意します。ただ、今まで滑らかな離乳食を飲み込むだけだったので、舌でつぶすことができるぐらい（指の腹で押しつぶせるくらい）軟らかな状態から始めるように配慮しましょう。

● 保育者が持つスプーンやコップに手を伸ばすときは、応答的なかかわりをしつつ、子ども用のスプーンを渡してあげましょう。コップは、小さな湯飲みタイプの持ちやすいものに少量の白湯などを入れ、少しずつ飲めるようにします。

ここが大事！
丸飲みに注意

● 保育者の食べさせるペースが速いと丸飲みの習慣がつきやすいです。しっかりつぶしているかよく観察し、飲み込むのを確かめてから、スプーンを運ぶようにします。

● 保育者が持つスプーンやコップに手を伸ばす行為、保育者にスプーンを持っていく行為は、他者を認知し、他者とかかわりたいサインです。

● スプーンやコップに自分からかかわろうとする姿に応えることが、周囲への興味や関心、そして、さまざまなものへの好奇心を高めます。

知っておきたい 援助と環境

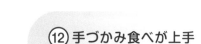

9〜11か月

⑦ 歯ぐきでつぶせるモンキーバナナくらいの固さのものを食べる（離乳後期）。

⑧ 両手でコップを持って飲もうとする。

⑨ 食べたいものを指さしたり、声を出してせがんだりする。

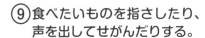

⑩ 手でつかんだものを口まで運ぶが、口に入れる段階でこぼしてしまう。

援助 & 環境 … ⑦⑧⑨⑩

● スティック状の食べ物を握る手づかみ食べから、親指と人さし指、中指でつまんで食べる、そしてスプーンを使う姿へとつながっていきます。両手の協働の発達に向けて、もう一方の手が机に載るように援助することも重要です。

● 自分で持って食べる、コップを持つ、スプーンを使おうとするなど、子どもが自分で食べようとする姿をそばで見守ったり、さりげなく援助したりします。

● 食べ物が手に付く感触を嫌がり、手づかみ食べをしない子もいるので、無理に進めないで、子どもの気持ちが動くのを待ちましょう。

● 子どもからの働きかけに「○○がいいのかな」などの言葉を添えながら応え、保育者が一方的に進めることがないようにします。

1歳前半（12〜18か月）

⑪ 一人で椅子に座って食べる。

⑫ 手づかみ食べが上手になる（離乳完了期）。

ここが大事！
自立心の芽生えを大事に

● 大人にとっては「困ること」や「あそび食べ」に見える姿が表れます。しかし、こうした行為が探索意欲を満たし、手指や口などの感覚の働きを豊かにします。「空いているほうの手で食べ物をスプーンに載せる」「口に入れるときにこぼす」などの行為から、一口量も学んでいきます。

● 子どもの思いを尊重しながらかかわることが、「これでいいんだ」という安心感や「自分でできる」という自立心につながります。

援助 & 環境 … ⑪⑫⑬

● 一人で椅子に座って食べるようになるので、机と椅子の高さが子どもの体格に合っているか、改めて確認。合わないときは、足置き台や背もたれを置いて調整します。

● スプーンを使えるようになる目安は、あそびの中で肘を肩の高さまで上げたり、手首をよく動かしたりする姿です。月齢ではなく、一人一人の育ちをよく見て取り入れましょう。また、手づかみ食べも十分に保障します。

（机と椅子の高さチェックポイント）

☐ 足がしっかり床につく椅子の高さ

☐ 背筋を伸ばして座れる座面の奥行き

☐ 肘を曲げた手が自然に載る机の高さ

足が安定する足置き

クッションなどの背もたれ

1歳後半(19〜23か月)

⑬スプーンですくって自分で食べようとする。

⑭スプーンを使って自分で意欲的に食べる。

⑮食べ物の好みが出てくる。

⑯一緒に食べる友達に関心をもつ。

⑰おしぼりで手や口を拭く。

●握る力が弱いので、指全体でしっかり握る"上手持ち"で持てるように援助します。食器は、スプーンですくいやすいように縁に立ち上がりのある平らな皿を用意しましょう。

●ますます"自分で！"の思いが強くなるので、保育者の援助を嫌がることがあります。さりげない援助で子どもが自分で食べる満足感を得られるように配慮します。

ここが大事！ 満足感の保障を

●最後までスプーンで食べるのは難しい時期です。子どもの意欲を受け止めつつ、「おいしかった」という満足や満腹感で食事が終えられるように配慮することが大事です。

●「ニンジンがおいしいね」「もぐもぐ上手」など、穏やかに語りかけて、食べる意欲を育んでいけるようにします。

援助&環境 …⑭⑮⑯⑰

●スプーンの持ち方は個人差に配慮し、一人一人の育ちに合わせて援助します。

スプーンの持ち方の変化

上手持ち

支え持ち

三指持ち

●食べたがらないときは、食材が固いのか、大きすぎるのか、あるいは眠いのかなど、子どもの様子を観察しましょう。

●友達への興味が増し、一緒に食べることを喜びます。ふだんは苦手で食べないものも、おいしそうに食べる友達の姿につられてパクッと食べることがあります。ゆったりした楽しい雰囲気の中で食事が進められるようにしましょう。

●今までは保育者がしていた食事前後の清拭やエプロンの着脱など、子どもができることが増えてきます。時間に余裕をもって、子どもの意欲を支えます。

ここが大事！ 自立心を受け止める

●なんでも食べてほしいと、完食することを働きかけすぎていないか、振り返ってみましょう。食べた量より、目・手・口をしっかり協応させて、自ら進んで食べていたか、またおいしさを感じて食べていたかなど、食べ方を観察することが大事です。

●子どもが一緒に食べたい人を見つけ、選ぼうとする姿を受け止め、「どこで食べる？」「誰と一緒に食べる？」などと、人への関心の広がりに配慮しましょう。

0歳児の せいさく あそび

身近にある
いろいろな素材にふれて、
感触を確かめることから
あそびを始めましょう。

*あそぶ前に、P.4「安全にあそび・
活動を行うために」を必ずお読み
ください。

4月

仲よしこいのぼり

絵の具をつけた手で、紙芯のこいのぼりをつかん
だり、転がしたりしてあそびましょう。乾かした
後、まごいとひごいのセットにして飾ります。

作り方

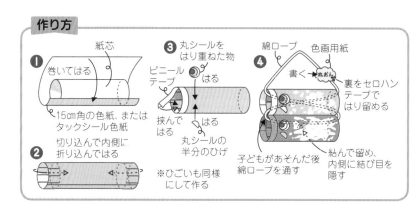

❶
紙芯
巻いてはる
15cm角の色紙、または
タックシール色紙

❷
切り込んで内側に
折り込んではる

❸
丸シールを
はり重ねた物
ビニール
テープ
挟んで
はる
はる
丸シールの
半分のひげ

※ひごいも同様
にして作る

❹
綿ロープ
色画用紙
書く
れおん
裏をセロハン
テープで
はり留める
子どもがあそんだ後
綿ロープを通す
結んで留め、
内側に結び目を
隠す

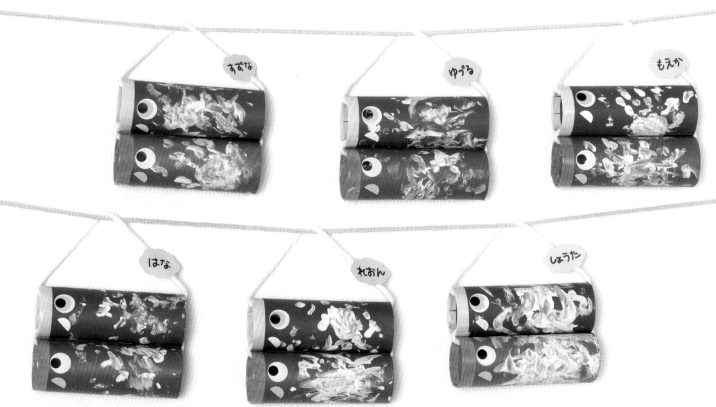

せいさくあそび

作り方

描く
裏側にはる
子どもの手形
はる
裏側にはる
みお
名前を書く
折る
※材料はすべて色画用紙

手形の **ヒヨコ**

手のひらに絵の具をつけて押してみましょう。たくさんあそんだ中から手形を切り抜き、ヒヨコの羽に見立てて作ります。

葉っぱの上の **くねくねアオムシ**

色紙と紙粘土の感触の違いをたっぷりと味わいます。紙粘土は子どもが握りやすい大きさのかたまりにして、少量の絵の具（黄緑色）を混ぜておきます。

子どもが触った形のまま乾かします。後からフェルトペンで表情をつけました。

25

ふんわり
カップゼリー

フラワー紙などの薄紙の柔らかい感触を
楽しむことから始めます。カップの中か
らフラワー紙を出したり、入れたりする
あそびを一緒にしながら、ゼリーを作っ
ていくといいですね。

作り方

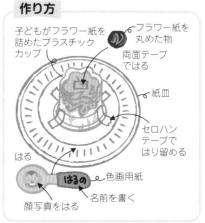

子どもがフラワー紙を
詰めたプラスチック
カップ

フラワー紙を
丸めた物

両面テープ
ではる

紙皿

セロハン
テープで
はり留める

はる

色画用紙

顔写真をはる

名前を書く

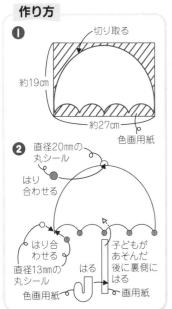

6月

雨、ポツポツ、ザーザー

色画用紙の雨傘に水性フェルトペンで雨を降らせます。ポツポツ、ザーザー
といった雨を表現する擬音語を言いながら一緒にあそびましょう。

作り方

❶

切り取る

約19cm

約27cm

色画用紙

❷

直径20mmの
丸シール

はり
合わせる

はり合
わせる

直径13mmの
丸シール

色画用紙

はる

子どもが
あそんだ
後に裏側に
はる

画用紙

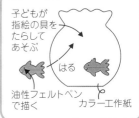

作り方

子どもが
指絵の具を
たらして
あそぶ

はる

油性フェルトペン
で描く

カラー工作紙

米粉指絵の具の作り方

1

米粉を鍋に入れて水に溶き、火にかけて煮る。

米粉

2

水

別の容器に移して冷まし、水で薄めてとろみをつける。

3

食用色素（青）

食用色素（青）を少量入れてよく混ぜる。

※傷みやすいので、使う分量だけ作り、使い切りましょう。

すいすい金魚

米粉の手作り指絵の具のぬるぬるした感触を楽しみましょう。金魚はカラーガムテープや、ブックカバー（透明フィルム）をはった紙などで作るといいでしょう。

作り方

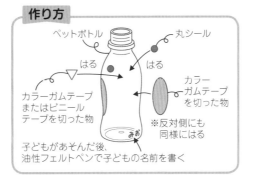

ペットボトル

丸シール

はる

はる

カラーガムテープ
またはビニール
テープを切った物

カラー
ガムテープ
を切った物

※反対側にも
同様にはる

みお

子どもがあそんだ後、
油性フェルトペンで子どもの名前を書く

7月

ペットボトル ペンギン

なでてみたり、くしゃくしゃにしたりして、カラーポリ袋の感触を楽しみます。たくさんあそんだポリ袋を、保育者と一緒にペットボトルに入れてペンギンを作りましょう。

ひっぱったり、丸めたり、
ポリ袋の感触を楽しみました！
たくさんあそんだあとは、
小さなペットボトルに詰め込んで、
かわいいペンギンさんに仕立てました♥

カラーポリ袋は扱いやすい大きさに切っておきましょう。セロハンを使ってもいいですね。

8月

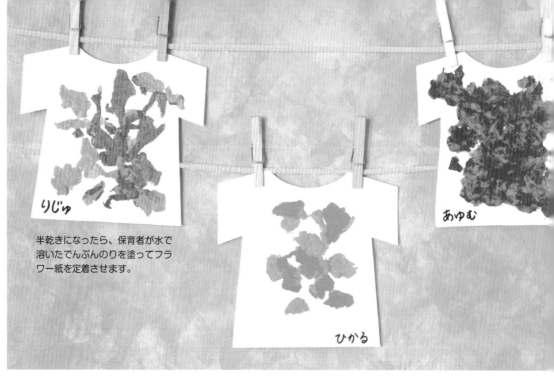

りじゅ

半乾きになったら、保育者が水で溶いたでんぷんのりを塗ってフラワー紙を定着させます。

ひかる

あゆむ

洗面器に適量の水を入れておきます。フラワー紙は色の交じり具合を楽しめるよう、2色用意します。

どろどろフラワー紙の
おしゃれTシャツ

フラワー紙を水の入った洗面器に入れてぐちゃぐちゃしてあそびます。どろどろになったら、フラワー紙を手ですくって、Tシャツ形の紙に載せてみましょう。

ぺったん
足形ナス

大きめの紙の上で足形のスタンプをして楽しみましょう。たくさん押した中から選んだ足形を切り取り、へたを付けてナスに見立てます。トマトやキュウリなどの夏野菜と一緒に飾りましょう。

すいすい 赤トンボ

指先や手のひらをスタンプ台の絵の具につけて、不織布を触ったり、指先や手のひらで押したりしてあそびましょう。あそんだ不織布は保育者が大きめの羽の形に切り、赤トンボを作ります。

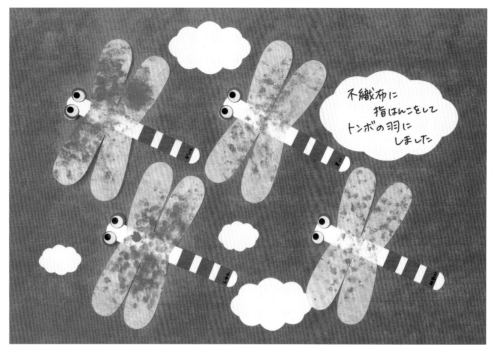

不織布に
指はんこをして
トンボの羽に
しました

9月

作り方

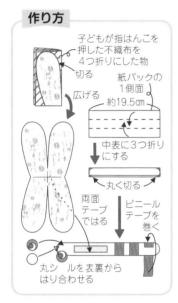

子どもが指はんこを押した不織布を4つ折りにした物

切る

紙パックの1側面

広げる

約19.5cm

中表に3つ折りにする

丸く切る

両面テープではる

ビニールテープを巻く

丸シールを表裏からはり合わせる

やわらかブドウ

子どもの目の前でフラワー紙を丸め、渡したり受け取ったり。「やりもらい」あそびを楽しみます。あそんだフラワー紙で一緒に、ブドウを作りましょう。ブドウを壁にはり、丸めたフラワー紙をくっつけるあそびにしてもいいですね。

色画用紙に両面テープをはっておき、あそぶときにはく離紙をはがします。

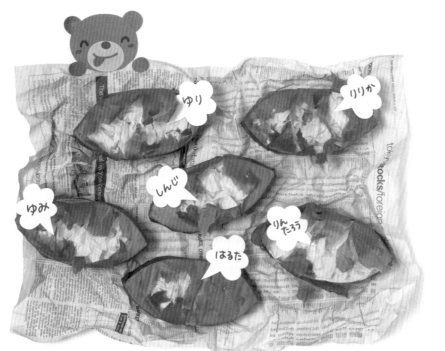

あったか焼きイモ

破いたり、ちぎったり、つまんだり。柔らかなフラワー紙の感触をたっぷり味わったら……、黄色のおイモがのぞく、おいしそうな焼きイモになりました。英字新聞をあしらって飾っても。

作り方

① ※ ── は切り取り線

紙パック

縁は切り取る

半分に切り、底は切り取って広げる

②
8cm　8cm
3.5cm　4cm
折る
16cm　切り取る

❶の半分

③ フラワー紙
両面テープをはる
左右の縁を底のイモの形に沿わせて曲げる
はる
側面と底の縁をセロハンテープではり留める

④ 2枚重ねにしたフラワー紙
かぶせて側面にはり、余りは底に回し込んでセロハンテープではり留める
上と下の縁に両面テープをぐるりとはる

茶色のフラワー紙をかぶせたおイモを、子どもに手渡し、破いてあそびます。

10月

作り方

① 子どもが絵の具をつけた色画用紙のカボチャ
半分に折って鼻と口を切り取る

② 上の1枚を半分に折る
※裏も同様

③ 切り取る
広げる

④ 裏側にはる
色画用紙

ぺたぺたカボチャ

絵の具をつけた手で色画用紙のカボチャをぺたぺた触ってみたら……。壁にはったり、天井からつるしたりして楽しく飾りましょう。

いろいろ葉っぱ

感触がソフトで押しやすいスポンジスタンプに絵の具をつけてあそびましょう。絵の具は少量の水で濃いめに溶いた物を使うと、色画用紙の葉っぱに載りやすくなります。

作り方

（スポンジスタンプ）

❶ 約4cm　約8cm
半分に折る
厚み約2cm
薄手のスポンジ

❷ 口に多用途接着剤を付けて押し込む
小さいサイズのペットボトル

ふっくらリンゴ

形を自由に変えられるカラーポリ袋を触ってあそんだら、透明なポリ袋に出し入れして楽しみましょう。保育者がポリ袋の口を縛り、リンゴに見立てて飾りましょう。

作り方

❶ 口を絞って折り返し、セロハンテープを巻く
透明なポリ袋にカラーポリ袋を入れた物

❷ マスキングテープを巻く
セロハンテープで両角を内側にはり留め、丸くする

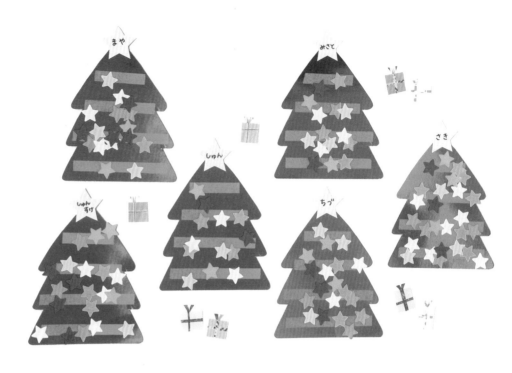

12月

星いっぱい
ツリー

パンチで抜いてたくさん作った色画用紙
の星を、ツリーにはってあそびます。

工作紙のツリーに両面テープをはってお
きます。星はクラフトパンチで数を多め
に作り、空き箱などに入れて用意します。

クッションシート（緩衝
材）を入れたカップの口
は、セロハンテープをは
り渡して閉じておきます。

きらきら
透明カップの
雪だるま

クッションシート（緩衝材）を引っ張っ
て破いたり、裂いて細くしたり。触って
感触を楽しんだ後、透明カップに入れて
雪だるまに見立てます。きらきらのホロ
グラムテープはりも楽しみましょう。

作り方

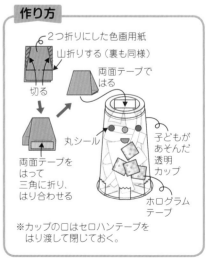

2つ折りにした色画用紙

山折りする（裏も同様）

両面テープで
はる

切る

丸シール

両面テープを
はって
三角に折り、
はり合わせる

子どもが
あそんだ
透明
カップ

ホログラム
テープ

※カップの口はセロハンテープを
はり渡して閉じておく。

32

とんがりおに

色画用紙のおにのパンツにフェルトペンで自由に描いてあそびます。円すい状のおにを作って、子どもたちの描いたパンツをはかせましょう。

作り方

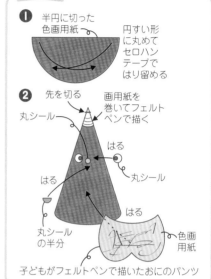

❶ 半円に切った色画用紙　円すい形に丸めてセロハンテープではり留める

❷ 先を切る　画用紙を巻いてフェルトペンで描く
丸シール
はる
はる
はる
丸シール
丸シールの半分
色画用紙
子どもがフェルトペンで描いたおにのパンツ

せいさくあそび

雪が降ってきた

スタンプを押して、雪をたくさん降らせましょう。子どもが握りやすく、押したときの感触を楽しめるスタンプは、気泡緩衝材とペットボトルのふたを使って作ります。

1月

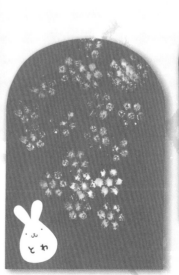

とわ

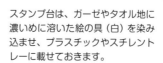

なな

つばさ

作り方

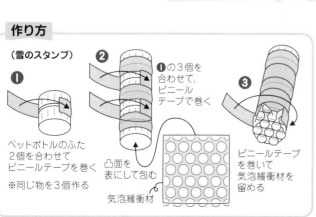

（雪のスタンプ）

❶ ペットボトルのふた2個を合わせてビニールテープを巻く
※同じ物を3個作る

❷ ❶の3個を合わせて、ビニールテープで巻く
凸面を表にして包む
気泡緩衝材

❸ ビニールテープを巻いて気泡緩衝材を留める

スタンプ台は、ガーゼやタオル地に濃いめに溶いた絵の具（白）を染み込ませ、プラスチックやスチレントレーに載せておきます。

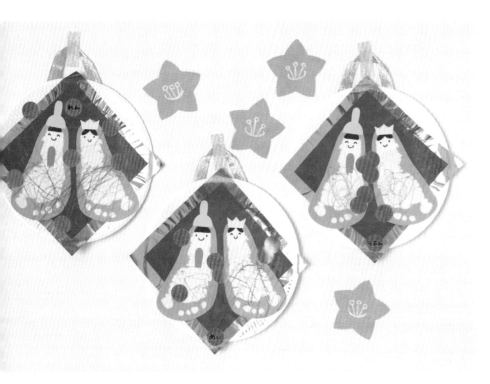

足形の
おひなさま

足の裏に絵の具をつけて、紙の上にぺったんしてみましょう。保育者が左右の足形を切り取り、おびなとめびなに見立てます。紙皿に色紙をはった後、子どもがクレヨンで描いたり、丸シールをはったりして楽しみましょう。

作り方

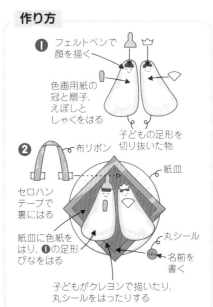

❶ フェルトペンで顔を描く

色画用紙の冠と扇子、えぼしとしゃくをはる

子どもの足形を切り抜いた物

❷ 布リボン

セロハンテープで裏にはる

紙皿

紙皿に色紙をはり、❶の足形びなをはる

丸シール

名前を書く

子どもがクレヨンで描いたり、丸シールをはったりする

2月

つんつんツクシ

色画用紙に指はんこを押してあそびましょう。スタンプ台は2〜3色用意し、途中で子どもが色を変えて楽しめるようにしましょう。

スタンプ台は、ガーゼやタオル地などに濃いめに溶いた絵の具を染み込ませた物を紙皿などに載せて用意します。

あいり

しゅうへい

りく

ふんわり チョウチョウ

自分の好きなポリ袋のチョウチョウを選んで、丸シールをはってあそびます。丸シールは大小、色の違う物を用意します。チョウチョウは色画用紙のお花と一緒にひもでつり下げて、揺れるように飾りましょう。

作り方

❶
ポリ袋を切った物
ギャザーを寄せセロハンテープで巻く

❷
布リボンを2回結ぶ
先も結ぶ
子どもが丸シールをはる

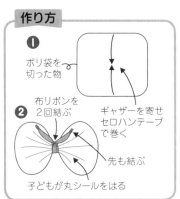

せいさくあそび

花をつぶさないように、茎の下の方をテープではり留めます。

ふっくら 菜の花

フラワー紙をくしゅくしゅしてあそんだら、両面テープがはってある色画用紙の上に置いたり、落としたりして、くっつくことを楽しみましょう。両面テープのはく離紙を少しめくっておくと、子どもがはがすことも楽しめます。

作り方

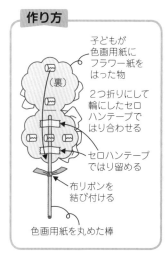

子どもが色画用紙にフラワー紙をはった物

（裏）

2つ折りにして輪にしたセロハンテープではり合わせる

セロハンテープではり留める

布リボンを結び付ける

色画用紙を丸めた棒

0歳児の
手作りおもちゃ

子どもたちが毎日手にするおもちゃを手作りしてみませんか。
興味をもって手を伸ばす子どもたちに、
やさしい肌触りの物を用意できるといいですね。

●あそぶ前に、P.4「安全に
あそび・活動を行うために」
を必ずお読みください。

ペットボトルとソックスで
カラコロ人形

ペットボトルにダイズや鈴などを
入れ、音がするように作ったら、
ソックスに入れ、顔や飾りを縫い
付けます。

結んだリボンを解けば、
ペットボトルを出して
洗濯することができ、
清潔に使えます。

子どもが持ちやすいように小さなサイズの
ペットボトルを使っています。ダイズや鈴
を入れたら、しっかりとふたをし、ビニー
ルテープで巻き留めておきましょう。

ポイント

人形を転がしてみたり、
手に持って振ったりと、
音を楽しめるといいです
ね。中に入れる物をコメ
など粒の小さな物に変え
て、音の違いも楽しめる
ように作りましょう。

作り方

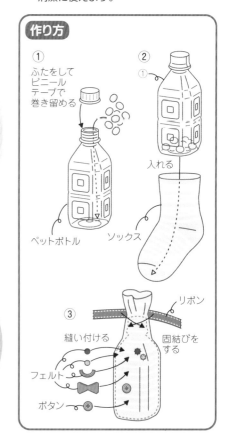

① ふたをして
ビニール
テープで
巻き留める

ペットボトル

② ①

入れる

ソックス

③

縫い付ける

固結びを
する

リボン

フェルト

ボタン

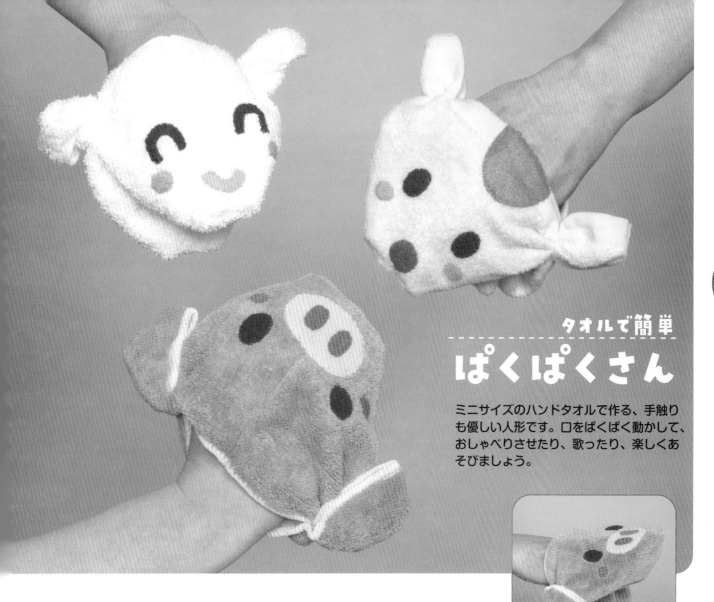

タオルで簡単

ぱくぱくさん

ミニサイズのハンドタオルで作る、手触りも優しい人形です。口をぱくぱく動かして、おしゃべりさせたり、歌ったり、楽しくあそびましょう。

手にはめて口を開いたり閉じたりして動かします。

\ ポイント /

保育者は人形をはめて子どもたちに優しくタッチ。ぱくぱくさんに食べ物を食べさせたり、なでなでしたり、子どもたちとのふれあいあそびを楽しめるといいですね。

作り方

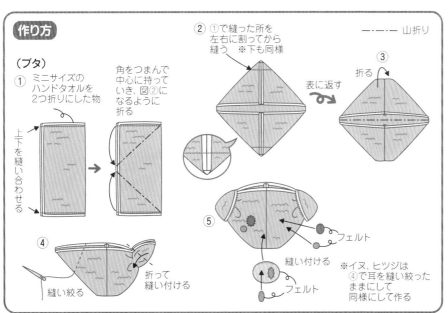

ー・ー・ー 山折り

（ブタ）

① ミニサイズのハンドタオルを2つ折りにした物

上下を縫い合わせる

角をつまんで中心に持っていき、図②になるように折る

② ①で縫った所を左右に割ってから縫う ※下も同様

表に返す

③ 折る

④ 縫い絞る　折って縫い付ける

⑤ 縫い付ける　フェルト　フェルト

※イヌ、ヒツジは④で耳を縫い絞ったままにして同様にして作る

37

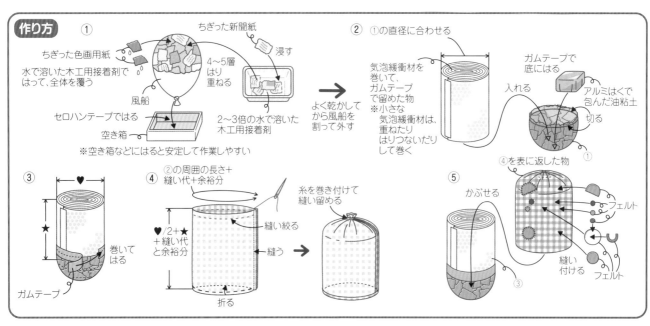

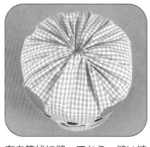

張り子で作る
起き上がり
クマ＆ネコ

0歳児クラス定番の起き上がりこぼしです。底の丸い部分は、風船を使った張り子の技法で作るので、サイズを変えて作れます。

\ポイント/

最初は見ているだけの子どもも、触ると揺れるというのがわかると、押したり、触ったりする姿が見られるようになります。

膨らませた風船をベースに、新聞紙と色画用紙をはり重ねます。風船の膨らませ具合で大きさを調節することができます。

布を筒状に縫ってから、縫い絞って袋状にしています。

作り方

① ちぎった色画用紙 ちぎった新聞紙 浸す
水で溶いた木工用接着剤ではって、全体を覆う
風船
4〜5層はり重ねる
セロハンテープではる
空き箱
2〜3倍の水で溶いた木工用接着剤
※空き箱などにはると安定して作業しやすい
よく乾かしてから風船を割って外す

② ①の直径に合わせる
気泡緩衝材を巻いて、ガムテープで留めた物
※小さな気泡緩衝材は、重ねたりはりつないだりして巻く
ガムテープで底にはる
入れる
アルミはくで包んだ油粘土
切る
①

③ ♥ ★
巻いてはる
ガムテープ

④ ②の周囲の長さ＋縫い代＋余裕分
糸を巻き付けて縫い留める
縫い絞る
♥/2＋★＋縫い代と余裕分
縫う
折る

⑤ ④を表に返した物
かぶせる
フェルト
縫い付ける
フェルト
③

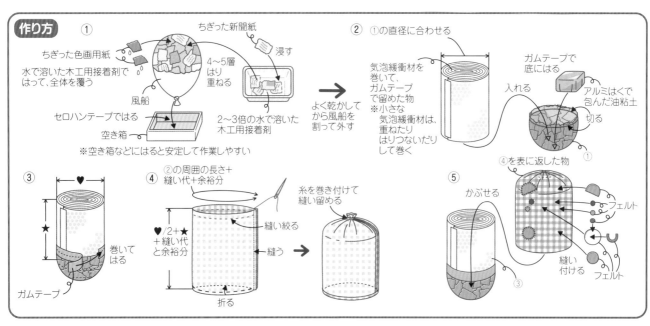

ペンギン

ペンギンは下部にペレットを入れて適度に重くし、立たせることもできるようにしました。

チョウ

アザラシ

ソックスや椅子の脚カバーで
ふかふか人形

手のひらサイズのかわいい人形は、ソックスや椅子の脚カバーを利用して作りました。伸縮性のある柔らかな素材で、ふかふかの優しい手触りに仕上げます。

\ ポイント /

細いタイプの脚カバーで作ったチョウは指人形としてもあそべます。保育者が指にはめて、子どもの手や頭に触ったり、ひらひら動かしてお話ししてみたりしてもいいですね。

作り方 ※表記以外の材料はフェルト

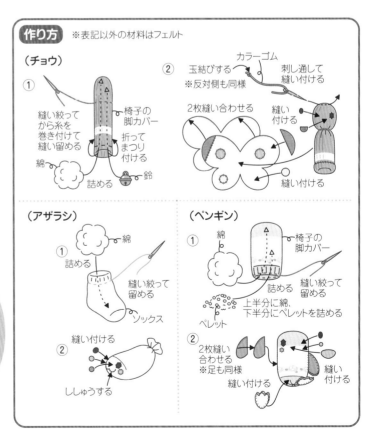

（チョウ）

① 縫い絞ってから糸を巻き付けて縫い留める
椅子の脚カバー
折ってまつり付ける
綿
詰める
鈴

② 玉結びする
※反対側も同様
カラーゴム
刺し通して縫い付ける
2枚縫い合わせる
縫い付ける
縫い付ける

（アザラシ）

① 綿
詰める
縫い絞って留める
ソックス

② 縫い付ける
ししゅうする

（ペンギン）

① 綿
椅子の脚カバー
詰める
縫い絞って留める
ペレット
上半分に綿、下半分にペレットを詰める

② 2枚縫い合わせる
※足も同様
縫い付ける
縫い付ける

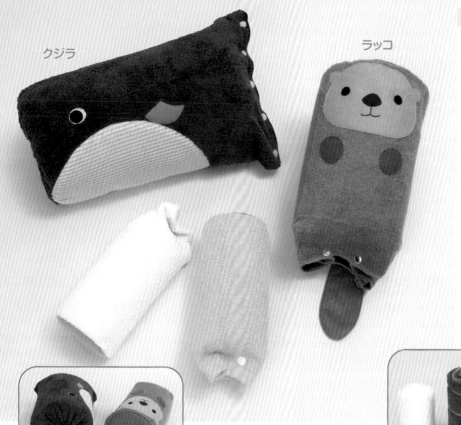

クジラ　ラッコ

タオルの
巻き巻きさん

肌触りのよさはもちろん、端の始末がいらないところもタオルならでは。バスタオル、フェイスタオル、ハンドタオルと大きさを変えて作れます。

\ ポイント /

大きく作っておすわりの支えにしたり、乗り越えたり。小さいサイズならだっこしたり、持ち歩いたり、大きさによっていろいろなあそびに活躍します。

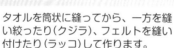

タオルを筒状に縫ってから、一方を縫い絞ったり（クジラ）、フェルトを縫い付けたり（ラッコ）して作ります。

中身は気泡緩衝材やブランケット、タオルなどを巻いた物。中身を出して手軽に洗えるので、清潔に使えます。

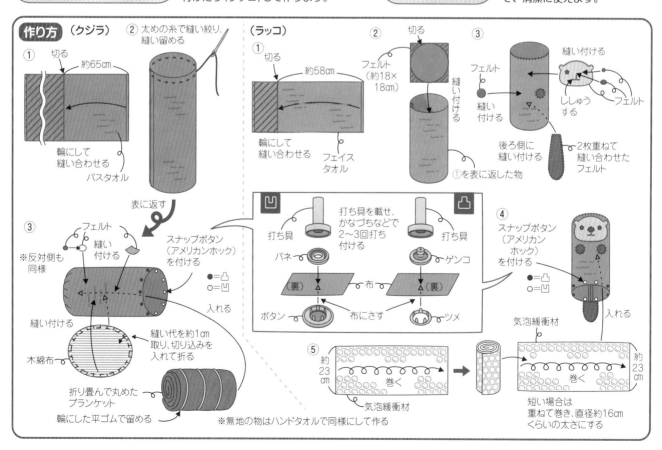

作り方　（クジラ）

① 切る　約65cm　輪にして縫い合わせる　バスタオル

② 太めの糸で縫い絞り、縫い留める

③ ※反対側も同様　フェルト　縫い付ける　縫い付ける　入れる　スナップボタン（アメリカンホック）を付ける　木綿布　縫い代を約1cm取り、切り込みを入れて折る　折り畳んで丸めたブランケット　輪にした平ゴムで留める　表に返す

（ラッコ）

① 切る　約58cm　輪にして縫い合わせる　フェイスタオル

② 切る　フェルト（約18×18cm）　縫い付ける　①を表に返した物　縫い付ける

③ フェルト　縫い付ける　縫い付ける　ししゅうする　フェルト　後ろ側に縫い付ける　2枚重ねて縫い合わせたフェルト

凹　打ち具　打ち具を載せ、かなづちなどで2～3回打ち付ける　凸　打ち具　バネ　ゲンコ　（裏）　布　（裏）　ボタン　布にさす　ツメ　●=凸　○=凹

④ スナップボタン（アメリカンホック）を付ける　●=凸　○=凹　入れる

⑤ 約23cm　巻く　気泡緩衝材　→　気泡緩衝材　約23cm　巻く　短い場合は重ねて巻き、直径約16cmくらいの太さにする

※無地の物はハンドタオルで同様にして作る

紙パックの
連結トンネル

紙パックを組んで作った枠は、一つ一つであそぶのはもちろん、くっつけたり、並べたり、あそび方も自由自在です。

※倒れても危険がないよう、保育者がそばについて見守りましょう。

紙パックには折り畳んだ紙パックなどを詰め、つぶれないようにしっかりと作ります。並べてトンネルにしたり、重ねて置いてお風呂にしたり。

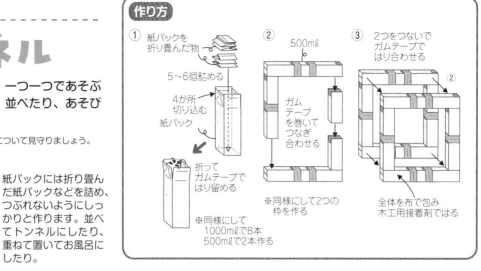

作り方

① 紙パックを
折り畳んだ物

5〜6個詰める

4か所
切り込む

紙パック

折って
ガムテープで
はり留める

※同様にして
1000mlで8本
500mlで2本作る

② 500ml

ガム
テープ
を巻いて
つなぎ
合わせる

※同様にして2つの
枠を作る

③ 2つをつないで
ガムテープで
はり合わせる

全体を布で包み
木工用接着剤ではる

ポイント

並べて置いても、隣との距離感が程よく、子ども一人の場所を確保するマイスペースとしてぴったり。子どもが一人で出たり、入ったりするのにもちょうどいい高さ、サイズ感です。

尻尾も付けて後ろ
姿もかわいらしく。

くっつけるモチーフは、
木綿布やフェルト、フ
リース、サテンなど、
手触りの違う布で作る
といいですね。綿や気
泡緩衝材を入れて少し
ふっくらさせるとつか
みやすくなります。面
ファスナーの硬い方を
縫い付けます。

＼ポイント／

段ボールの箱には、重りを
入れておきましょう。最初
は保育者がはり付けたモチ
ーフをはがすことを楽しみ
ます。慣れてくると自分で
はり付けてあそびます。く
っつく所とくっつかない所
に気づくかな？

段ボール箱の
ペタペタボックス

段ボール箱に面ファスナーを縫い付けた布製のカバ
ーをかぶせました。クッション状のモチーフを外し
たり、くっつけたりしてあそびます。面ファスナー
をはがすときの抵抗感が程よく楽しいおもちゃです。

すその部分にゴムを入
れ、段ボール箱にかぶ
せやすく外しやすい作
りなので、手軽に洗え
ます。

作り方

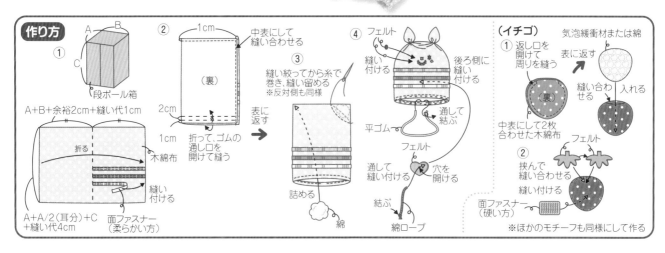

① A B C 段ボール箱

A+B+余裕2cm+縫い代1cm

折る　木綿布
縫い付ける

A+A/2（耳分）+C +縫い代4cm　面ファスナー（柔らかい方）

② 1cm　中表にして縫い合わせる
（裏）
2cm
1cm
折って、ゴムの通し口を開けて縫う

縫い絞ってから糸で巻き、縫い留める
※反対側も同様

表に返す →

詰める　綿

④ フェルト
縫い付ける
後ろ側に縫い付ける
通して結ぶ
平ゴム
フェルト
通して縫い付ける
穴を開ける
結ぶ
綿ロープ

（イチゴ）
気泡緩衝材または綿
① 返し口を開けて周りを縫う
表に返す
（裏）
入れる
縫い合わせる
中表にして2枚合わせた木綿布
フェルト
② 挟んで縫い合わせる
縫い付ける
面ファスナー（硬い方）
※ほかのモチーフも同様にして作る

かくれんぼさん

ソックスやレッグウォーマーにスチロール球や綿を詰め、連なったおだんごを作って動物に見立てました。ガムテープの芯で作ったトンネルから出したり入れたりして、かくれんぼや、いない いない ばあを楽しみます。

手作りおもちゃ

\ポイント/

トンネルに動物を入れておくと、引っ張ってトンネルから出してあそびます。だんだんに片方の手でトンネルを押さえて動物を引っ張るといった左右の手の協応動作ができるようになっていきます。

靴下やレッグウォーマーは伸縮性があり、スチロール球や綿を入れたときに形が作りやすく、扱いやすい素材です。

クマ（左）とカエル（右）。それぞれ顔の部分にスチロール球、体には綿を詰めています。

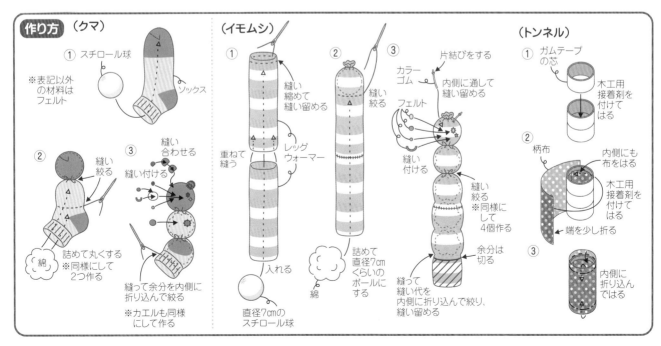

作り方　（クマ）

① スチロール球　ソックス

※表記以外の材料はフェルト

② 縫い絞る　詰めて丸くする　※同様にして2つ作る　綿

③ 縫い合わせる　縫い付ける　縫って余分を内側に折り込んで絞る　※カエルも同様にして作る

（イモムシ）

① 縫い縮めて縫い留める　重ねて縫う　レッグウォーマー

② 縫い絞る　詰めて直径7cmくらいのボールにする　綿　直径7cmのスチロール球　入れる

③ 片結びをする　カラーゴム　内側に通して縫い留める　フェルト　縫い付ける　縫い絞る　※同様にして4個作る　余分は切る　縫って縫い代を内側に折り込んで絞り、縫い留める

（トンネル）

① ガムテープの芯　木工用接着剤を付けてはる

② 柄布　内側にも布をはる　木工用接着剤を付けてはる　端を少し折る

③ 内側に折り込んではる

保育イラストを活用しよう

付録の CD-ROM に収録されている保育イラスト（P.201〜228）のデータは、おたよりや各種の掲示物の製作をはじめ、誕生カードやプレゼントなど、保育のさまざまなシーンで活用できます。ここではその一例を紹介します。全てのイラストデータにカラーデータとモノクロデータがあるので、使用する物に合わせて使い分けてください。また、これらのデータはダウンロードして使うこともできます。

＊ダウンロードの方法は P.200 で詳しく解説しています。
＊データの使用に際しては、P.229 以降を必ずお読みください。

活用例 1　プレゼントのメダルを作る

マークイラスト（カラー）をプリントして金銀の工作紙にはったメダルです。運動会のメダルなど、たくさん作らなくてはならないときには、工作紙にカラーイラストを切り抜いてはるだけの簡単メダルはいかがですか。リボンやシールで飾りをプラスすれば既製品にも負けない仕上がりになります。同様にして、誕生日のおめでとうメダルや誕生カードも作れますね。

使用イラスト　c-228-05　c-228-08　（P.228）

活用例
2
絵人形を作る

イラストの中には、動物や子どもの動きが感じられる物もたくさんあります。データを活用してペープサートやパネルシアターの絵人形を作ってみましょう。ペープサートの場合は、写真のように2枚のイラストで操作棒を挟むようにしてはります。

使用イラスト c-225-20　c-225-22　c-225-09　c-228-11　（P.225、228）

活用例
3
掲示に使う

保護者向けのお願いなどは、イラストを使ってわかりやすく伝えましょう。こんなふうに使えるイラストも用意しました。Word などのワープロソフトを使いましょう。

名前の記入のお願い

園生活の中で、着替えることがたびたびありますが、子どもたちが脱いだ衣類に名前がないと、迷子のものが多くなります。
名前が付いていないと、持ち主に戻すことができません。持ち物には、全て名前の記入をお願いします。

●シャツ、トレーナー、下着

裾部分の裏側

●ズボン

ウエスト部分の内側

●靴

内側の見やすい所

●パンツ

ウエスト部分の内側

●靴下

土踏まずの部分

※繰り返し洗濯する洋服や下着などの布製品は、洗濯するたびに名前が薄くなって読みにくくなってしまいます。ときどき、確認をお願いいたします。

使用イラスト c-227-16　c-227-11　c-227-09　c-227-02　c-227-15　（P.227）

クラスだよりに

保育イラストをフルに使ったクラスだよりです。枠や帯のイラストをうまく使って見やすいおたよりになるよう工夫しましょう。イラストの入れ方などは P.236 ～ 239 で紹介しています。

タイトル用の大きい枠を使って。季節感のあるイラスト枠で、おたよりの名前を目立たせます。

イラスト枠ばかりを使うと、ごちゃごちゃしすぎることも。バランスを見ながら、すっきりした直線などの枠を交ぜて使いましょう。

カラー

モノクロ

「保健」のページ（P.226 ～ 227）に、子どもの衣類やグッズのイラストがあります。使い道はいろいろ。

枠イラストを使わずに、カットでタイトルを挟むという方法もあります。

イラストは大きくすると線が太くなり、小さくすると細くなります。メリハリをつけたいときにはこの法則を利用しましょう。

タイトルだけを枠に入れる。こんなレイアウトの仕方もあります。

りすぐみだより

○○園 8月○日発行

8月に入り、毎日、暑い日が続いています。暑さに負けず、元気いっぱいのりす組の子どもたち。夏の日ざしを浴びて、水あそびに夢中です。
この時期は、夏の暑さと水あそびで体も疲れやすく、体力も消耗しやすいため、水分と休息をうまく取りながら体調管理に気をつけていきたいと思っています。

保育目標

●保育者や友達と一緒に、水あそびなどの全身を使ったあそびを楽しむ。
●保育者の読む絵本の中の言葉を繰り返すなど、保育者のまねをして、言葉のやり取りを楽しむ。

早めに休息を！

夏の疲れから体調を崩す子が増えてきました。
少しでもおかしいと感じたら、早めに休むことが大切です。しっかり休息し、元気な体作りをしていきたいですね。

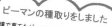

ピーマンの種取りをしました

園庭の花壇で育てたピーマンがたくさん実りました。先日、半分に切ったピーマンから種を取りました。種を指先でツンツンしてみる子、思いっきり種の塊を取る子、最後の一粒まできれいに取る子など、さまざまな姿が見られました。種を取ったピーマンは、夏野菜カレーに入れて、給食で食べました。おいしかったです。

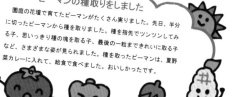

8月の予定

○日(○) 身体測定
○日(○) 避難訓練
○日(○) 誕生会
○日(○) 水あそび　終了

8月生まれのおともだち

3日 たかはし みなと さん
21日 やまざき かんな さん
26日 やました さら さん

夏祭りのご参加ありがとうございました！

ヨーヨー釣りや的当てを楽しんでいただけましたでしょうか。おうちの方にだっこされながらの盆踊りも曲に合わせて体を動かして楽しんでいましたね。

保育イラストを活用しよう

りすぐみだより

○○園 8月○日発行

8月に入り、毎日、暑い日が続いています。暑さに負けず、元気いっぱいのりす組の子どもたち。夏の日ざしを浴びて、水あそびに夢中です。
この時期は、夏の暑さと水あそびで体も疲れやすく、体力も消耗しやすいため、水分と休息をうまく取りながら体調管理に気をつけていきたいと思っています。

保育目標

●保育者や友達と一緒に、水あそびなどの全身を使ったあそびを楽しむ。
●保育者の読む絵本の中の言葉を繰り返すなど、保育者のまねをして、言葉のやり取りを楽しむ。

ピーマンの種取りをしました

園庭の花壇で育てたピーマンがたくさん実りました。先日、半分に切ったピーマンから種を取りました。種を指先でツンツンしてみる子、思いっきり種の塊を取る子、最後の一粒まできれいに取る子など、さまざまな姿が見られました。種を取ったピーマンは、夏野菜カレーに入れて、給食で食べました。おいしかったです。

8月の予定

○日(○) 身体測定
○日(○) 避難訓練
○日(○) 誕生会
○日(○) 水あそび　終了

8月生まれのおともだち

3日 たかはし みなと さん
21日 やまざき かんな さん
26日 やました さら さん

夏祭りのご参加ありがとうございました！

ヨーヨー釣りや的当てを楽しんでいただけましたでしょうか。おうちの方にだっこされながらの盆踊りも曲に合わせて体を動かして楽しんでいましたね。

モノクロ

小さい枠を月の
表示に使って。

同じ帯イラストを2本
使って、おたよりタイ
トルをサンドイッチ。

「子どもの姿」（P.218～
221）のイラストは、おた
よりの内容に合わせてカッ
トに使いやすい物がたくさ
んあります。

Wordの機能を使った囲みも
いろいろ変化をつけられます。

うさぎぐみだより

〇〇園 12月〇日発行

12月

今年も残すところあと1か月を切り、日に日に寒さが厳しくなってきました。
「子どもは風の子」といいますが、うさぎ組の子どもたちも、ほっぺを真っ赤にして、白い息を吐きながら、
園庭で元気にあそんでいます。
戸外でも室内でも、おもちゃであそんだ後は、保育者の声かけで、少しずつ片づけができるようになってき
ました。両手いっぱいにおもちゃを抱える姿はとてもかわいいものです。心も体も大きくなった証ですね！

保育目標

● 気温の変化を感じながら、寒さに負けないように、
体を動かしてあそぶ。
● 保育者や気の合う友達とやり取りをしながら、ごっ
こあそびを楽しむ。

おままごと大好き!!

コップで飲むまねをしたり、スプーンに食べ物を載せ
て口に運んだりと、お友達と楽しくあそんでいます。時に
は、おもちゃの取り合いでけんかになってしまうこともあ
りますが、保育者が間に入りながら、うまくかかわれるよ
うになってきています。

シンプルなヘアゴムで

飾りつきのヘアゴムやヘアピンは誤飲やけがの
原因になります。園は、0歳児から一緒に生活す
る場です。「うちの子は口に入れないから大丈夫」
とは思わず、事故防止のためにも、
シンプルなゴムで結ぶようにして
ください。

12月生まれのおともだち

20日 しみず そうま さん
28日 なかじま みつき さん

戸外あそび用の上着を用意してください

動きやすいジャンパーをご用意ください。フード
やひもつきの洋服は、思わぬ事故につながるの
で、ないものをお選びください。
また、寒いからといって厚着をさせると、
汗をかくことで体を冷やし、風邪をひいて
しまうことも。
大人よりも1枚少ないくらいがちょう
どよいでしょう。

楽しみなクリスマス会！

〇月〇日（〇）は、楽しみにしている
クリスマス会。
各クラスが出し物をしたり、職員の演
奏を聴いたりします。
会の最後には、もしかしたら……
あのお客様も来るかな!?

12月の予定

〇日（〇）身体測定
〇日（〇）避難訓練
〇日（〇）誕生会
〇日（〇）クリスマス会

うさぎぐみだより

12月

今年も残すところあと1か月を切り、日に日に寒さが厳しくなってきました。
「子どもは風の子」といいますが、うさぎ組の子どもたちも、ほっぺを真っ赤…
園庭で元気にあそんでいます。
戸外でも室内でも、おもちゃであそんだ後は、保育者の声かけで、少しずつ…
ました。両手いっぱいにおもちゃを抱える姿はとてもかわいいものです。心…

保育目標

● 気温の変化を感じながら、寒さに負けないように、
体を動かしてあそぶ。
● 保育者や気の合う友達とやり取りをしながら、ごっ
こあそびを楽しむ。

おままごと大好き!!

コップで飲むまねをしたり、スプーンに食べ物を載せ
て口に運んだりと、お友達と楽しくあそんでいます。時に
は、おもちゃの取り合いでけんかになってしまうこともあ
りますが、保育者が間に入りながら、うまくかかわれるよ
うになってきています。

シンプルなヘアゴムで

飾りつきのヘアゴムやヘアピンは誤飲やけがの
原因になります。園は、0歳児から一緒に生活す
る場です。「うちの子は口に入れないから大丈夫」
とは思わず、事故防止のためにも、
シンプルなゴムで結ぶようにして
ください。

12月生まれのおともだち

20日 しみず そうま さん
28日 なかじま みつき さん

戸外あそび

動きやすいジ
やひもつきの洋
で、ないものを
また、寒い
汗をかくこと
しまうことも
大人より
どよいでしょう

楽しみなクリスマス会！

〇月〇日（〇）は、楽しみにしている
クリスマス会。
各クラスが出し物をしたり、職員の演
奏を聴いたりします。
会の最後には、もしかしたら……
あのお客様も来るかな!?

12月の予定

〇日（〇）身体測定
〇日（〇）避難訓練
〇日（〇）誕生会
〇日（〇）クリスマス会

0・1・2歳児の 発達と保育

自ら育とうとする子どもの姿を大切に

ヒトは、生まれながらにして外界に働きかける主体的な力をもっています。同時に周囲の環境からの刺激を受け止め、感じ、考え、行動する力も備えています。この周囲の環境との応答性の中で、自ら育とうとするエネルギーがあそびの中で発揮され、心身の発達を支えていくのです。だからこそ主体である4歳未満の子どもをよく理解し、発達のみちすじを知ることは、保育室内外の環境作りやかかわりをしていくうえで、保育の基本だといえるでしょう。

心身の発達は別々に行われるものではなく、個人差も大きいものです。一人一人に合わせた生活リズムや遊具、場の設定が求められます。愛情豊かで応答的なかかわりの中で情緒的な絆が芽生え、安心・安定した関係が子どもの感情表現・表出を豊かにしてくれます。やがて移動能力の獲得とともに探索欲求が高まっていきます。身体の諸感覚をフル回転させ、遊具を使い、友達とのかかわりを広げていくのです。

保育は、自ら育とうとする主体である4歳未満の子どもたちに、適切な環境ときっかけを作り、温かで豊かな日常を編んでいく大切な仕事です。ぜひ自ら育とうとする目の前の子どもの姿を大切にしながら、日々の保育を創ってほしいと願っています。

監修 **鈴木みゆき** (國學院大學教授)

＊あそぶ前に、P.4「安全にあそび・活動を行うために」を必ずお読みください。

手足を動かすころ… 0〜3か月くらい

発達と援助

発達のみちすじ

0か月〜4歳未満

生理的機能、全身運動、手指の操作、言語と認識、対人関係の5つのカテゴリーに分けて、発達を追っていきます。
「何か月に何ができる」ということだけではなく、どういう順序で発達していくのか、また各カテゴリーはどうかかわっているのかを把握して、保育にご活用ください。

生理的機能

- 18〜30cm 程度の距離の物が見える。
- 平均の睡眠時間は17時間前後。
（生後1か月ころ）
昼夜の区別はなく、睡眠と覚せいを繰り返す。
- 腹式呼吸をする。
- 原始反射※1が活発。
※1＝P.81 に詳しい内容を掲載しています。

全身運動

- あおむけでは左右非対称な姿勢になる。
- あおむけの姿勢で、手と手、足と足をふれあわせる。（3か月）
- 上体を引き起こすと、頭がついてくるようになる。（3か月）
- 首が据わり始める。（3か月）
- あおむけでときどき左右に首を少し動かす。
- 腹ばいで、短い時間、頭を持ち上げる。

手指の操作

- 自分の手に興味をもち、じっと見つめたり、動かしたりする。（ハンドリガード※4）
- ガラガラなど、手に置かれた物を、短い間握るようになる。
※4＝P.81 に詳しい内容を掲載しています。

言語と認識

- 「あっあっ」など、泣き声とは違った声（クーイング）を発する。
- 物や人が視界に入ると、じっと見る。（注視）
- 首が据わると、動く物を左右に180度、目で追いかける。（追視）
- おなかがすいたときや、眠たいときなど、不快と感じたときに泣く。

対人関係

- 声をかけられるとにっこり笑う。（2〜3か月）
- 人の話し声のほうへ視線を向ける。
- あやされると、口を開けた笑顔で、手足を伸ばしたり、曲げたりするようになる。

●たいていの原始反射が消失する。
●体重が出生時の約2倍になる。（4か月ころ）
●味覚が芽生える。
●少しずつまとめて眠る時間が多くなり、昼夜の区別が
　ついてくる。
●消化、吸収の働きが活発になり、だ液が増える。
●どろどろの物を飲み込むことができる。
　（5〜6か月ころ）

●昼間の目覚めが10時間程度になる。
●母親からの免疫が減少し、子ども自身の免疫力を
　つけ始める。
●1回の尿量が増し、排尿回数が減ってくる。
●下の前歯が生え始める。
●数回口を動かして、舌で押しつぶして咀嚼するこ
　とができる。

●うつぶせでは、上半身をひじとてのひらで支えて持ち上げる。
●手で足先を持ってあそぶ。
●あおむけからうつぶせへの寝返りをする。
●左右どちらにも寝返りをするようになる。
●支え座りの姿勢で倒れそうになると、傾いたほうへ手を
　つき、頭をまっすぐに起こす。（立ち直り反応※2）
●腹ばい姿勢で前に進もうとして、後ずさりになる。
●グライダーポーズやピボットターン※3をする。
　※2、※3＝P.81に詳しい内容を掲載しています。

●うつぶせからあおむけへの寝返りをする。
●座る姿勢が安定してきて、少しずつ両手が自由
　になってくる。
●ずりばいやおなかを持ち上げたよつばいで進む。
●わきの下を支えられると立つ。
●さくなどにつかまって立つ。（つかまり立ち）

●目の前の物に手を伸ばす。目と手の
　協応が始まる。（4か月）
●手を伸ばして体のそばにある物を
　つかむことができるようになる。
　（リーチング※5）
●ガラガラを握ってあそぶ。
　※5＝P.81に詳しい内容を
　　掲載しています。

●片方の手から、もう片
　方の手に持ち替える。
　（左右の手の協応）
●てのひら全体で物をつ
　かもうとする。
●手に持った物でたたい
　たり、両手に持った物
　を打ち合わせたりする。

●「あーあー」など、喃語を発する。
●人の声と物音を聞き分ける。
●動く物を広い範囲
　（全方位360度）
　にわたって追視する。

●大人が指さした方向に視線を動かす。
　（共同注意※6）
●「いないいないばあ」などと大人が声をかけると、
　声の調子をまねする。
●喃語が活発になる。
　※6＝P.82に詳しい内容を掲載しています。

●身近な大人の顔がわかる。
●子どもから身近な大人に向けて声を出し、笑いかける。
●身近な大人が呼びかけると、そのほうへ体を向ける。

●見知らぬ大人を見ると泣くなど、人見知りをする。
●「おつむてんてん」など、身近な大人とのあそびを
　喜ぶ。
●欲しい物があると声を出す。
●特定の大人への後追いが増えたり、夜泣きが強く
　なったりする。（8か月不安）

発達と保育

51

＊文中の「※数字」は、本書 (P.81〜82) で詳しい内容を解説していることを示しています。

伝い歩きのころ…10〜12か月くらい

歩き始めのころ…13〜15か月くらい

生理的機能

伝い歩きのころ
- ●上の前歯が生え始める。
- ●体重が出生時の約3倍に、身長が約1.5倍になる。（12か月ころ）
- ●昼間の睡眠は、午前と午後でそれぞれとる。
- ●歯ぐきで咀嚼することができる。
- ●排尿の間隔が長くなり、1日当たり10〜16回となる。

歩き始めのころ
- ●睡眠は合計13時間ほどとなり、午睡はほぼ1回となる。
- ●頭が大きくなるゆとり分として開いていた大泉門がほぼ閉じる。
- ●排尿、排便のコントロールはできないが、尿意や便意を感じる。

全身運動

伝い歩きのころ
- ●高ばいをする。
- ●よつばい、高ばいで階段を上る。
- ●さくなどにつかまりながら立ったり、座ったりする。
- ●さくなどを伝って歩く。（伝い歩き）
- ●支えられて歩く。

歩き始めのころ
- ●一人で立つ。
- ●一人で歩く。（ハイガード歩行→ミドルガード歩行※7）
- ●緩い傾斜のある場所でバランスをとりながら歩く。
  ※7＝P.82 に詳しい内容を掲載しています。

手指の操作

伝い歩きのころ
- ●クレヨンやフェルトペンを握って紙に打ち付ける。
- ●物を出し入れする。（出すほうを先にする）
- ●小さな物を親指と人差し指でつまむ。

歩き始めのころ
- ●積み木を2〜3個くらい積む。
- ●粘土をたたいたり、ちぎったりする。
- ●フェルトペンやクレヨンを持ち、左右や上下に腕を動かして描く。

言語と認識

伝い歩きのころ
- ●自分が気づいた物や人などを示すために指を向ける。（指さし※9の出現）
- ●「バイバイ」と聞いて手を振ったり、「ちょうだい」の言葉に物を渡したりして、大人の言葉を理解するようになる。
- ●「マンマ」「ママ」など、意味のある単語（一語文）が出現する。
- ●名前を呼ばれると振り向く。
- ●「だめ」など、大人の制止の言葉がわかる。
- ●「いやいや」など、自分の思いをしぐさで伝えようとする。
  ※9＝P.82 に詳しい内容を掲載しています。

歩き始めのころ
- ●指さし※10が盛んになる。
- ●自分の名前を呼ばれると、返事をする。
- ●眠るふりをしたり、空のコップで飲むまねをしたりして、「つもり」の行動が表れ始める。
- ●四足動物は「ワンワン」（または、ニャーニャー）、乗り物は「ブーブー」、食べ物は「マンマ」など、同じグループの物は同じ名称で表現する。
  ※10＝P.82 に詳しい内容を掲載しています。

対人関係

伝い歩きのころ
- ●身近な大人と、物や別の人を共有する。（三項関係※11）
- ●鏡に映る自分や、ほかの人をじっと見る。
- ●物を使って、「ちょうだい」「どうぞ」のやり取りを喜ぶ。
- ●身近な大人が使っている物を欲しがり、渡すと使い方をまねしようとする。
  ※11＝P.82 に詳しい内容を掲載しています。

歩き始めのころ
- ●要求が通らないときに、だだをこねるようになる。（自我の芽生え※12）
- ●持っている物を友達に取られそうになると抵抗する。
- ●褒められると同じ動作を繰り返す。
  ※12＝P.82 に詳しい内容を掲載しています。

●脳の重量が1000gを超える。
●尿をぼうこうにためておけるようになって、排尿回数は1日10回程度になる。
●奥歯が生え始める。

●両手を下ろして歩く。（ローガード歩行※8）
●大人と手をつないで歩く。
●物を抱えて歩いたり、押し車を押して動かしたりする。
●靴を履いて歩く。
●O脚からX脚になる。
●しゃがんだり、立ったりする。
　※8＝P.82に詳しい内容を掲載しています。

●3個以上の積み木を積む。
●つまんだ物を小さな穴に入れる。
●スプーンやフォークを使って食べるようになる。

●簡単な指示がわかる。
●靴や帽子など、自分の持ち物と友達の持ち物を区別する。
●2つの物から1つを選ぶ。
●問いに答えて、知っている物を指せる。

●それまでやっていたことでも、見知らぬ人の前では恥ずかしがってやらないことがある。
●ほかの子に抱きついたり、泣いている子のそばに行ったりして、友達への働きかけが多くなる。
●友達の持っているおもちゃを欲しがるが、気持ちは長続きせず、手に入れるとほどなく手放すことが多い。
●自分より年下の子どもに興味をもつ。

●昼間の睡眠が1回になる。
●新陳代謝が高まり、食べる量が増える。
●排尿間隔が長くなる。
●皮下脂肪が減り、手足が伸びてくる。

●転ぶことなく、しっかり歩く。
●1段ずつ足をそろえて、階段を上り下りする。
●ボールを前方にける。
●滑り台にお尻をつけて、前向きにすべる。
●両足はそろわないが、15cm程度の高さから跳び下りる。

●ドアノブを回したり、瓶のふたを開けたり、面ファスナーをつないだりする。
●コップに砂や水を入れ、別のコップに移し替える。
●ぐるぐると連続した丸を描く。

●「いや」を頻繁に言う。
●「～ない」と否定形を使うようになる。
●「ほん　よんで」「ブーブー　きた」などの二語文が出現する。
●簡単な質問に答える。
●手あそびや歌の歌詞の一部を覚える。
●色が2つほどわかる。
●道具の用途がわかり、使おうとする。

●自分の所有物を「○○ちゃんの！」と主張する。
●「～ではない○○だ」と選んで決めるようになる。（自我の誕生）
●友達と同じことをやりたがる。
●身の回りのことを「じぶんで」と、一人でやろうとする。
●友達とおもちゃや場の取り合いが増え、かみつくこともある。
●周囲の状況や、大人からの働きかけによって、気持ちを切り替えることができる。
●大人から離れてあそぶ。
●友達と手をつなぎたがる。
●鏡に映る姿を見て、自分の姿だとわかる。

発達と保育

53

走ったり跳んだりするころ…2～3歳未満	片足けんけんをするころ…3～4歳未満

生理的機能

- 昼間の1回睡眠のリズムが安定してくる。
- 上下10本ずつ20歯が生えそろい、しっかりかめるようになる。
- 排せつの自立が進む。
- 肋間筋*が発達し、腹胸式呼吸となる。
  *肋間筋＝肋骨と肋骨とを連絡している筋肉。

- 寝ているときも尿意を感じる。
- 脳重量が1100～1200gとなり、成人の脳の重さの8割くらいになる。
- 利き手がほぼ決まる。

全身運動

- 走る。
- 三輪車にまたがり、地面をけって動かす。
- 両足を交互に踏み出して階段を上り下りする。
- 片足で立つ。
- つま先立ちをする。
- 20cm程度の高さなら、両足をそろえて跳び下りる。

- 手すりを持たずに、一人で階段を上り下りする。
- 両足で連続して跳ぶ。
- その場で片足跳びをする。
- 三輪車のペダルを踏んで動かす。
- でんぐり返しをする。

手指の操作

- 胸の前のボタンを一人で外したり、はめたりする。
- 粘土を引っ張ったり、ねじったりする。
- 閉じた丸や、縦線と横線が交差する十字を描くようになる。
- 絵本を1枚ずつめくる。
- はさみを使って紙を切る。（1回切り）

- はしを使い始める。
- 丸をたくさん描いたり、頭足人を描き始めたりする。
- はさみで紙を直線に沿って切る。（連続切り）

言語と認識

- 「これなあに？」とよく質問する。
- 「～してから○○する」と、見通しをもった行動がとれるようになる。
- 順番がわかるようになり、待とうとする。
- 経験したことを話す。
- 積み木を車に見立てたり、段ボール箱をおふろに見立てたりする。
- 「大きい、小さい」「長い、短い」「多い、少ない」などがわかる。
- 「おいしい」「きれい」などの形容詞を使って表現する。
- あいさつをする。
- 自分の名前を言う。

- 赤、青、黄、緑など、色が4つほどわかる。
- 「どうして？」と尋ねる質問が増える。
- おしゃべりが盛んになる。
- 「4」という数がわかり始める。
- 自分のことを「ぼく」「わたし」と言うことがある。
- 自分や身近な人の性別がわかる。
- 昨日、あしたがわかる。
- 上下、前後、横がわかる。

対人関係

- 「みてて」と自分がすることを認めてほしがる。（自我の拡大）
- 身の回りのことをなんでも一人でやろうとする一方で、「できない」と手伝ってもらいたがる。
- 気に入ったおもちゃや場所を独り占めして、自分の領域を守ろうとする。（2歳半ころまで）
- 自分の主張が受け止めてもらえた経験を通して、他者の思いを受け入れようとし始める。（自我の充実　2歳半以降）
- 年下の子どもの世話や、食事の手伝いをしたがる。
- 年上の子がすることにあこがれの気持ちをもつ。
- 2～3人で「みたて・つもり」あそびや簡単なごっこあそびを楽しむ。

- 出会いや再会の場面で顔を隠したり、物陰や大人の後ろに隠れたりする。
- 友達数人とごっこあそびを楽しむ。
- 好きな友達ができる。
- 友達との間で、物を貸し借りしたり、順番を守ろうとしたり、役割を交代したりする。
- 「もういいかい」「もういいよ」のかけ合いをしながら、かくれんぼをする。

全身運動

姿勢と運動

0歳から4歳前までの全身運動の発達は、飛躍的です。保育者はどう援助すればいいのでしょうか。そのときどきの、子どもの姿を追いながら、かかわり方を探っていきます。

*あそぶときは安全に留意し、子どもの発達に合わせて見守りながら行いましょう。

0〜3か月くらい

手足を動かすころ
姿勢を変える

自分の意思で姿勢を変えることが難しい時期です。
安心できるかかわりの中で、姿勢を変えて過ごす時間を作りましょう。

発達の姿

・首が据わり始める。（3か月）
・腹ばいで、短い時間、頭を持ち上げる。

保育のポイント

● **首が据わるまでは横抱きが基本**

首が据わるまでは首の後ろとお尻を支える横抱きが基本。早い時期の縦抱きは、頭や背中を支えようと、腹筋や背筋など未熟な筋肉に力が入りすぎるので、避けたほうがよい。

● **腹ばいであそぶ機会を作る**

首が据わり始めるころから1日に1〜2回、嫌がらない範囲で腹ばいの機会を作る。顔を上げて腹ばいの姿勢を保てるように、子どもの正面で声をかけたり、おもちゃを置いたりする。手を使ってあそべるように、細長く丸めたタオルなどを胸の下に入れるとよい。

● **自分から起き上がろうとする力を引き出す**

首が据わってきたら、保育者の親指を握らせて、あおむけの姿勢からゆっくりと引き起こす。保育者が引っ張るのではなく、子ども自身が起き上がろうとする動きに沿って介助する。

寝返りのころ
4〜6か月くらい

あおむけから
うつぶせに

体全体を使う寝返りを適切に介助して、積極的に動こうとする子どもの気持ちや姿を引き出しましょう。

発達の姿

・手で足先を持ってあそぶ。

・あおむけからうつぶせへの寝返りをする。
・左右どちらにも寝返りをするようになる。
・腹ばい姿勢で前に進もうとして、後ずさりになる。

保育のポイント

●脚が先行する寝返りを

手で足先を持ってあそぶようになったら、もうすぐ寝返りをするサイン。脚が先行するように、上になる脚を曲げておなかにつけ、腰から回るように介助する。

●左右差を作らないようにする

最初は同じほうにばかり寝返るので、しばらく様子を見て、徐々に逆側への回転を介助する。光や音の刺激を感じて寝返ることが多いので、いろいろな方向から刺激を感じられるよう、横になる位置を変えるとよい。

●前進する感覚をサポート

脚よりも手の発達が早く、力が強いため、ずりばいの始めのころは、前に進みたいのに後ろに下がってしまい、ぐずることがある。保育者がてのひらで足裏を支えてける体験を介助すると、力の入れ具合がわかるようになる。

はいはいのころ
7〜9か月くらい

自分で体を支える
力を育てる

うつぶせから座位へ、座位からうつぶせへと自在に姿勢を変え、はいはいでの移動を楽しむことが、後のしっかりした歩行を育てる土台になります。

発達の姿

・座る姿勢が安定してきて、少しずつ両手が自由になってくる。
・ずりばいやおなかを持ち上げたよつばいで進む。

保育のポイント

●心地よい揺さぶりあそびで体を支える力を育てる

おふねが ぎっちらこ〜♪

座った姿勢で倒れそうになったとき、手をついて体を支える力を獲得するために、心地よい揺さぶりあそびを取り入れよう。この力を獲得することで、ようやく自分で座ることができるようになる。また、歩き始めたときも転びにくく、転んでも先に手をついて体を支えることができる。

●座位を好む子には腹ばいのあそびからスタート

座位を好み、腹ばいを嫌がる子には、機嫌のよいときに、腹ばい姿勢でかかわるようにする。ただし、腹ばいでの移動を促したいと、保育者がおもちゃを持って少しずつ下がるのは逆効果。目標物は動かさないことがポイント。

●ずりばいからよつばいへのステップアップを後押し

おもちゃを子どもが取れる位置に置いたり、目の前でボールを転がしたりして、「取りにいきたい」という意欲を引き出そう。また、低い段差や大きめのロールクッションを用意し、両手をついて上半身を支えられるような環境やあそびを工夫する。

10～12か月くらい　伝い歩きのころ
安定した歩行の土台を作る

力いっぱいのはいはいを引き出す環境や、立位を保つあそびを充実させて、安定した歩行を支えるための筋力やバランスを育てましょう。

発達の姿

・よつばい、高ばいで階段を上る。
・さくなどにつかまりながら立ったり、座ったりする。
・さくなどを伝って歩く。
　（伝い歩き）

保育のポイント

●上手なはいはいを目指して

　足の親指で強く床をけり、手指とてのひらをしっかり開いて体を支え、左右交互に手足を使って大きく動かなくてはいけないような、抵抗のある所や、越えていくのが少し難しい場所を用意して、力いっぱいのはいはいを促そう。斜面や階段、布団を丸めた物などがよい。

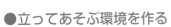

●立ってあそぶ環境を作る

　立ったり、座ったりを繰り返すようになったら、さくや壁を利用して、立ってあそぶ高さに、引っ張ったり、押したり、いじったりするおもちゃを設置するとよい。片手を離してあそぶことで、バランスのとり方が上手になる。
　また、つかまり立ちや伝い歩きを繰り返すうちに、腹筋力や背筋力、足の筋力もどんどん発達する。子どもが進む足元におもちゃなどがないよう、気をつけたい。

13～15か月くらい　歩き始めのころ
自分の力で挑戦してみる

このころから、個人差が顕著になります。先をせかすことなく、子どもが自分の力で立ち上がったり、歩いたりする過程を大事にしましょう。

発達の姿

・一人で立つ。
・一人で歩く。

保育のポイント

●自力で立ち上がることが大事

　どこにもつかまらずに自分の力で床から立ち上がることの繰り返しが歩行につながるので、歩く練習は必要ない。それよりも、子どもが立ったときに、保育者が一緒に喜び、「うれしい」に共感することが、「もう1回やってみよう」と繰り返しを促し、歩行につながる。そのためには、できるだけ室内を広くして、つかまって立てる場所を減らすとよい。

すごいすごい

●はだしで歩く

　歩き始めのころは、足を上げて歩くことが難しく、目線も足元には向いていないので、平たんで広々とした所を歩けるようにする。また、足裏が床につく感触を味わい、足の指に力を入れられるよう、はだしで歩ける安全な場所をととのえることも大事。
　歩き始めのころは、両手を上げてバランスをとりながら歩く（ハイガード歩行）ので、保育者が手を引いたりせず、子どもが自分で歩こうとする気持ちを大切にしよう。

16～18か月くらい　とことこ歩きのころ
歩く楽しさを感じるあそびを

安定した歩行を手に入れた子どもたちは、どんどん行動範囲を広げていきます。そんな子どもたちの思いや意欲にこたえる保育を展開していきましょう。

発達の姿

- 両手を下ろして歩く。（ローガード歩行）
- 物を抱えて歩いたり、押し車を押して動かしたりする。
- しゃがんだり、立ったりする。

保育のポイント

●ゆったりした道草散歩を

両手でバランスをとらなくても歩けるようになると、ふわふわした布団の上や砂利道など、抵抗がある場所を好んで歩く。また、脚の形がX脚になるころ、立った姿勢からいったんしゃがみ、また立ち上がれるようにもなる。行き先を急がず、ゆったりした散歩を楽しもう。また、両手を下ろすことで、大人と手をつないで歩けるようにもなる。

●歩行に楽しさを加えて

腕が自由になるので、持って歩ける袋を準備して、歩く楽しさを後押ししよう。歩行の安定とともに、股関節やひざ、足首の関節を調節する力も育ってきている。押し車を押すあそびも一工夫して、直線ではなく、くねくね曲がった道を作るとよい。ひざの関節を上手に使って進もうとする。

19か月～2歳未満　しっかり歩けるころ
さまざまな動きを楽しむために

二足歩行が完成し、少しずつ自分の思うように体を動かすようになります。いろいろな動きを楽しめる環境をととのえ、「やってみたい」という意欲を引き出していきましょう。

発達の姿

- 転ぶことなく、しっかり歩く。
- 滑り台にお尻をつけて、前向きにすべる。
- 両足はそろわないが、15cm程度の高さから跳び下りる。

保育のポイント

●いろいろな歩行を楽しむ

歩行がしっかりして、斜めの姿勢もとり始めるので、坂道を上り下りしたり、歩道の縁石の上などを歩いたりして、いろいろな歩行を楽しめる場所へ出かけよう。

室内では、ひもを付けた遊具や、しっかりした大きめの箱などを用意し、引っ張ったり、押したりして、歩くあそびを楽しめる環境を作る。

●安全面に留意

滑り台では、座って前向きにすべる感覚を楽しむようになるが、危険に対する判断や、行動を制御する力は、まだ十分に発達していない。やっていることを「だめ」と禁止するのではなく、子どもの様子を見守りながら、行動を予測して事前に対応できるようにしよう。

●巧技台であそぶ

歩くようになると、はいはいの姿勢をとらなくなるが、はいはいは全身機能の発達に必要な運動なので、巧技台のはしごなどを使って、はいはいの運動を促したい。また、跳び下りを介助するときは、必ず子どもの正面に立ち、両手を持って行うようにする。

2〜3歳未満

走ったり跳んだりするころ

体をコントロールする力を育てる

体を動かす基本的なことはできるようになりますが、全身を使っての動きは、まだぎくしゃくしています。目と手足の協応関係を促し、体全体をコントロールする力を育てましょう。

発達の姿

- 走る。
- 両足を交互に踏み出して階段を上り下りする。
- 片足で立つ。

保育のポイント

●体全体をコントロールするあそびを

転ぶことなく走り、方向転換や急停止ができるようになるので、まっすぐ走るのではなく、ジグザグに走るしっぽ取りのような追いかけあそびを取り入れる。このとき、追いかける保育者がスピードに変化をつけるのがポイント。子どもが走りながら振り返ったり、保育者との距離をとらえてスピードを調整したりして、体全体をコントロールする経験を重ねていけるようにする。

●目と足の協応活動を楽しむ

階段の上り方は一人一人違うが、ステップの高さや奥行きに合わせて階段を上っていけるよう、声をかけ、目と足の協応関係を促す。交互に踏み出してスムーズに上り、転ばずに走るようになると、階段を下りる足の運びも交互になる。

●平衡感覚を使ってあそぶ

体のバランスをとって、片足で立つようになるので、平均台を渡るあそびや、片足で立つリズムあそびなどを取り入れ、平衡感覚をフル活動させて楽しめるようにする。

3〜4歳未満

片足けんけんをするころ

イメージして動く

自分の体をコントロールする力を高め、自由に表現する力を育てるために、さまざまな運動感覚を使う活動を取り入れ、一人一人の意欲を高めていきましょう。

発達の姿

- その場で片足跳びをする。
- 三輪車のペダルを踏んで動かす。
- でんぐり返しをする。

保育のポイント

●3歳前半と後半での違いを考慮して

バランスをとって片足で跳ぶようになるが、3歳はじめのころは、その状態で前進するのは難しい。「〜しながら○○する」というように、2つのことをなんとか同時に行えるようになるのは、3歳後半を過ぎてから。
平衡感覚を使うリズムあそびなどでは、3歳前半と後半の発達の違いを考慮して、それぞれが「できるうれしさ」を感じられるような配慮が必要。

●自分で動かし、コントロールするうれしさに共感して

3歳のはじめのころはペダルを踏んで三輪車を進めることに集中するので、広い場所を選び、ぶつかることがないように見守る。3歳後半になると、ペダルを踏みながら、ハンドルを動かして進むようになるので、目標物を設定したり、コースを作ったりしてあそびを広げよう。

●平衡感覚や逆さ感覚、回転感覚が育つあそびを

でんぐり返しは、バランス感覚や逆さ感覚、回転感覚を必要とする大きな動き。まずは、高ばいでの動物のまねっこなどで、頭が下、お尻が上の姿勢をとって逆さ感覚を体験するあそびや、「やきいもごろごろ」で横に転がり、回転感覚を味わうあそびを十分に行うことが大事。

発達と保育

手指の操作

「つかむ」から「使う」まで

手指の発達を追っていきます。
それぞれの時期にふさわしいかかわりで、子どもの育ちを支えましょう。

0〜3か月くらい

手足を動かすころ
手指を少しずつ刺激して

ぎゅっと握って生まれてきた手指は、どのように動くのでしょうか。
そのプロセスと、必要なかかわりを紹介します。

発達の姿

・自分の手に興味をもち、じっと見つめたり、動かしたりする。（ハンドリガード）
・ガラガラなど、手に置かれた物を、短い間握るようになる。

保育のポイント

●正面から働きかける

　生後2か月ころまでは、子どもは親指を中に入れてぎゅっと手を握っている。この時期は、目の前の物を触ってみたいという気持ちをはぐくめるように、音が鳴るおもちゃなどで、保育者が正面から働きかけるとよい。

●動かしやすい環境をととのえて

　生後2〜3か月ころ、「ハンドリガード」を繰り返しながら、子どもは自分の手の存在に気づき、その手を自分の意思で動かせることを知る。動きを拘束しないよう、動かしやすい服を着せたり、ベッドからおむつ台に移動するときなどの抱き方に気をつけたりして、配慮したい。

手足を自由に動かせる抱き方を。

●握りやすいおもちゃを準備

　生後3か月ころ、中に入れていた親指を伸ばして、手指が緩やかに開いてきたら、握りおもちゃを持たせてみよう。てのひらに収まる太さで、柔らかい素材の握りやすいおもちゃがオススメ。ガラガラのような、動かしたときに優しい音がするおもちゃもいい。
　口に入れることが多いので、丈夫で清潔を保てる物を選び、誤飲を防ぐために、直径が39㎜以下の大きさのおもちゃは避ける。

4～6か月くらい
寝返りのころ
目と手の協応活動を促す

子どもが自分から「取りたい」「欲しい」と思って手を伸ばすような保育のヒントを紹介します。

発達の姿

・目の前の物に手を伸ばす。目と手の協応が始まる。（4か月）
・ガラガラを握ってあそぶ。

保育のポイント

●音が鳴るおもちゃを楽しむ時間を

4か月ころ、子どもはおもちゃを見ると手を伸ばし、おもちゃにふれると指を開いて、つかむようになってくる。このように、目で物を見る行為と、手でつかむという行為が結びついて、目で見た物を手でつかむというような動作を「目と手の協応」という。ガラガラのようなおもちゃを持たせると、振ると音が鳴ることが少しずつわかるようになり、盛んに振ってあそぶようになる。

●つかみたい気持ちを高めるかかわりを

おもちゃを握らせるときは、子どもの正面で目を合わせながら名前を呼びかけて、「おもちゃをつかんでみたい」という気持ちを高めていく。

●両手で持てるおもちゃを

まだ長い時間、物を握っていることはできない。また、自在におもちゃを放すのではなく、「放れてしまう」状態にある。子どもの様子をよく見て、おもちゃを片付けたり、再び握らせたり、こまやかな配慮をしよう。また、両方の手で持てる大きめのタオルボールのようなおもちゃも用意して、左右の手指の動きに大きな差ができないように気をつけたい。

7～9か月くらい
はいはいのころ
手を動かすあそびを楽しむ

座位の安定とともに、両手は体重を支える役割から徐々に自由になります。つかんだ物を動かすおもしろさに出合う活動を保障していきましょう。

発達の姿

・片方の手から、もう片方の手に持ち替える。（左右の手の協応）
・てのひら全体で物をつかもうとする。
・手に持った物でたたいたり、両手に持った物を打ち合わせたりする。

保育のポイント

●興味が高まるおもちゃを

7か月ころから、両手が協応するようになり、右手に持ったおもちゃを左手に、また、左手から右手に持ち替えることができるようになる。音がする物や、つかみやすい物、手触りのよい物などを用意して、子どもの興味を高めたい。

あらあら落としちゃったね

●つかんで放すあそびを十分に

8か月を過ぎると、持った物を自分の意思で放すことができるようになり、引っ張り出すあそびを楽しむ。散らかしているように感じるが、こうしたあそびが、入れたり、合わせたりするあそびにつながっていく。

また、自分が落とした物を保育者が拾って渡すのを喜び、繰り返しせがむようになる。こうしたやり取りも、活発な手の動きを促す。

●打ち合わせを楽しむ環境を

体の正面で、両手に持ったおもちゃを打ち合わせたり、たたいたりするようになったら、積み木や、ミルク缶で作った太鼓などを用意するとよい。手と手をパチパチとたたくしぐさも楽しもう。

10〜12か月くらい　伝い歩きのころ　手や指を使うあそびを楽しむ

10か月は、発達の節目の一つといわれ、手指の動きも、大きく飛躍する時期です。発達のプロセスをしっかりとイメージして、丁寧にかかわることが大切です。

発達の姿

・物を出し入れする。（出すほうを先にする）
・小さな物を親指と人差し指でつまむ。

保育のポイント

●「出す」あそびから「入れる」「渡す」あそびへ

9か月ころは、入れ物から物を出すことはできるが、入れることはできない。11か月くらいになると、中へ入れたり、載せたり、渡したりするようになる。転換期にあたる10か月のころは、受け止める保育者とのかかわりの中で、渡したり、入れたりする。大事な時期なので、丁寧にかかわりたい。

また、保育者が入れる様子をまねることもある。穴落としのおもちゃは、繰り返し楽しめるように、入れると音がする素材を用意したり、穴の大きさや形を変えたりして工夫する。

●つまむプロセスは大きく3ステップ

机の上の小さな物を指先でつまむプロセスとして、大きく3つの段階がある。10〜12か月ころは、つまむ力が強くなってくるので、面ファスナーでくっついている物をはがして楽しむようなおもちゃを用意すると楽しい。また、小さな物をつまんで口に入れることで誤飲が多くなるので、子どもの手が届く所に小さな物（直径39mm以下）を置かないように気をつけよう。

熊手状把握（7〜8か月ころ）　はさみ状把握（9〜10か月ころ）

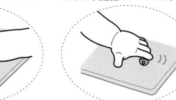

てのひらも使って熊手のようにかき寄せる　　人差し指を伸ばしてかき寄せるようにしてつまむ

ピンチ把握（11〜12か月ころ）

親指と人差し指で上からつまもうとする

13〜15か月くらい　歩き始めのころ　手指を使う経験を増やす

指先の操作性がますます高まってきます。じっくりとあそべる環境をととのえるとともに、楽しい素材を準備して、手指での経験が広がるよう活動を工夫したいものです。

発達の姿

・積み木を2〜3個くらい積む。
・粘土をたたいたり、ちぎったりする。

保育のポイント

●じっくりと繰り返しあそべる環境を作る

1歳を過ぎると、手に持った積み木を持ち上げて、もう1つの積み木の上に重ね、積んだことを確かめて手を放すようになる。子どもによっては、もう1つ積む子もいるが、この時期は、3つ以上続けて積むことはできない。また、そっと重ねることはまだ難しく、押しつけるようにして重ねて手を放すので、力が加わっても崩れにくい少し重みのある木製の積み木があそびやすい。

指先でつまんだ物を別の器に移すようにもなるので、移し替えのあそびを楽しめるよう、一人でじっくりあそべる場所やおもちゃを保障したい。

●感触を楽しむあそびを

親指と人差し指の操作性や、つまむ力、また握る力が高まるので、小麦粉粘土*をたたいたり、ちぎったりして感触を楽しもう。まずは保育者が子どもの目の前で引っ張って伸ばしてみたり、粘土の塊に人差し指をさしたり、てのひらでぎゅっと握ったり、いろいろなかかわりを見せるとよい。

*小麦アレルギーの有無を確認してから、準備を始めましょう。

とことこ歩きのころ

16〜18か月くらい

大事な発達の節目を見通して

1歳半で迎える大事な発達の節目を見通しながら、やってみようとする子どもの姿を見守り、丁寧なかかわりを続けます。

発達の姿

・3個以上の積み木を積む。
・つまんだ物を小さな穴に入れる。
・スプーンやフォークを使って食べるようになる。

保育のポイント

●試すように繰り返す子どもを見守って

子どもは、1歳半を過ぎたころ、「手に持った物の向きを変えたり、やり方を調整したりする」というような力を獲得するが、この時期から少しずつ試すように繰り返すので、注意深く見守りたい。

穴落としのおもちゃでも、親指と人差し指でつまんだ物を穴の形や大きさに合わせて、調整しながら入れようとする姿が見られるようになるが、一度やってみてうまくいかないとその場を離れる子もいる。月齢差がとても大きい時期なので、いろいろなタイプの穴落としを用意しておくとよい。

●手首のコントロールを援助

スプーンやフォークを食べる道具として使おうとする姿が見られるようになる。これは、スプーンやフォークを「食べるときに使う物」と認識するとともに、手首のコントロールができ始めることで表れてくる。

例えば、子どもがシャベルを持ったときには、砂場に誘ったり、嫌がらなければ、手を添えてコントロールの感覚を伝えたりして、使ってみたいという思いを援助したい。

しっかり歩けるころ

19か月〜2歳未満

道具へのあこがれを後押し

1歳半の節目を超えて、子どもたちは、調整して操作したり、うまくいかなくてもやり直したりする力を獲得しました。「道具をもっと使ってみたい」という気持ちもますます強くなります。

発達の姿

・ドアノブを回したり、瓶のふたを開けたり、面ファスナーをつないだりする。
・コップに砂や水を入れ、別のコップに移し替える。
・ぐるぐると連続した丸を描く。

保育のポイント

●繰り返し試せる環境と見守りを

このころになると、手首の回転とともに、5本の指先のこまやかな操作が上手になる。砂あそびやままごとで、手首をねじったり、回転させたりしながら、すくって入れようとする場面も増える。一人一人が十分にあそび込めるよう、入れ物や道具は複数用意しておきたい。うまくいかなくても、何度も繰り返す時期なので、保育者は手助けよりも見守って、できたときのうれしさに共感するようなかかわりをしよう。

できた
できた

●のびやかなスクリブルを楽しむ

描画では、ぐるぐると連続した丸のスクリブル（なぐりがき）が見られるようになる。これは、肩かひじを使って描いていた段階から、ひじと手首の両方を動かして描くようになったことを表している。手首や腕の動きを妨げないように、フェルトペンやオイルパステルなど、描きやすい描画材を用意しよう。まだ、もう片方の手で紙を押さえながら描くことはできないので、紙をセロハンテープで固定する。

ぐるぐる
いっぱいだね

発達と保育

63

2〜3歳未満　走ったり跳んだりするころ　いろいろな活動を楽しむ

手指の動きがますます細かく活発になってきて、いろいろなことに挑戦していきます。「できた！」という達成感を味わえる環境を作って、子どもの願いにこたえていきたいですね。

発達の姿

・胸の前のボタンを一人で外したり、はめたりする。
・絵本を1枚ずつめくる。
・はさみを使って紙を切る。（1回切り）

保育のポイント

● 「やってみたい」にこたえる環境を

　こまやかに指を動かせるようになるので、例えば、今までは絵本を指先でずらすようにめくっていたのが、親指と人差し指で紙を挟んでめくるようになる。

　また、徐々に左右の手をそれぞれに動かしながら、協応させることができるようになるので、ひも通しのあそびを喜ぶ。いろいろな種類のひも通しを用意しておこう。目線が近くなるよう机といすを用意し、子ども自身があそびたいときに取り出してあそべるような環境をととのえたい。

すごいねー

● はさみとの楽しい出合いを工夫して

　指先に力を入れて物を持ち続けることができるとともに、左右の手の協応が進んで、はさみが使えるようになる。まだ、連続して切ることは難しいため、1回で切り落とすことができるよう、しっかりしたやや厚手の紙を細長く切って渡そう。

　はさみの持ち方や切り方など、手を添えて知らせていくが、はさみを使う練習にするのではなく、ままごとの材料作りなど、あそびの中で使う機会を作るようにしたい。まだ利き手は確定していない。

3〜4歳未満　片足けんけんをするころ　道具を使いこなす喜び

左右の手の分担がしっかりしてきて、手指の動きは、ますます自由に、そして豊かになっていきます。道具を使って、主体的に生活したり、あそんだりする姿を大事にしたかかわりが求められます。

発達の姿

・はしを使い始める。
・はさみで紙を直線に沿って切る。（連続切り）

保育のポイント

● はしは使い始めの見極めを

　スプーンやフォークを、鉛筆の持ち方で使いこなしてしっかり食べる姿が、はしを使い始めてもよいというサインになる。また、描画の際にフェルトペンを正しく持っているかも大事な目安となる。ままごとあそびの材料に、フェルトで作った食べ物や、ねじった形のマカロニなど、つまみやすい物を用意するのも一つの方法だ。徐々に利き手がどちらかわかってきて、気にする保護者もいるが、まだ不確定であり、利き手を変えるのは、子どもの負担を考えて、慎重な対応を求めたい。

● 左右の手の協応を促すあそびを

　左右の手がそれぞれにしっかり働くようになり、1回切りだったはさみも、連続して切れるようになる。次第に、紙を持っている手を動かしながら、形を切り取ろうとするようになってくる。こうした発達は、左右の手の協応が進むことによって可能になってくる。折り紙も、片方の手で折り紙を押さえながら、もう片方の手で折り紙の端を持って、合わせようとする動きが可能になるので、自分なりに折って、見立ててあそぶようになる。

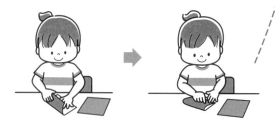

言語と認識

「話す」と「知る」のつながり

言語と認識は、互いに深く結び付きながら、発達していきます。
そのプロセスと保育のポイントをピックアップしてお届けします。

0～3か月くらい

手足を動かすころ
発声と追視を促すために

子どもは、生まれたときから、目が見え、音が聞こえるといわれています。
首が据わるころまでのかかわりについて、ポイントを押さえましょう。

発達の姿

・「あっあっ」など、泣き声とは違った声（クーイング）を発する。
・物や人が視界に入ると、じっと見る。（注視）
・首が据わると、動く物を左右に180度、目で追いかける。（追視）

保育のポイント

●静かな環境をととのえる

クーイングは、生後1か月を過ぎた子どもが、落ち着いた機嫌のよい様子で出す声。この発声の仕方が将来の「言葉」につながる。子どもの声に保育者がこたえることで、さらに発声が促されるので、互いの声を聞き取れるよう、できるだけ静かな環境をととのえることが大事。首が据わると、上あごの位置が上がって、のどの奥が広がり、笑い声が出るようになる。

●つるすおもちゃは距離と色がポイント

おもちゃをつるすときは、胸元の上方20～30cm程度の所につるす。この時期は、光る物や赤い色に興味を示すことが多いので、そうしたおもちゃを選ぶのも大事なポイント。追視が始まる前の注視の段階では、1個をつるし、追視が始まったら数を増やしていくとよい。

●子どもの追視を確かめながらあそぶ

首が据わるまでは、視野から物が見えなくなると、それ以上追っていくことはできない。おもちゃを見せるときは、子どもが目でとらえたことを確認してから、ゆっくりと左右に動かしてみよう。

65

4〜6か月くらい　寝返りのころ
目線や声での　かかわりを

広い範囲で物を追って見ることができ、声もバラエティーに富んできます。このころから、子どもと目線を同じにしたかかわりが大事なポイントになります。

発達の姿

・「あーあー」など、喃語を発する。
・動く物を広い範囲（全方位360度）にわたって追視する。

保育のポイント

●発声を豊かにするあそびを

首の据わりがしっかりしてくるので、くぐもった声からはっきりした明るい声を出すようになる。また、機嫌のよいときと、そうでないときの声の調子が変わり、感情を声で表現するようにもなる。頻繁に声を出すので、その都度、子どもが発した喃語をゆっくりとまねてみよう。「いないいないばあ」や、くすぐりあそびなど、発声を引き出すあそびも取り入れるとよい。

動作に合わせて、「こちょこちょ」「ころころ」「ぶるぶる」など、語感のいい言葉を添えて。

●子どもの目線に合わせるかかわりを

5か月くらいになると、首を支える背中もしっかりしてきて、さらに広い範囲での追視が可能になる。視力も2mくらい離れた所にある小さな物を見つけるようになる。保育者は、子どもが見ている物に視線を合わせて言葉を添えよう。繰り返していく中で、子どもは自分が見つめている物の名前や形容詞などの言葉を知ることができる。

7〜9か月くらい　はいはいのころ
子どもの興味に　合わせる

欲しい物や行きたいほうを見ながら、喃語で盛んに伝えようとします。子どもが何に興味をもっているのかを確かめて、丁寧にかかわりましょう。

発達の姿

・大人が指さした方向に視線を動かす。（共同注意）
・喃語が活発になる。

保育のポイント

●子どもが見ている物や人を追っていく

「子どもが大人と視線を共有し、同じ物を見る」ことを「共同注意」、または「共同注視」といい、子どもが言葉を覚えるために必要な土台となる。

例えば、保育者が持つスプーンを子どもが見ているときに、「これはスプーンよ」と声をかけると、子どもは、「スプーン」という言葉の音を耳で聞き、目でスプーンの形を記憶する。もし、子どもの見ている物と、保育者が言った物が違うと、間違って覚えてしまう可能性がある。必ず、子どもの視線が向いている物や人について、短い言葉で伝えることが大事。

スプーンいいな

コップを見ているときに、耳から「スプーン」と聞くと、間違って覚えてしまうおそれがある。

●「わかる言葉」を増やすやり取りを

喃語の出始めは、「あーあー」「おーおー」など母音が中心だが、この時期になると、「あぶあぶ」「ばーばー」など、唇を使った音がたくさん出せるようになって、どんどん喃語が活発になる。

保育者は、子どもの表情やしぐさから、子どもの気持ちを言葉にしたり、動作に言葉をつけたりするとよい。そうしたかかわりを重ねることで、物に名前があることや、動作や気持ちを表す言葉があることを知っていく。

あら落ちた

盛んに物を落として楽しむときにも声をかけて。

伝い歩きのころ

10〜12か月くらい

「わかる」を増やす言葉かけ

早い子だと意味のある言葉を言うようになり、わかる言葉もどんどん増えます。言語発達のベースとなる認識の発達を支える大事なかかわりを紹介します。

発達の姿

・自分が気づいた物や人などを示すために指を向ける。（指さしの出現）
・「いやいや」など、自分の思いをしぐさで伝えようとする。

保育のポイント

●「言える」より「わかる」が先

この時期は、まだ発音の機能がととのっていないが、わかっていることはたくさんあるので、しぐさで伝えようとする姿が見られる。「いやいや」と言う代わりに首を振るのもその一つ。「バイバイ」など、何度も聞いたことがある言葉は、関連した動きをするようになる。保育者は、やり取りをする際、動作と一緒に言葉を添えるよう意識することが大事。

●指さしのプロセスを意識して

前段階の「共同注意」を経て、10か月ころ、保育者が指さすほうを見ながらその方向へ手を差し出す「志向の手さし」が表れる。その後、自分が見つけた物を見てもらおうとする「定位の指さし」や、「要求の指さし」をするようになる。こうした子どもの姿に対して、先取りせず、タイミングよく言葉を添えていくことが大事。また、引き続き、身ぶり、表情を交えながら、物の名前や、動作の名称、気持ちなども伝えよう。

これは定位の指さし。

歩き始めのころ

13〜15か月くらい

子どもの「世界」に寄り添って

自分の体を使ってできることが増えることは、あそびの世界を大きく広げます。一人一人の子どもがいる世界に寄り添うようなかかわりを意識しましょう。

発達の姿

・自分の名前を呼ばれると、返事をする。
・眠るふりをしたり、空のコップで飲むまねをしたりして、「つもり」の行動が表れ始める。

保育のポイント

●言葉を使うやり取りのはじめに

10か月ころには自分の名前を呼ばれると振り向いていた子が、この時期になると、名前を呼ばれて、手を挙げたり、「あーい」と返事をしたりするようになる。友達の名前が呼ばれているのに返事をする子もいるが、大抵は返事をしたときの保育者の反応を喜んでいることが多い。「違うでしょ」と否定するのではなく、「○○ちゃん」と、その子の名前を呼び直そう。

みんなの名前を順に呼ぶうちに、友達の名前もわかってくる。

●イメージが広がる環境と言葉かけを

この時期の「つもり」行動は、「○○みたいにしてみたい」と明確にイメージしているものではない。人形を抱いているうちにお母さんやお父さんのつもりになってみたり、空き箱に積み木や紙片を出し入れしているうちにご飯作りが始まったりする。子どもがいつでも取り出せる所に、いろいろなおもちゃを整理して置いておこう。子どもがなんのつもりなのかを見極めて、その場にふさわしい言葉をかけることで、さらに子どもの「つもり」が膨らんでいく。

○○お母さんご飯できたかな？

16〜18か月くらい ── とことこ歩きのころ
「わかる」うれしさを土台に

いろいろなことがわかるうれしさが、繰り返しをせがむ姿となって表れます。そんな子どもの心に寄り添って、いろいろな力をはぐくみましょう。

発達の姿
・簡単な指示がわかる。
・問いに答えて、知っている物を指でさす。

保育のポイント

●わかりやすく伝える

言葉の理解が進み、「持ってきて」「座って」といった動詞の意味もわかるようになるので、簡単な用事を頼むことができる。まだ長い文章の理解は難しいので、子どもになじみの深い言葉を用いて短い文にして伝える。新しい言葉を入れるときは、一語にしよう。その際、「それ、持ってきて」と代名詞を使わず、「コップ、持ってきて」など、きちんと名詞を使うことが大事なポイント。

ご本ないないしてきてね

赤ちゃん言葉でも問題なし。

●可逆の指さしが示す成長を意識して

1歳半近くになると、大人の「○○は、どこ？」という質問に、指さしで答える「可逆の指さし」をするようになる。絵本を使った「○○はどれ？」といったやり取りも好きで、同じ絵本を何度も保育者の元に持ってくる。こうした子どもの要求には、できる限り応じるようにしたい。

ときには、指さしだけではなく、言葉を添えることもあるが、まだ正しく発音することはできない。子どもの発音が違っても、まずは「そうね」と受け止め、その後、「○○ね」と、正しい言い方や発音を伝えよう。

これはなあに？

バ・ナ・ナ言ってごらん

言わせるのはNG。

19か月〜2歳未満 ── しっかり歩けるころ
教えるのではなく、見守って

「〜ではない○○だ」という物のとらえ方が、子どもの世界を大きく広げます。子どもの姿をしっかりとらえて、一人一人と丁寧にかかわりましょう。

発達の姿
・「ほん　よんで」「ブーブー　きた」などの二語文が出現する。
・道具の用途がわかり、使おうとする。

保育のポイント

●子どもの言葉を膨らませて返すやり取りを

例えば、子どもが「ほん　よんで」と言ってきたら、「○○の本を読もうね」とか、「ブーブーきた」という言葉に「大きなブーブーがきたね。バスかな」など、子どもが言ったことを少し膨らませて返すような語りかけが大事。二語文や三語文を話し始めた子が、助詞や文法を理解する手助けとなる。

大きなブーブーがきたねバスかな？

ブーブーきた

●使ってみたい気持ちを受け止めて

道具へのあこがれはますます強くなり、スコップなどの身近な道具は、その用途を理解して使ってみようとする。道具によっては、いろいろな方法を試す姿も見られる。子どもが集中して取り組んでいるときは、様子を見守り、うまくいったときに、うれしい気持ちをしっかりと受け止めることが、次の活動につながっていく。

ただし、なんでも使ってみたい時期なので、家庭での道具の管理については、クラスだよりなどで、発達の姿とともに伝え、注意を呼びかけたい。

試行錯誤の過程では、こんな姿も。

2〜3歳未満 体験と言葉の結び付きを大事に

走ったり跳んだりするころ

聞いたり、体験したりする楽しさが、言葉の層を厚くしていきます。個人差が大きい時期ですが、一人一人にふさわしいやり取りを考えましょう。

発達の姿

・「これなあに？」とよく質問する。
・「大きい、小さい」「長い、短い」「多い、少ない」などがわかる。

保育のポイント

●質問には、言葉を加えて答える

子どもの質問には、「○○だよ」と答えるだけでなく、「電車だよ。絵本にあったね」など、言葉を加えて答えるとよい。繰り返し、同じことを聞いてくるが、できるだけ答えよう。同じ質問でも、その都度、「電車だよ。散歩で見たね」とか「電車だよ。乗ったことあるかな？」など、違う言葉を添えて返すと、新しい単語や文章の形を加えることができる。

●感覚を共有する体験の積み重ねが大事

2歳半を過ぎたころから、物を大小や多少を基準にして分けるようになる。これは、ただ物や絵を見て、繰り返し言えばわかるということではなく、あそびや生活の中で、友達や保育者と感覚を共有する体験が大切。こうした体験が、比べる力と言葉を結び付け、「他者に様子を伝える」ことにつながっていく。保育者は生活の中で「長い棒」「大きい紙」など、対比を表現する言葉を意識的に使っていこう。

3〜4歳未満 「伝えたい」思いを受け止めて

片足けんけんをするころ

どの子も、言葉を使ったやり取りがほぼできるようになります。言葉を使って、自分が知りたいことや聞いてほしいことを伝えられるうれしさをしっかり受け止めていきましょう。

発達の姿

・「どうして？」と尋ねる質問が増える。
・おしゃべりが盛んになる。

保育のポイント

●質問には丁寧な対応を

子どもの質問には、時間が許す限り、丁寧に答えよう。ただ、自分から質問しておいても、その答えをしっかり聞いているとは限らないこともある。

3歳後半になると、質問は「空はどうして青いの？」など、すぐには答えられないような内容になる。「わからないなあ」と適当に答えると、納得できなくて、次々と質問してくるので、一緒に図鑑で調べるなど、しっかりと対応することが大事。

時間がなくて「後でね」と対応した場合は、忘れずに。

●「話したい」に寄り添って

「わ、わたし」「えーと、えーと」など同じ音や言葉を繰り返したり、うまく言葉が続かなくてつかえたりすることがある。この時期は、伝えたいことがたくさんあるのに、口の動きがついていかないためにこのようなことが起こりやすい。話したい気持ちを受け止めながら、相づちを打ち、安心して話ができるようにしよう。

言い直しを求めるのは、話すときに緊張を伴ってしまい、逆効果になる。

対人関係

「保育者と」から「友達と」へ

0〜2歳児の育ちには、人とかかわる土台を作る大事なポイントがたくさん詰まっています。
それぞれの発達段階で、押さえておきたい保育のポイントをわかりやすく紹介します。

0〜3か月くらい

手足を動かすころ

笑顔と笑い声の獲得に向けて

「笑う」ことは、人間だけがもっている高度な力だといわれています。
コミュニケーションの土台となる笑顔と笑い声を、子どもが獲得できるよう働きかけていきましょう。

発達の姿

・声をかけられるとにっこり笑う。（2〜3か月）
・あやされると、口を開けた笑顔で、手足を伸ばしたり、曲げたりするようになる。

保育のポイント

●子どもの泣きにはしっかりかかわる

生理的に快い状態のときに見せる「生理的微笑」を経て、次第に大人にあやされて反応する「社会的微笑」が見られるようになる。これは、子どもが泣いて不快を表現したときに、大人が不快の原因を探り、あやしながら快い状態にするかかわりを繰り返すことで、次第に表れてくる。愛着関係を促すかかわりである。

●しっかりとあやして笑顔と笑い声を引き出す

大人がいつもあやしながら、生理的に快い状態を作っていくことで、子どもは次第に大人が笑いかけると口を大きく開けて笑い、ときには手足を動かして全身で反応する。首が据わると、のどが開放されて、笑い声も出てくる。笑顔と同様に、笑い声を獲得することも人とかかわる土台となる。子どもと目を合わせながらしっかりとあやし、笑顔と笑い声を引き出すかかわりを大切にしたい。

4〜6か月くらい 寝返りのころ かかわりを楽しむ関係作りを

笑顔と笑い声を獲得して、子どもは身近な大人とのかかわりを自ら求めるようになります。人とかかわる楽しさを繰り返し感じられるよう、保育を工夫しましょう。

発達の姿

・身近な大人の顔がわかる。
・子どもから身近な大人に向けて声を出し、笑いかける。

保育のポイント

●愛着関係の土台を作るつもりで

生後4か月ころになると、子どもは聞き覚えのある声のほうへ顔を向けるようになり、いつも自分の世話をしてくれる身近な大人の顔がわかるようになる。0歳児保育で担当制を取り入れるのも、こうした子どもの発達によるもので、特定の大人との愛着関係の土台につながっていく。保育者は、少し高めの声で、ゆっくりはっきりと語りかけよう。

●心地よく楽しいやり取りを繰り返して

あやしてもらったときの心地よさを経て、子どもは自分から大人にほほえみかけるようになり、ときには声を出す。こうした子どもの様子に合わせて、繰り返しかかわることで、子どもは、大人が反応してくれる心地よさを感じ、「もっと、もっと」と、自ら声を出して大人に働きかけるようになる。

また、この時期は、見た物を手でつかもうとするようになるので、おもちゃを使ったあやしあそびをたくさん取り入れて、楽しいやり取りを重ねたい。

7〜9か月くらい はいはいのころ 心のふれあいを大事に丁寧に

守られている安心感をもつことが、他者への興味を育て、活動意欲の高まりを促します。日常的に心のふれあいを感じるようなあそびや、かかわりのポイントを押さえておきましょう。

発達の姿

・「おつむてんてん」など、身近な大人とのあそびを喜ぶ。
・特定の大人への後追いが増えたり、夜泣きが強くなったりする。（8か月不安）

保育のポイント

●単純な繰り返しのあそびを通して心の交流を

好きな保育者とのやり取りをますます喜ぶので、「いないいないばあ」や「おつむてんてん」「いっぽんばしこちょこちょ」など、いろいろなあそびを繰り返し、保育者との快い交流を楽しめるようにしよう。こうした交流が、人とかかわることへの楽しみを培う。

わらべうた「さるのこしかけ」

1 さるのこしかけ
めたかけろ めたかけろ

2 どっしーん

好きな保育者との揺さぶりあそびも子どもたちは大好き。

●安心できる基地になるかかわりを

8か月ころになると、子どもは周りの物やことを「知っている物・こと」と「知らない物・こと」に分けるようになり、知っている物やことには安心を、そうでないときには不安を感じるようになる。そして、「不安だけれど知りたい」という無意識の願いを、後追いや夜泣きなどで、安心できる人に表現するようになる。

この時期はできるだけ身近な保育者が子どものそばにいて、子どもが心の支えを得ながら不安を乗り越えられるよう、保育者の動きを整理する必要がある。

よかったね
お姉さんが
ボールをくれるって

あげる
どうぞ

発達と保育

71

10〜12か月くらい — 伝い歩きのころ

人への興味が高まるかかわりを

二項関係から三項関係の成立を経て、子どもは大きく変わる時期を迎えます。発達のポイントを意識して、丁寧にかかわりましょう。

発達の姿

・身近な大人と、物や別の人を共有する。（三項関係）
・物を使って、「ちょうだい」「どうぞ」のやり取りを喜ぶ。

保育のポイント

●対人関係の大きな転換期を意識して

　生後9か月ころまでは、「子ども―大人」あるいは「子ども―物」という二者の関係（二項関係）なので、例えば、おもちゃであそんでいるときはおもちゃにだけ注意を向け、人とあそんでいるときは人にだけ注意を向ける。これが、10か月を過ぎるころになると、自分が持っているおもちゃをそばにいる身近な大人に見せようとする。これが「三項関係」であり、対人関係の大きな発達のポイントとなる。子どもが知らせようとする姿を丁寧に受け止め、子どもが伝わったうれしさを感じられるようにかかわることが大事。

二項関係 ／ 三項関係

ブーブーだね／いいね

「三項関係」とは、身近な大人と、物や別の人をイメージの中で共有する「子ども―大人―物または第三者」の関係を指す。

●やり取りあそびは子どもが求めるなら繰り返して

　三項関係の成立によって、物を使ったやり取りのあそびは、子どもの大好きなあそびの一つとなるが、生後10か月ころは、物を渡すことに未練があり、物と保育者の顔とを交互に見る姿に出合うことがある。子どもの様子に応じて、保育者は「はい、どうぞ」と、すぐにまた渡そう。子どもの求めに応じて繰り返しているうちに、興味の対象がやり取りする物から人へと移り、人とかかわることへの興味が高まっていく。

13〜15か月くらい — 歩き始めのころ

「主人公」になりたい子どもを見守って

同じ物を一緒に見て、感じ合う三項関係を土台に、子どもは少しずつ「自分」を意識するようになります。どんな場面で表れるのか、その姿を追ってみましょう。

発達の姿

・要求が通らないときに、だだをこねるようになる。（自我の芽生え）
・持っている物を友達に取られそうになると抵抗する。

保育のポイント

●芽生えた自我を否定しないように

　自分を意識する心の働き、「自我」が芽生えた子どもは、「自分は独立した存在」だということをアピールするために、まず、保護者や保育者に対して「いや」と反発する。だだこねも、自分の要求を否定されたことへの反発で、この時期はまだ気持ちを切り替えることが難しい。
　子どもの「いや」に即座に反応しないで、「そうか。嫌なのね」と言葉にしていったん受け止めてみる。子どもの主張を否定しないやり取りを工夫したい。

そうか嫌なのね

いや！

保育者が動じないことが大事。

●ほかの子との仲立ちを

　自分が持っていたおもちゃを横からほかの子が取っても、「あれ？」とびっくりしたような表情だった子も、自我の芽生えとともに「自分の物」という思いが芽生え、「いや」と抵抗するようになる。一方、ほかの子への関心が高まり、その子が持っている物が欲しくなったり、同じあそびをしたくなったりする。それぞれに思いが募ってくるのに、自分の気持ちを言葉で伝えることはまだ難しいため、トラブルになることも増えてくる。双方の気持ちを言葉にしたり、おもちゃの数を増やしたりして、ほかの子とかかわる楽しさを感じられるように工夫したい。

とことこ歩きのころ
16～18か月くらい

子どもの さまざまな 思いに共感を

驚きや不安、不満など、さまざまな感情が分化してきます。また、友達とのやり取りを求める行動も活発になってきます。きめ細かなかかわりが大事な時期です。

発達の姿

・それまでやっていたことでも、見知らぬ人の前では恥ずかしがってやらないことがある。
・ほかの子に抱きついたり、泣いている子のそばに行ったりして、友達への働きかけが多くなる。

保育のポイント

●**不安な気持ちに共感して、受け止めるかかわりを**

信頼できる大人に依存しながらも、少しずつ自立していこうとし始める時期には、はじめてのことや、はじめての場所、はじめて出会う人に対して、強い不安を表すことがある。「できるでしょ」と無理に誘わず、「恥ずかしいよね」と子どもの気持ちに共感する言葉をかけたい。

はじめての場所では、保育者がゆったりと構えて一人一人の子どもに丁寧にかかわったり、はじめて触る素材のあそびでは、まずは保育者が楽しそうにあそんで見せたりして、安心できるようかかわることが大切。

その子なりの参加の仕方を受け止めて、さりげなく見守る。

●**友達への関心をあそびに生かす**

自分を意識するようになった子どもたちは、今まで以上にほかの子を意識するが、まだ相手の気持ちをくんで行動することは難しい。相手の気持ちに気づきかけているからこそ、より自分の思いをはっきりと相手に示そうとして、トラブルになることもある。友達と楽しい思いを共有できるような、まねっこあそびや追いかけっこを増やしていこう。

\おふねがぎっちらこ/

わらべうた「おふねがぎっちらこ」のような、友達と正面からかかわるあそびも取り入れたい。

しっかり歩けるころ
19か月～2歳未満

芽生えた自我が 膨らむ姿を 見守って

大人には「困った」行動と映る姿が頻繁に見られる時期ですが、自我が膨らむ発達過程として大事な姿です。必要なかかわりのポイントを紹介します。

発達の姿

・自分の所有物を「○○ちゃんの！」と主張する。
・「～ではない○○だ」と選んで決めるようになる。（自我の誕生）

保育のポイント

●**取り合う場面を大事にとらえて**

友達の存在が気になることで、より「自分の世界」を意識するようになり、「自分の物」を大切に思う気持ちも強くなる。取り合いになる場面が増えるが、「いけない」と、すぐ止めに入るのではなく、少し様子を見守りたい。取られたら、取り返しにいったり、泣きながら訴えたりして、自分の思いを相手に伝えようとする姿に、共感をもってかかわろう。そういうやり取りを繰り返す中で、子どもは相手の気持ちがわかるようになっていく。

●**気持ちを立て直そうとする子どもを支えて**

1歳前半で芽生えた自我は、次第に「～ではない○○だ」と見比べ、選んで決めて、要求を表現するようになる。このころになると、ひたすら自分の意思を通そうとしていただだこねも、大人のかかわり方によっては、「今は～ではない」と状況を理解し、「だから○○しようか」と、自分で気持ちを立て直そうとする。子どもが主張してきたときは、周囲に目を向ける余裕をもてるよう、いったんは「そうか、○○したいのね」と受け止めよう。自分の気持ちが受け止められたことで心に余裕が生まれ、「今は、だめか。じゃあ、どうしようかな」と次の行動を選択する姿につながっていく。

あらあら赤ちゃんみたいよ

子どもの主張に保育者が「だめ！」と強い拒否を示すと、子どもは心の余裕をなくし、1歳前半の一方的に主張するだだこねの世界に戻ってしまう。

2〜3歳未満　走ったり跳んだりするころ

子どもの世界を尊重するかかわりを

イメージの世界で飽きることなくあそび、自分の力で大きくなろうとする子どもたち。子どもを尊重するかかわりや、やり取りで、子どもの思いを支えていきましょう。

発達の姿

・「みてて」と自分がすることを認めてほしがる。（自我の拡大）
・2〜3人で「みたて・つもり」あそびや簡単なごっこあそびを楽しむ。

保育のポイント

●温かな見守りを子どもが実感できるように

自分の世界を拡大させていく子どもたちが言う「みてて」という言葉には、大好きな大人に褒められ、認めてもらいたいという願いが込められている。保育者はこうした子どもの思いを尊重し、「よかったね」「できたね」といった共感的な言葉とかかわりで支えていこう。子どもは、見守られていることを実感し、安心して自分の世界を広げていくだろう。

●保育者がリードしすぎない

この時期の子どもたちは、身近な大人の仕事にあこがれ、それらを「みたて・つもり」の世界で実現させようとする。2歳前半はそれぞれが自分の世界であそんでいるが、後半になると、保育者が仲立ちすることで、一人一人のイメージがつながり、2〜3人の友達とあそびを楽しめるようになる。イメージを共有しやすい小物や場をととのえよう。ただし、保育者があそびを想定しすぎないよう、子ども同士のやり取りで物語が生まれてくるのを見守ることも大切に。

3〜4歳未満　片足けんけんをするころ

かかわりの広がりを見守って

友達との楽しい体験をベースに、「もっと、もっと」とかかわりを広げていこうとする子どもたち。そんな前向きな気持ちを後押しするかかわりのポイントを紹介します。

発達の姿

・好きな友達ができる。
・友達との間で、物を貸し借りしたり、順番を守ろうとしたり、役割を交代したりする。
・出会いや再会の場面で顔を隠したり、物陰や大人の後ろに隠れたりする。

保育のポイント

●友達との交流体験を豊かに

好きな友達ができ、一緒にあそびたいという期待をもって登園するようになる。また、他者を受け入れる力が育ってくるので、物の貸し借りや、順番、交代ができるようになる。ただ、まだ子ども同士の関係性が未熟なので、主張がぶつかり合うと、子どもたちだけで解決することは難しい。また、友達と一緒にイメージをもち合いながら同じあそびを楽しむが、必ずしもイメージが一致しているとは限らないので、トラブルも起きやすい。様子を見守りながら、必要な場面で仲立ちをし、豊かな交流を経験できるように配慮したい。

●新しい場面で見せる葛藤に心を寄せて

物の大小や多少、長短などの違いがわかるようになると、対人関係においても、友達と自分の力を比較して、「できなかったらどうしよう」と引っ込み思案になることがある。出会いの場面でも、「自分は受け入れてもらえるのか、拒否されないか」と不安になり、動けなくなってしまうこともある。こうした子どもの葛藤する姿を丁寧に理解し、穏やかに対応しよう。やがて、4歳前になると、自分を励まし、コントロールして前向きにかかわろうとする姿になっていく。

機能間のつながりを知る

発達の過程では、全身運動や手指の操作、言語と認識など別々の機能が互いに深くかかわっています。
それぞれのカテゴリーで紹介してきたポイントのいくつかを、
相互のかかわりを踏まえながら、とらえ直してみましょう。

0〜6か月くらい 寝返りの獲得を後押しする力のつながり

あおむけからうつぶせに自力で姿勢を変えるには、追視する力や手指の操作など、
いろいろな力が必要です。

 全身運動 　 手指の操作 　 言語・認識 　 対人関係

つながりのポイント

●追視が促す手指の操作

首が据わり始めることで、徐々に追視の力を得て
きた子どもは、5か月くらいになると首を支える背
中もしっかりしてきて、ぐるりと360度の追視が可
能になる。4か月ころから、目の前の物に手を伸ば
し、ふれるとつかむようになってくる。ふれた物が
揺れたり、音がしたりして、「行為の結果」を目や
耳で感じられるようなおもちゃを用意して、追視と
手指の操作のより深い関連（目と手の協応）を援助
しよう。

●あおむけ姿勢での葛藤

あおむけ姿勢でおもちゃに手を伸ばしてあそんで
いた子どもは、手が届かない所にある物について、
「見えているのに、触れない」という葛藤を抱える
ことになる。このとき、見えている物をつかみたい
という意欲が、寝返りを獲得する力の土台となる。
寝返りは、重心の上下や側方の移動、また腹筋の
育ちといった条件を満たすだけではなく、周囲の物
を見続ける力と、見た物をつかみたいという思いに
支えられて、自ら獲得していく。そのためにも、触
りたくなるような魅力的なおもちゃの用意や、うつ
ぶせになった後の楽しいかかわりが大事。

発達の姿

0〜3か月

・首が据わり始める。（3か月）

4〜6か月

・あおむけからうつぶせへの寝返りを
する。

・手を伸ばして体のそばにある物をつ
かむことができるようになる。
（リーチング）

・動く物を広い範囲（全方位360度）に
わたって追視する。

うつぶせになったときは、目線を低くしてかかわろう。
丸めたタオルやクッションを子どものわきの下辺りに
置くと、姿勢を保ちやすい。

発達と保育

**7〜15か月
くらい**

物や人とのかかわりを広げる大きな力

この時期は、手指の操作の発達や三項関係の形成などをベースに、
周囲とのかかわりを広げ、子どもが大きく変わります。

つながりのポイント

●つまむあそびと指さしの進化

　座位が安定してきたことで両手の自由を獲得した子どもの
手指の操作と、指さしの出現には深いかかわりがある。
　指さしは、5本の指をそろえた「手さし」から始まる。指先
の操作性が高まり、小さな物を上から親指と人差し指を直立さ
せてつまむようになるころには、さらにはっきりと指し示すよ
うになる。

●三項関係の形成で広がる
　あそびの世界

　身近な大人に抱かれるなど、相手と
一体になっているときに相手が指さ
すものを見る「共同注意」を経て、三
項関係の形成とともに、物を使ったや
り取りができるようになる。
　動作のやり取りも、大人の言葉としぐさに合わせて、首を振ったり、手を
たたいたりするようになる。保育者
は、子どもと「楽しいね」という思い
をやり取りするようなかかわりを意
識したい。

おつむ
てんてん

●「○○だ」と直線的
　（あるいは往復的）に表現する

　移動手段を獲得した子どもは、目標に
向かってまっすぐに進む。この「○○だ」
という直線的な動きは、描画や積み木の
あそびなど、さまざまな場面で見られる。
　だだこねについても、この時期は、一
方的に「○○だ」と主張を繰り返す姿を
見せる。こうした子どものさまざまな表
現を臨機応変に受け止めたい。

発達の姿

7〜9か月くらい

・座る姿勢が安定してきて、少しずつ
　両手が自由になってくる。

10〜12か月くらい

・小さな物を親指と人差し指でつまむ。

・自分が気づいた物や人などを示すために
　指を向ける。（指さしの出現）

7〜9か月くらい

・大人が指さした方向に視線を動かす。
　（共同注意）

10〜12か月くらい

・「いやいや」など、自分の思いをしぐさで伝
　えようとする。

・身近な大人と、物や別の人を共有する。
　（三項関係）

・物を使って、「ちょうだい」「どうぞ」の
　やり取りを喜ぶ。

10〜12か月くらい

・高ばいをする。

・クレヨンやフェルトペンを握って紙に
　打ち付ける。

13〜15か月くらい

・一人で歩く。

・積み木を2〜3個くらい積む。

・要求が通らないときに、だだをこねる
　ようになる。（自我の芽生え）

**16か月〜
2歳未満**

調整しようとする力で広がる世界

1歳前後の「○○だ」と直線的に進む姿から、18か月前後に得る
「調整しようとする力」の具体例を紹介します。

つながりのポイント

●方向転換や回り道をして目標に進む

「〜ではない○○だ」と選んで決めるようになる自我の表れは、全身運動にも表れる。例えば、しっかり歩くようになった子どもたちは、足はまっすぐ前に向けながらも、「あっちではなく、こっちだ」とあちこちを見ながら歩くようになる。また、物を持って歩いたり、障害物があると、別のほうから回り込んで歩いていったりもする。

滑り台も、階段のほうへ回って方向転換をしたり、足を先に出して前向きに滑ったりするようになる。子どもたちは、そうした多くの「〜ではない○○だ」という体験を積み重ね、確かめるように繰り返す。子どもの意思を尊重した保育ができるよう、安全な場所選びと、余裕のあるデイリープログラムに配慮したい。

●手指の操作に見られる自我の育ち

道具を使う姿にも、「〜ではない○○だ」と自分の操作を調整する力が表れる。それまでは、むやみに押しつけたり、たたいたりするだけだが、この時期になると、「押してもだめなら、引いてみる」という試行錯誤を経て、使い方がわかるようになる。

次第に、手首の回転も可能になり、描画も、腕を左右に往復させる「なぐりがき」から、ぐるぐると円を描くようになる。子ども自身の力で獲得していく過程が大事なので、道具の使い方や持ち方を一方的に指導するようなかかわりにならないように気をつけたい。

発達の姿

16〜18か月くらい

・物を抱えて歩いたり、押し車を押して動かしたりする。

・3個以上の積み木を積む。

・つまんだ物を小さな穴に入れる。

・靴や帽子など、自分の持ち物と友達の持ち物を区別する。

・2つの物から1つを選ぶ。😐

19か月〜2歳未満

・転ぶことなく、しっかり歩く。😊

・滑り台にお尻をつけて、前向きにすべる。

・ぐるぐると連続した丸を描く。

・道具の用途がわかり、使おうとする。😐

・「〜ではない○○だ」と選んで決めるようになる。（自我の誕生）👥

発達と保育

できることを楽しみ、できなかったことに悩む心

いろいろなことができるようになる2歳代特有ののびやかな姿と、悩み揺れる心を追ってみましょう。

つながりのポイント

●コントロールする力のつながり

　片足立ちや両足跳びなど、自分の体をコントロールする力がついてくると、手指をコントロールする力も増し、描画にもその変化が表れる。手あそびや指あそびなどもより楽しくなってくる時期なので、繰り返し楽しめるよう工夫しよう。

●見通しをもつことで生じる悩み

　この時期の手指の活動では、左右の手がそれぞれ別の働きをすることも可能になる。そして、そのことと関連して、「〜してから○○する」と手順をイメージして展開していけるようになる。ただし、やりたい思いはあっても、うまくいかないとイライラし、投げ出してしまうこともある。

　例えば、はさみを使う場合、左右の手の役割分担や協応など、簡単にできることではないため、見通しのとおりに操作できるとは限らない。保育者は子どもの気持ちを想像しながら、あきらめずに取り組み、達成感を味わえるよう、かかわりを工夫しよう。

ほら
切れた！

●評価が気になり、揺れ動く心

　2つの物を比べるようになると、子どもは、「できる、できない」「よい、悪い」といった二分的評価にも敏感になる。日によってお兄さん（お姉さん）になったり、赤ちゃんになったりして、気持ちも揺れる。この時期特有の揺れ動く心を理解して、丁寧な対応や配慮が大事。

やってみない？
やらない

発達の姿

・片足で立つ。

・20cm程度の高さなら、両足をそろえて跳び下りる。

・閉じた丸や、縦線と横線が交差する十字を描くようになる。

・はさみを使って紙を切る。（1回切り）

・「〜してから○○する」と、見通しをもった行動がとれるようになる。

・「大きい、小さい」「長い、短い」「多い、少ない」などがわかる。

・身の回りのことをなんでも一人でやろうとする一方で、「できない」と手伝ってもらいたがる。

3〜4歳未満

幼児期への大きな飛躍が目前

3歳代の1年間で、子どもは次への大きな飛躍の準備をととのえます。

つながりのポイント

●あきらめずやり抜くことで　充実する自我

　3歳を過ぎ、階段の上り下りなど、少し難しいことをなんとか自分でやり抜こうとする姿は、自我のさらなる充実につながっていく。自分のことを「ぼく」や「わたし」と言う姿も、単なる語彙の獲得ではない。1歳前後から少しずつ意識するようになった「自分」を、ほかのだれでもない「自分」としてより強く表明している姿と受け止めていきたい。

●言葉で考える力の始まり

　3歳以降は、文の形でやり取りするようになり、「言葉で考える力」が生まれ始める。例えば、かくれんぼでは、約束（ルール）を言葉の説明で理解し、楽しむようになる。ただ、この時期は、「もういいかい」に対して、「もういいよ」と答えるという、約束どおりの言葉の応答に楽しさを感じている。本来のかくれんぼを楽しむのはもう少し先である。3歳代の子どもの育ちを意識したかかわりが求められる。

●「〜しながら○○する」のは3歳後半

　3歳代は、前半と後半で活動内容が大きく変わる。例えば、片足跳び。その場で片足跳びをしていたのが、3歳後半になると、片足けんけんで前進できるようになる。

　また、はさみの操作も、紙を持っている手を動かしながら、はさみを操作して、形を切り抜くことができるようになる。子どもによって、発揮する力や表現内容が違ってくるので、それぞれが自分の「できる」を味わい、「今度は○○したい」という願いを見つけられるよう、温かいまなざしで個々の表現を受け止めながら、選択できるような環境作りをしよう。

発達の姿

・手すりを持たずに、一人で階段を上り下りする。

・自分のことを「ぼく」「わたし」と言うことがある。

・おしゃべりが盛んになる。

・「もういいかい」「もういいよ」のかけ合いをしながら、かくれんぼをする。

・その場で片足跳びをする。

・はさみで紙を直線に沿って切る。（連続切り）

3歳前半　　　▶　　　3歳後半

発達と保育

「発達の原則」を知ろう

発達のみちすじには、さまざまな原則があります。
知っておきたい原則のあらましを紹介しましょう。

1 発達の順序はみんなほぼ同じ

　発達は、性別や出生順、出生地域などにかかわらず、どの子どもも同じみちすじをたどっていきます。例えば、首が据わる→座位→よつばい→歩行というように、運動機能は体の上から下へ順を追って発達していきます。また、体の中心（体幹）から末端へという順序性もあります。自分の意のままに肩や腕を動かすことができるようになった後に、てのひらで物をつかめるようになり、その後、指先で小さな物をつまめるようになるのもその一例です。

2 さまざまな機能がかかわりながら発達する

　一見関係がないように思える別々の機能でも、実は深くかかわりながら発達していきます。例えば、首が据わらないと、物を目で追って見続ける追視は難しいですし、あやされたときの笑い声も出にくいといわれています。つまり、首が据わるという全身運動の機能と、追視や笑い声といった言語と認識の機能が深くかかわっていることがわかります。

3 発達には個人差がある

　1歳ころになると一語文が出現し、2歳近くになると転ぶことなくしっかり歩くことができるなど、能力や機能を獲得する時期には、おおよその目安があります。ただし、それはあくまでも平均値であり、実際には個人差があります。

知っておきたい「発達のコトバ」

よく耳にする発達を語る「コトバ」をピックアップ。

発育と発達と成長

一般的に、身長や体重のように体の形や大きさなど、測定できる量的変化を「発育」、心や体の機能（働き）が質的に変化し成熟していくことを「発達」、発育と発達の両方を合わせたものを「成長」と、それぞれ区別して使われています。

立ち直り反応　P.51 全身運動 ※2

子どもの腰の辺りを持った支え座りの姿勢から、片側に少し倒すと、子どもは頭から倒れず、倒れるほうの床に手をついて、頭をまっすぐに立ち直らせます。おおむね6か月ころから表れる反応で、寝返りや座位、つかまり立ちなどに大事な運動発達です。

原始反射　P.50 生理的機能 ※1

新生児に見られるいろいろな反射。生後数か月間の大脳皮質の成熟とともに、次第に見られなくなります。

モロー反射　あおむけに寝かせた子の下に両手を入れてそっと持ち上げ、急に下げると両腕を広げ、抱きつくような動きをする。

把握反射　てのひらに何かがふれると、握り締める。

口唇探索反射　口元に何かふれると、そのほうに顔を向け、口を開く。

吸てつ反射　唇の真ん中にふれる物があると、吸いつこうとする。

グライダーポーズ・ピボットターン　P.51 全身運動 ※3

うつぶせの姿勢でおなかを支点にした飛行機のような姿勢をグライダーポーズといいます。これは腹筋や背筋が備わってきたしるしです。その後、体の横におもちゃを置いたり、大人がいるほうに向くために、おなかを中心に体を回すような動きをするようになります。これを、ピボットターンといいます。この方向転換ができるようになると、間もなくはいはいが始まります。

ハンドリガード・リーチング　P.50 手指の操作 ※4 / P.51 手指の操作 ※5

生後2か月を過ぎたころ、あおむけで寝ている赤ちゃんは、それまでは握っていることの多かった手を広げて、自分の目の前にかざして見つめたり、動かしたりするようになります。時に口の中に入れたりもします。これらはハンドリガードと呼ばれるもので、次第に手を自分の意のままに動かせるようになっていく第一歩です。

その後、自ら手を伸ばして体のそばにある物にふれたり、つかむことができるようになります。これをリーチングといいます。

知っておきたい「発達のコトバ」

共同注意と指さし

P.51 言語と認識 ※6
P.52 言語と認識 ※9、※10

　人差し指で何かを指し示すような行動のことを「指さし」といいます。指さしは、実際にはまだ指さしをしないけれど、大人の指さすほうを見る「共同注意（ジョイント・アテンション）」から、大人の指さす物を見つけて片手を差し伸べる「志向の手さし」へ、そして、自分が欲しい物を相手に知らせようとする「要求の指さし」や、自分が知っている人や物を知らせようとする「定位の指さし」へと変化していきます。単に指で示すだけではなくて、親しい人の顔を見たり、「アッアッアー」と声を出して知らせることも、あわせて行うようになります。

　1歳6か月ころになると、「○○はどれかな？」との問いに答えて指をさす「可逆の指さし」が見られるようになります。このころには一語文が出現していますから、子ども自身の言葉で発語しながらの指さしということもあります。

| 共同注意 | 志向の手さし | 要求の指さし | 定位の指さし | 可逆の指さし |

三項関係

P.52 対人関係 ※11

　9か月ころまでは、子どもと大人、あるいは子どもと物という二者の関係（二項関係）ですが、10か月を過ぎるころになると、自分が見つけた物を指さしや表情で大人に知らせようとする姿が表れます。子どもの心の中で、第三者や物が結びつくようになり、大人と一緒に注目できるようになる「子ども─大人─物（または、第三者）」の関係を三項関係といいます。言葉が出る前の姿で「ことばの前のことば」ともいわれています。

ハイガード・ミドルガード・ローガード

P.52 全身運動 ※7
P.53 全身運動 ※8

　「歩く」姿にも、順序があります。歩き始めのころは、両足を左右に大きく広げ、両手を上げます。これは手の位置からハイガード歩行と呼ばれています。歩き始めてしばらくすると、手の位置が胸付近まで下りてきます。これをミドルガード歩行といいます。その後、手を下におろして歩くローガード歩行になります。ローガード歩行になると、手をつないで歩くことができるようになります。

自我の芽生え

P.52 対人関係 ※12

　「自我」は、自分を意識する心の働きをさします。10か月ころから、鏡に映る自分や、ほかの人をじっと見たり、名前を呼ばれると振り向いたりして、「自分」を見つけ始めます。1歳ころになると、大人の言葉かけに対して、なんでも「イヤ」とこたえる姿になって、自我の芽生えが表れます。その後、2歳から3歳にかけて、子どもは自分で選んだり、できるようになったことを見てもらいたがったりして、徐々に自我を拡大させ、充実させていきます。

病気とけが 園でのケア

発熱やおう吐など園で子どもが病気の症状を示したとき、また、けがを
してしまったとき、園でできる応急の手当てとそのポイントを解説します。

監修 **山中龍宏**
（緑園こどもクリニック院長・NPO法人 Safe Kids Japan 理事長）

マークの見方		
	登降園のときではなく、すぐ保護者に連絡したほうがよい。	
	保護者のお迎えを待たず、園から直接病院に行ったほうがよい。	
	すぐに救急車を呼んだほうがよい。	

病気

子どもは、自分の症状をうまく言葉で表せないことも。
普段の様子との違いになるべく早く気づき、症状を緩和したり、
適切な対応で悪化するのを防いだりすることが大切です。
保護者と密に連絡をとり、毎日の健康観察も怠らないようにしましょう。

発熱したとき

「発熱」は、体内に侵入してきた細菌やウイルスの増殖を抑え、免疫力を高めて体を守る反応です。平熱より、1℃以上高いと発熱といえるでしょう。

ポイント

●発しんが出ていたり、症状の似ている感染症がはやっていたりするときは、別室で保育する。
●微熱のときは水分補給をし、静かに過ごす。
●暑がるときは薄着にし、氷枕などをして気持ちよく過ごせるようにする。
●手足が冷たいときや、寒気がするときは、保温する。
●高熱のときは、首の付け根、わきの下、脚の付け根を冷やす。

熱の計り方
わきの下に体温計を右図のように押し当て、ひじを体に密着させる。

こんなときは、緊急に対応を！

- 微熱でも、元気がなく、機嫌が悪い
- 微熱でも、せきがひどい
- 38℃以上の熱がある
- 排尿回数がいつもより少ない
- 食欲がなく、水分がとれない
- 顔色が悪く、苦しそう
- 意識がはっきりしない
- ぐったりしている
- けいれんが、10分以上止まらない

頭痛がするとき

頭痛は、体調不良のサインの一つで、インフルエンザなどの感染症のほか、中耳炎、眼精疲労、歯のかみ合わせなど、さまざまな要因が考えられます。子どもは、「どう痛いか」を説明するのが難しいので、痛みの長さや程度、その他の症状から類推して適切な対応をしましょう。

ポイント

●温めて治るときと、冷やして治るときがあるので、子どもに確かめて痛みが和らぐ方法を探す。
●室内で、静かに過ごす。
●ずっと室内にいたときは、外の新鮮な空気を吸ってみる。

こんなときは、緊急に対応を！

- 熱やおう吐、下痢など、感染症の症状がある
- 顔色が悪い
- 頭を打った後に頭痛が続く
- おう吐を繰り返す
- 意識がもうろうとしている
- けいれんが10分以上続く

発しんが出たとき

ひとくちに発しんといっても、水ほう、赤い、ぶつぶつと盛り上がるなど、見た目はさまざまです。どんな発しんかよく観察して、感染症かどうかを見極めることが大切です。

こんなときは、緊急に対応を！

- 👤 発しんがどんどん増えていく
- 👤 発熱がある
- 👤🏢🚑 食後1時間ほどで、発しんが出始め、息が苦しそうだ

ポイント

- ●感染症の疑いがあるときは、別室で保育する。
- ●体温が高くなったり、汗をかいたりするとかゆみが増すので、温度管理に気をつける。
- ●木綿など、皮膚に刺激の少ない下着やパジャマを着せる。

おう吐したとき

おう吐のきっかけは、さまざま。細菌やウイルスなどによる胃腸の感染症のほか、髄膜炎や脳症、頭部外傷などでも、おう吐が起こります。まず、きっかけを確認しましょう。

こんなときは、緊急に対応を！

- 👤 2回以上おう吐がある
- 👤 吐き気が止まらない
- 👤 腹痛がある
- 👤 下痢を伴っている
- 👤🏢 おう吐の回数が多く、元気がない
- 👤🏢 血液や、コーヒーのかすのようなものを吐く
- 👤🏢 下痢の回数が多かったり、血液の混じった便が出たとき
- 👤🏢🚑 脱水症状と思われるとき

ポイント

- ●できる子は、うがいをする。
- ●次のおう吐がないか様子を見る。
- ●別室で、保護者のお迎えを待つ。
- ●寝かせるときは体を横向きにする。
- ●30分くらい吐き気がなければ、少しずつ水分をとらせる。

おう吐物の処理

①ほかの保育者を呼び、子どもたちを別室に移動させ、窓を開けて換気する。

②おう吐物の処理をする人は、使い捨ての手袋とマスク、エプロンを着用する。

③おう吐物に次亜塩素酸ナトリウムの溶液を染みこませたペーパータオルをかぶせ、外側から内側にぬぐい取る。

④おう吐物の飛まつは3ｍ四方ほど飛散するので、その範囲は、次亜塩素酸ナトリウムの溶液でよくふく。使用したペーパータオルなどはポリ袋に入れ、口をしっかり閉じる。ポリ袋は外のゴミ箱に捨てる。

⑤子どもの服におう吐物や下痢便がついた場合は、そのままポリ袋に入れて家庭に持ち帰り、処理してもらう（消毒方法について保護者に伝える）。

⑥処理後は、手袋をはずし、念入りに手を洗う。

※次亜塩素酸ナトリウム（製品濃度約6％の場合）＝0.1％に希釈する（水1Lに対して約20mL）

腹痛があるとき

腹痛は、子どもによく見られる症状の一つです。下痢の初期症状や、かぜのときに胃腸の働きが悪くなると起こりやすくなります。また、まだ自分の不調をうまく伝えるのが難しい子は、気持ちが悪かったり、頭など違うところが痛かったりしても「おなかが痛い」と表現します。かまってほしいだけだったり、精神的なプレッシャーでほんとうに腹痛を起こしたりすることもあるので、見極めが大切です。

ポイント

●発熱、下痢やおう吐、便秘など、ほかの症状がないかを確認する。
●全身を触って、どこがどう痛いか、どのくらい痛いかをチェックする。
●吐き気がなければ、様子を見ながら、水分を少しずつ与える。
●子どもが楽な姿勢で、横になれるようにする。
●ほかに症状がなく、しばらくすると元気になり食欲もあれば様子を見る。

こんなときは、緊急に対応を！

- 痛みが続く／食欲がない
- 発熱やおう吐、下痢など、ほかの症状がある
- 血液や粘液の混じった便が出た
- 痛みで泣きわめく
- 苦しがって、ぐったりしている
- 呼吸が荒く、おなかが張っている
- 顔色が青白くなり、冷や汗をかく
- おう吐を繰り返す

せきが出るとき

せきは、のどや気管支についた細菌やウイルス、ほこりなどの異物を体の外に出そうとして起こる反応です。
熱がなくても、せきが長引くときは、受診を勧めましょう。

ポイント

●せき込んだら、前かがみの姿勢をとらせ、背中をさすったりタッピング※したりする。
●部屋の乾燥に注意する。
●寝かせるときは、背中に布団などをあてがい、上半身を高くする。
●様子を見ながら、湯冷ましやお茶を少量ずつ与える。

※タッピング＝手のひらをおわんのように丸めて、背中をポンポンとリズミカルにたたくと、気道の分泌物がはがれて、呼吸が楽になる。

こんなときは、緊急に対応を！

- 38℃以上の発熱がある
- 呼吸をするたびに、ゼイゼイヒューヒューと音がして苦しそう
- 少し動いただけでも、せきが出る
- せきとともに、おう吐する
- 発熱を伴い、息づかいが荒い
- 顔色が悪く、ぐったりしている
- 水分が摂取できない
- 元気だった子どもが、突然せき込み、呼吸が苦しそうになる（気管支異物の疑い）

下痢をしたとき

下痢の多くは、細菌やウイルスの感染で起こります。ウイルス性の下痢は、症状が治まっても、1か月近く便からウイルスが排出されることが多いので、注意しましょう。

ポイント

- 発熱やおう吐など、ほかの症状もあるときは、別室で保育する。
- おう吐がなければ、様子を見ながら少しずつ湯冷ましやお茶などを与える。
- 受診時には、便の状態、量、回数、色やにおい、血液・粘液の有無、食べた物、園で同じ症状の子がいないかなどを伝える。

こんなときは、緊急に対応を！

- 食事や水分をとると下痢をする
- 腹痛があり、下痢をする
- 水様便が2回以上ある
- 発熱やおう吐、腹痛がある
- 血液や粘液の混じった便、黒っぽい便のとき
- 脱水症状がある

けいれんを起こしたとき

初めてけいれん発作を起こした子どもを目の当たりにすると、慌ててしまいますが、冷静に経過を観察することが大切です。けいれんの中でいちばん多く見られるのは熱性けいれんで、多くは38.5℃以上でけいれんを起こします。2回以上熱性けいれんを起こしたことがある子は、保護者と抗けいれん薬の使用について相談しましょう。

また、激しく泣き続けることで呼吸が止まる憤怒けいれん（泣き入りひきつけ）や、脳の過剰な興奮でけいれんを繰り返すてんかんなどのときもあるので、けいれんを起こしたときは必ず受診しましょう。

ポイント

- おう吐物がのどに詰まらないよう、顔を横向きに寝かせ、衣服を緩める。
- 大声で名前を呼んだり、体を揺らしたり押さえつけたりせず、静かに見守る。
- 窒息する危険があるので、口の中に布などを入れない。
- けいれんの持続時間を計る。
- 手足の突っ張り、動き、顔色や目つきなどを観察する。

こんなときは、緊急に対応を！

- けいれんを起こしたときは、軽いものでも連絡する
- けいれん発作が10分以上続く場合
- けいれんが治まっても意識がなかったり、呼びかけに応じないなど反応がおかしいとき
- 首が硬直し、発熱、頭痛を伴う
- おう吐を伴う
- 熱中症と思われるとき
- 頭をぶつけたとき

熱性けいれんを予防するには

- 熱性けいれんを過去に2回以上起こしたことのある子は、保護者と相談して、希望があれば抗けいれん薬を預かっておく。
- 37.5～38℃を超す熱が出たときは、なるべく早く薬を使う（使うときは、保護者に確認）。
- 薬を使うと、ふらつくことがあるので、転倒などには十分注意する。
- 座薬の解熱薬も併用するときは、先に抗けいれん薬を使い、30分たってから解熱薬を使う（使うときは、保護者に相談）。

けが

子どもが園でけがをしたとき、何よりも大切なのは慌てないこと。
原因やけがの状態を冷静に確認し、適切な手当てをしましょう。
また、傷のない小さなけがであっても、保護者への報告は必須です。

打撲した

転ぶ、友達とぶつかる、遊具から落ちるなどして打撲することがあります。打撲した部位やその後の様子をよく観察して、手当てをしましょう。

応急手当て

- どこを打撲したか、出血はないかを確認する。出血がある場合は清潔なタオルなどで止血する。
- 打った場所にへこみがないか、手足の動きに異常がないかを確認する。
- 遊具から落ちたのかなど、打撲した状況を確認する。
- 安静にし、打った場所を冷やして様子を見る。
- おう吐があるときは、吐いた物がのどに詰まらないよう、必ず顔を横向きにして寝かせる。

注意！

- 患部を冷やすときは、氷水に浸したタオルを絞った物を使う。市販の冷却スプレー、湿布などはかぶれることもあるので、NG。冷却ジェルシートは、効果が薄い。
- 頭や首、背中などを打って意識がないときは、抱き上げたり、揺すったりしない。

頭を打った

頭を打った後すぐに泣き出し、その後元気ならひとまず安心です。頭を打った後、48時間は急変する心配があるので、家庭でもぐったりしていないか、おう吐がないかを観察してもらうよう、保護者に伝えます。

手足の打撲

患部を動かすことができ、あざができている程度なら、冷やして様子を見ましょう。はれてきたり、動かせなかったりするときは、ねんざや骨折の疑いがあります。

胸や腹を打った

呼吸が楽にできるように衣類を緩めて、動かしたり揺すったりせずに静かに寝かせてしばらく様子を見ます。すぐに大声で泣き、その後元気な様子ならそれほど心配はいりません。

目・耳を強く打った

氷水で冷やした清潔なタオルやガーゼなどで患部を冷やしながら、すぐに病院へ行きましょう。

こんなときは、緊急に対応を！

- 頭痛が続く→脳外科へ
- 顔色が悪くぼんやりしている→脳外科へ
- 普段と様子が違う→脳外科へ
- 血尿が出た
- ねんざ・骨折した疑いがある
- 目・耳を強く打った
- 胸や腹を打ち、息をすると痛い
- 出血がある
- 出血がひどい
- 意識がなかったり、ぐったりしている

- 頭の打った部分がへこんでいる
- けいれんしている
- おう吐する
- 耳や鼻から出血する
- 高い所から落ちた
- 呼吸が苦しそう
- いつまでも泣き続ける
- 腹や胸を打ち、触ると痛がったり、患部がはれてきた
- 腹や胸を打ち、患部が青黒くなった
- まひやしびれがある

脱臼した

関節が外れた状態を脱臼といいます。子どもがひじや手首を動かせないほど痛がるときは、脱臼したのかもしれません。

応急手当て

●どこが痛いのか、確認する。脱臼の場合は、関節に力が入らず、曲げられなくなる。
●冷たいぬれタオルなどで、患部を冷やす。
●患部を動かさないようにしながら、病院へ。

ぬれタオル

肘内障

ひじ関節の骨と骨をつないでいる輪状のじん帯から骨が外れたり、ずれたりした状態です。子どもの場合は完全に骨が外れるというよりも、この肘内障であることがほとんどです。急に手を引っ張ったりするとなることが多いので、気をつけましょう。一度肘内障になるとくせになることがあるので、なったことのある子どもには、特に注意が必要です。

こんなときは、緊急に対応を！

関節は動かせるが、ひどく痛がる

関節が動かせない

腕や手首など、脱臼したと思われるほうと、反対のほうの長さが違う

ねんざ・骨折

ねんざは、関節の周りを保護しているじん帯が切れたり、伸びたりすることです。外から見ても、骨折と区別がつきにくいので、素人判断をせずにすぐに受診しましょう。

応急手当て

●出血があれば、患部を動かさないように止血する。
●氷のうや氷水に浸して絞ったぬれタオルなどで、患部を冷やす。
●患部に添え木をし、包帯などで固定する。

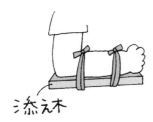

添え木

こんなときは、ねんざ・骨折かも

・負傷した部分が不自然に変形している
・激しい痛みとはれがある
・負傷した部分を動かせない
・負傷した部分が青黒く変色している

こんなときは、緊急に対応を！

患部がはれたり、熱をもったりしている

ぐったりしている

骨が出ている

顔面、頭などを骨折した疑いがある

顔色が青ざめ、呼吸がおかしいなど、ショック症状が出ている

注意！

◆氷のうを使うときは、タオルにくるんで。直接皮膚に当てると、凍傷になることがあります。
◆応急手当てで添え木をするのは、患部を安静に保つため。曲がっている患部を無理に伸ばさないようにしましょう。
◆添え木は、身近にある段ボールや丸めた雑誌などで代用できます。患部が指の場合などは、割りばしやボールペンなどで代用しても。

ひっかき傷・すり傷・切り傷

転んですり傷を作ることなどは、園でもよくあるけがですが、化膿しないようにすることが大切です。傷口から出てくる滲出液には、傷を治す細胞を助ける働きがあるので、傷口を密閉して滲出液を保つと、あとも残りにくく早くきれいに治り、痛みも少なくなります。出血を見るとパニックになりがちですが、冷静に行動しましょう。

応急手当て

- 患部を流水でよく洗う。
- 清潔なタオルやティッシュペーパーでふく。出血している場合は、傷口を押さえて止血する。
- 止血できて、傷口が浅く小さい場合は、湿潤療法用の傷テープで患部を覆う。

止血の仕方

小さな傷なら、傷口の上を清潔なガーゼなどで、直接強く押さえる。
頭の傷の場合は、へこんでいないか確認してから圧迫する。陥没しているときは、血液が逆流して脳を圧迫するので強く押さえない。

キズの位置　圧迫点

傷口を圧迫しても止血しにくい場合は、傷口より心臓に近い動脈を圧迫する。できれば、傷口を心臓より高い位置にする。

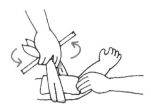

大量出血のときは、三角巾などで、傷口の10cmほど上をきつく縛る。縛るときに、棒などを入れて回転させると止血効果は高まるが、長時間止血するとほかの組織にダメージを与えるので、すぐ救急車を呼ぶ。

注意！

◆消毒すると、傷を治そうとする働きのある白血球なども傷ついてしまうので、小さな傷のときは、消毒しない。傷口を流水できれいにするのが原則。

出血の種類

動脈性出血

動脈が破れると、心臓が脈打つのに合わせてドクドクと鮮やかな紅色の出血をする。大きな血管の場合は、瞬間的に多量の血液を失ってしまうので、速やかな応急手当てが必要。

静脈性出血

静脈が破れると、にじみ出るような出血の仕方をし、血の色は暗赤色。切った部分を圧迫することで止血ができる。

毛細血管性出血

動脈血と静脈血の中間色で、そのままにしておいても、自然に止血する。

こんなときは、緊急に対応を！

- 傷を洗った後、傷の上から清潔なタオルやティッシュペーパーなどで、10分ほど強く押さえても、出血が止まらない
- 顔のひっかき傷はあとが残りやすいので、血がにじむ程度の傷でも受診する
- 傷の中に小石などが入っていて取れない
- ぱっくり切れている
- 小さくても傷が深い
- 傷口が大きく、深い切り傷
- 頭の傷で、傷の周りがへこんでいる
- ドクドクと出血が続く切り傷
- 出血が多く、意識がもうろうとしている

友達にかまれた

人間の歯は鋭くないので、多くの場合はあざになるか、裂傷程度です。しかし、口の中には雑菌が多いので、患部をよく洗うことが大切です。

応急手当て

- 流水でよく洗う。
- 歯形がついたり、内出血しているときは、患部を氷水に浸して絞ったぬれタオルでよく冷やす。
- 出血しているときは、清潔なタオルなどで押さえ、病院へ。

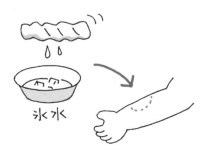

氷水

注意！

- かまれた直後はたいしたことがないと思っても、家庭でおふろに入って温まったりすると、歯形が浮き出てくることもあるので、保護者への説明はきちんとしておく。
- 冷却ジェルシートは、便利だが、効果が薄い。

こんなときは、緊急に対応を！
出血したとき／顔をかまれたとき

動物にかまれた

動物は人間に比べて歯が鋭いので、裂傷ができやすくなります。園で慣れている動物でも、あまりしつこくするとかむことがあるので、普段から動物が嫌がらない接し方を伝えていきましょう。また、園外保育などで出合ったイヌやネコに、子どもが不用意に近づかないような配慮も大切です。

応急手当て

- 流水でよく洗い、傷ができているかどうか確認する。
- 傷ができているときは、患部を一度消毒してから、もう一度水で洗い、湿潤療法用テープをはる。
- 出血しているときは、清潔なタオルなどで圧迫する。

注意！

- 動物の口中は、人間以上に雑菌が多いので、出血したときは、たいしたことがないと思っても、必ず受診する。
- イヌにかまれたときは、必ず飼い主と連絡を取り、そのイヌが狂犬病の予防接種をしているかどうかを確認する。

こんなときは、緊急に対応を！
 動物の口中は、雑菌が多いので、少しでも出血した場合は、必ず受診する
 目に傷がついたおそれがある
 顔を強くかまれた
 傷が深い
 出血が多い

異物が入った

目や耳、鼻に異物が入って取り除くのが難しそうなときは、ピンセットなどでつまもうとしても、
どんどん奥へ入ってしまうことがあります。無理をせず、病院へ行きましょう。

目に異物が入った

応急手当て

- 小さなゴミ、砂、せっけんなどが入った場合は、流水で洗い流す。
- 下まぶたを押し下げて、目の中を確認し、清浄綿でそっとふき取る。

注意！

- ◆目に異物が入ったままこすると、角膜に傷がつくので、絶対にこすらないようにする。
- ◆お昼寝などの後、体の自浄作用で目頭に出てくることも。
- ◆流水で目を洗うときは、水流を強くしすぎないようにする。

こんなときは、緊急に対応を！

- 目を開けていられないほど、痛がる
- 充血がひどい
- そっとふき取っても取れない
- 固い物が刺さった

鼻に異物が入った

応急手当て

- はなをかめる子は、反対の鼻の穴を押さえ、「フン!」と強くかませる。
- はながうまくかめない子は、こよりなどでくすぐり、くしゃみをさせる。

注意！

- ◆ピンセットなどで無理につまみ出そうとすると、かえって奥に入ってしまうことも。無理をせずに、耳鼻科を受診する。

こんなときは、緊急に対応を！

- 異物が原因で、鼻血が出た
- 異物が鼻から出てこない

耳に異物が入った

応急手当て

- 水が入った場合は、入ったほうの耳を下にして、片足跳びをしてみる。
- ビーズなど固形物の場合は、異物が入ったほうの耳を下に向け、耳を後ろ上方に引っ張りながら、反対側の側頭部を軽くたたいてみる。

注意！

- ◆耳をのぞいて異物が見えても、ピンセットなどでつまみ出そうとしない。鼓膜を傷つけることがある。

こんなときは、緊急に対応を！

- 耳から出血した
- 入った物が取れない
- 耳を痛がる
- 子どもが「耳の中でガサガサする」などと、訴える

誤飲

子どもは、好奇心から思わぬ物を飲んでしまうこともあります。園では、誤飲につながる物は、子どもの手の届く範囲に置かないことが基本です。定期的に危険がないか点検するとともに、家庭にも情報を伝えましょう。

応急手当て

● コイン形電池、強力マグネットは危険性が高いので、すぐに医療機関へ。
● 意識があるかを確認する。
● 飲んだ物によって吐かせてよいときと悪いときなどがあるので、何をどのくらい飲んだか、確認する。
● 意識があるときは、誤飲した物によって対応する。吐いた物が肺に入るので、意識のないときは吐かせない。

注意！

◆ 石油、トイレの洗剤など強アルカリの物、とがった物は、吐くことで食道や肺を痛めるので、吐かせてはいけない。
◆ 防虫剤（パラジクロルベンゼン）は、乳脂肪分で溶け出すので、牛乳を飲ませるのはNG。

誤飲したときの吐かせ方

① 片ひざを立てて、ひざが子どもの胃に当たるよう、うつぶせに乗せる。
② あごに手を添え、手の付け根で肩甲骨と肩甲骨の間をたたく。

こんなときは、緊急に対応を！

			何を飲んだか、わからない
			激しくせき込んでいる
			呼吸が苦しそう
			意識がない
			けいれんしている

誤飲した物 対応早見表

	飲んだ物	対応	
身の回りの物	小さい玩具	飲み込んでしまったら、たいていは便とともに出てくる。食道内にとどまっている場合もあるので、念のため受診を。	
	土・砂・小石	2〜3日便に変わった様子がないか観察する。	
	クレヨン	様子を見る。	
	子どもの薬	塗り薬をなめたり、シロップを少量飲んだりした程度なら様子を見る。かぜ薬のシロップを大量に飲んだときなどは、病院へ。	
	ボタン電池・コイン形電池	何もしない。すぐに受診する。	
洗剤	せっけん	様子を見る。	
	台所用洗剤（中性）	水か牛乳を飲ませ、吐かせる。	
	住宅用洗剤（中性）	水か牛乳を飲ませるが、吐かせない。	
	洗濯用洗剤・柔軟剤	水か牛乳を飲ませるが、吐かせない。	
	漂白剤（原液）	水か牛乳を飲ませるが、吐かせない。	
	トイレ用洗剤	何もしない。すぐに受診する。	
薬など	蚊取り線香	飲み込んでしまったら、たいていは便とともに出てくる。食道内にとどまっている場合もあるので、念のため受診を。	
	蚊取りマット	飲み込んでしまったら、たいていは便とともに出てくる。食道内にとどまっている場合もあるので、念のため受診を。	
	ホウ酸だんご	水か牛乳を飲ませ、吐かせてから病院へ。	
	防虫剤（パラジクロルベンゼン）	水（牛乳はNG）を飲ませ、吐かせてから病院へ。	
	防虫剤（樟脳）	けいれん誘発の可能性があるので、吐かせず病院へ。	
	石油・ガソリン	何もしない。すぐに受診する。	
その他、画びょうや針、ガラスなどとがった物		何もしない。受診する。	

鼻血が出た

子どもは鼻の中の粘膜が弱いので、ぶつけたり鼻をいじったりして、鼻の中の粘膜を傷つけると、すぐに鼻血が出ます。多くは一過性のものですが、アレルギー性鼻炎で鼻の粘膜が充血していたり、鼻をほじったりするくせのある子は、鼻血が出やすくなるので対処が大切です。

応急手当て

● 子どもを落ち着かせて、座らせる。
● 鼻血がのどに流れ込まないように、少し前かがみの姿勢で小鼻を強めにつまむ。
● 鼻をつまみながら、ぬれタオルで眉間から鼻のあたりを冷やすと、血管が収縮して血が止まりやすくなる。
● 少し出血が少なくなったら、脱脂綿かガーゼを鼻に詰める。

注意！

◆ 鼻血を飲み込むと、気持ちが悪くなる。首筋をトントンたたくと、鼻血がのどに流れ込みやすくなるので、NG。
◆ ティッシュペーパーを鼻に詰めると、かえって粘膜を傷つけやすい。

鼻血が出る部位

鼻血は、鼻の中の「キーゼルバッハ部位」という場所からの出血で起きることがほとんどです。「キーゼルバッハ部位」は鼻の穴の入り口に近く、血管が多くて粘膜層も薄いので、ちょっとしたことで出血してしまいます。子どもが鼻血を出すことが多いのは、大人に比べてさらに粘膜層が薄いことと、子どもの指が細くて鼻の奥まで入りやすく、キーゼルバッハ部位を直接触ってしまうからだといわれています。

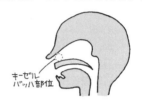

キーゼル
バッハ部位

こんなときは、緊急に対応を！

● 少量でも頻繁に鼻血が出るようなら、保護者と相談し、耳鼻科、または小児科を受診してもらう
● 10分以上出血が止まらない→耳鼻科へ
● 頭を打ったあとに鼻血が出た →脳外科へ
● 大量に出血し、血が止まらない
● 意識がもうろうとしてきた

指を挟んだ

指を挟むと、神経が切れたり、骨折したりすることもあります。ドアなど、指を挟みやすい所には緩衝材をはるなどの予防措置をしておきましょう。

応急手当て

● 血が出ているときは、患部を流水で洗い、ガーゼなどで10分ほど押さえて止血する。
● 血が出ていないときは、氷水に浸してから絞った冷たいぬれタオルなどで、冷やす。
● 挟んだ指を、曲げたり伸ばしたりできるか、確認する。

血豆ができた

痛みがすぐに治まるようであれば、そのまま様子を見ましょう。針などでつついて血を抜くと、細菌に感染することがあるので、危険です。

こんなときは、緊急に対応を！

● 指が曲がらない
● 痛みが引かない
● 内出血している
● はれがひどい
● 骨折している疑いがある

つめがはがれた

つまずいたときに引っかけたり、友達とぶつかった拍子につめが引っかかったりすると、つめがはがれることも。普段からつめが伸びていないか、家庭でも注意してもらいましょう。

注意！

◆つめを戻さない状態でガーゼなどで押さえると、ガーゼが傷口に張り付いてしまう。

応急手当て

- つめの根もとを強く圧迫すると、痛みが少し和らぐ。
- つめの根もとを圧迫したまま、流水できれいに洗う。
- はがれたつめを元に戻した状態で、ガーゼなどで押さえて病院へ。

こんなときは、緊急に対応を！

 つめがはがれた

 つめの内側が内出血した

つめが欠けて、出血した

つめの根もとを痛めたとき

指を挟んで、つめの内側が内出血してしまうと、つめが黒くなって、後日はがれてしまうこともあります。流水できれいに洗い、ばんそうこうなどでカバーしておきましょう。
つめがはがれたり痛んだりしても「爪甲（そうこう）」だけなら再生しますが、一度取れたつめが再生するには1か月以上かかります。また、「爪母基（そうぼき）」が傷ついたり取れてしまったりすると、再生は難しくなります。根もとを痛めたときは、必ず外科を受診しましょう。

爪根　爪甲　爪床　指骨　爪母基

つめの構造

つめが欠けたとき

出血がなく深づめ程度なら、欠けてぎざぎざになった部分をつめ切りで整えて、湿潤療法用テープをはります。出血があるときは、流水でよく洗い、ガーゼなどで押さえます。

刺さった

小さなとげが刺さった場合と、大きな物が刺さったときとは、応急手当てなどに違いがあります。
どのくらいの物が、どう刺さったかを、まず、確認しましょう。

とげやガラス片が刺さった

応急手当て

- 抜く前に患部を消毒してから、ピンセットやとげ抜きなどで抜く。
- とげの頭が出ていないときは、患部が中央になるように5円玉か50円玉を押し当てると、抜きやすくなる。
- 抜いた後は、傷口から血を絞り出し、よく流水で洗っておく。

こんなときは、緊急に対応を！

うまく抜けない

木の枝や大きめのガラス片が刺さった

応急手当て

- 刺さった物が抜けていたら、傷口の上から清潔なタオルなどで圧迫して止血する。
- 10分くらいで血が止まれば、切り傷と同じように湿潤療法用テープをはる。

こんなときは、緊急に対応を！

押さえても、出血が止まらない

傷の中に刺さった物が入っていて、取れない

ぱっくり切れている

小さくても傷が深い

深く刺さったままなら、抜かないで救急車を呼ぶ

歯をぶつけた

子どもは、あごの骨が軟らかいため、ぶつけるなどして強い衝撃を受けると、歯が脱臼したり、亜脱臼を起こしたりすることがあります。いわゆる歯が抜けたり、ぐらぐらしたりする状態です。

応急手当て

● 口の中や唇を切っていないか、確認する。
● 口の中を切っていたら、口をゆすぐ。
● 唇を切った場合は、清潔なガーゼで押さえて止血し、氷水に浸して絞ったタオルなどで、患部を冷やす。
● 歯が抜けたときは軽くすすぐ程度にして、抜けた歯を牛乳などに浸す。

注意！

◆ 抜けた歯を水に浸すのは、NG。浸透圧の関係で歯根膜がだめになってしまう。
◆ 抜けた歯を元に戻す手術をしている病院かどうか、電話で確認してから向かう。事前に調べておくのがベスト。

こんなときは、緊急に対応を！

- 強くぶつけた→歯科へ
- 出血がひどい→外科へ
- 歯がぐらぐらになった→歯科へ
- 歯が抜けた→歯科へ
- 歯が折れたり欠けたりした→歯科へ

虫に刺された

ハチやムカデなど、身近にも毒の強い虫がいます。普段から園でも虫刺されを防ぐ工夫をしていきましょう。また、スズメバチは、黒いものや甘いにおいを好み、大きな音に反応します。山や草木の多い場所に出かけるときは、着ているものの色などにも注意し、ハチがいそうな所では、ジュースを飲んだり、大声を出したりしないようにしましょう。

注意！

◆ 刺された部分をかくと、とびひになったりすることもあるので、かきこわさないようにすることが大切。

応急手当て

● 刺された所を水で洗い流す。毒成分を洗い流せるだけでなく、冷やすことで血管が収縮し、毒成分の広がりを防ぐ効果や、痛みやかゆみが和らぐ効果もある。
● ハチやムカデに刺されたときは、患部の周りを指で強くつまみ、毒を押し出す。
● ドクガの毒毛は目に見えないほど小さいので、衣服などに付いた場合は、ガムテープなどで取るとよい。
● カ、アブ、ブユなどに刺され、かゆみがひどいときは、抗ヒスタミン剤の入った虫刺されの薬をつける（使うときは、保護者に相談）。

こんなときは、緊急に対応を！

- はれがひどい
- すごく痛がる
- ドクガにふれて、発しんやかゆみなどの症状が出た
- ドクガの毒毛が取れない
- ムカデにかまれて、はれた
- ハチに何か所も刺された
- スズメバチに刺された
- ハチやムカデに刺され、アナフィラキシーショックを起こした

0歳児の
保育のアイディア
12か月

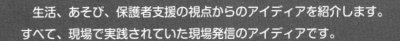

生活、あそび、保護者支援の視点からのアイディアを紹介します。
すべて、現場で実践されていた現場発信のアイディアです。

＊あそぶ前に、P.4「安全にあそび・
　活動を行うために」を必ずお読み
　ください。

食事の環境を整える

よい姿勢で食べることは、よい食べ方やマナーの獲得につながっていきます。授乳、離乳食へと段階を追って、ポイントを紹介します。

授乳 →

できるだけ同じ場所で授乳を行います。保育者は椅子の背に背中を付けて深く座り、膝が90度になるよう、足元を調整します。保育者は片手を子どもの腰に添え、子どもの両手が自由になるように抱きます。

離乳食 座位が安定するまで

いつも決まった席を使い、抱いた子どもを保育者の足に乗せます。子どもの両手が自由になるように抱いて、保育者は片手を子どもの腰に添え、子どもの身体が机と平行に向き合うようにします。

離乳食 支えのいらない座位を獲得した後

よい姿勢を保てるよう、子どもの身体に合った椅子と机を用意します。

チェックポイント

□ **椅子の座面の奥行き**

子どもの身体に比べて座面の奥行きがありすぎると、膝を伸ばして座るため、食べにくい姿勢になります。厚さ2〜3cmの発泡スチロール板やバスマットを使って座面の奥行きを調整します。

□ **椅子の高さ**

椅子が高くて、座ったときに床に足が着かずに、ぶらぶらすると、よい姿勢を保つことができません。紙パックに畳んだ紙パックや新聞紙を詰めたものを足置きにします。

□ **机の高さ**

椅子に座ったときに、机の高さと、曲げた肘がほぼ水平になる状態がその子の身体に合った高さです。子どもの成長に合わせて、机の脚に台を入れるなどして、食べやすい高さに整えます。

しっかり腰掛けて、よい姿勢が保てるように背もたれで調整

曲げた肘と机の高さがほぼ水平

座ったときに、90度ぐらいに膝が曲がるよう、足置きで調整

簡単エプロン

意欲をもって食事に向かえる、自分で着けられる簡単エプロンを紹介します。

準備
★フェイスタオルを半分に切ったもの
★ゴムひも
★針と糸

CUT

作り方

① タオルの切ったほうの端を、ゴムひもが通せるほどの幅に折り、縫い留める。

② ゴムひもを通し、適当な長さにして結ぶ。

使い方例

ゴムひもを持って、頭に掛け、下に引っ張ります。個人差がありますが、1歳3か月くらいになれば、自分で着けられるようになります。ただ、まだエプロンを正面に持ってくるといった調整はできないので、最終的には保育者が整えることが必要です。子どもの"自分でやりたい""できた"という思いを大事に介助して、意欲をもって食事に向かえるようにしましょう。着脱への関心も育ちます。

「いない いない ばあ」カード

保育室に出入りするスタッフに早く親しめるようにスタッフの顔写真を使ったオリジナルカードです。

準備
★担任や朝夕の保育者、フリーの保育者、保健担当などの顔写真3カットL判（笑顔　顔を隠したカット　顔を見せたカット）
★カードの表紙になるもの　★パウチ加工用フィルム　★パウチ加工用処理機　★穴開けパンチ　★リング

作り方
①カードの表紙とスタッフの顔写真を中裏に合わせたもの(A)と、「いない いない」と顔を隠した写真と、「ばあ」と顔を見せた写真を中裏にして合わせたもの(B)を作る。

②AとBの間隔を十分に取って、パウチ加工用のフィルムで挟み、専用の機械で熱処理をし、AとBをカッターなどで断裁する。

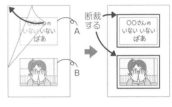

（A）表 → 裏　（B）表 → 裏　

※表紙の「〇〇さん」には、スタッフの名前が入る。

③AとBの角を丸く切り取る。

④穴開けパンチで2か所穴を開けて、リングで留める。

*フィルムの大きさによって手順は違ってきます。ここではA4判のフィルムを想定しています。
*パウチ加工用の処理機がない場合は、ブックカバー（透明粘着シート）を使って作ることもできます。ただ、耐久性は低くなります。

「いない いない ばあ」人形

はいはいやつかまり立ちの時期に、子どもの動きを誘うおもちゃです。

準備
★キルティングの布　★フェルト
★面ファスナー　★ひも（綿ロープ）
★針と糸　★多用途接着剤

使い方例
はいはいで上がっていく斜面板の先や、ベッドの柵などにくくり付けます。最初は「いない いない……ばあ」と言いながら、保育者が開いて見せるといいでしょう。

作り方
①フェルトで「いない いない」と「ばあ」の2種類の動物の顔を作り、「ばあ」の動物を、袋縫いをしたキルティングの布に縫い留める。
②上下に面ファスナーを縫い留める。
③②を2つに折り、外側に「いない いない」の動物を縫い留める。
④別のキルティングの布に、下図のように、2つ折りにした裏の部分のみ、縫い留める。
⑤④の上部両端にひも（綿ロープ）を付ける。

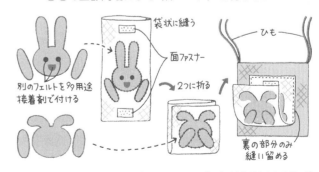

ここがポイント

●上に開くタイプは、面ファスナーではなく、つまみやすい小さなポンポンを縫い付けます。

*ひもを付けるキルティングの布は2枚重ねにしたり、段ボール板をくるんだりすると、さらにしっかりします。

保育のアイディア（4月）

つり下げ人形 BOX

モビールとは一味違う、触ったり、握ったりして楽しめるおもちゃは、子どもの気分転換を助けてくれます。

 準備
★小さなかご　★ひも
★小さな人形やお手玉など握りやすいおもちゃ

 使い方例
　天井からかごをつるし、中に小さなおもちゃを入れておきます。新しい環境に不安な様子の子どもをだっこする機会が多い4月。保育者が立ってだっこしたとき、子どもの目の高さに人形やお手玉など、ぎゅっと握って持ちたくなるおもちゃがあると、気分転換に一役買ってくれます。ゆらゆら揺れるモビールとは違った楽しさを演出できます。

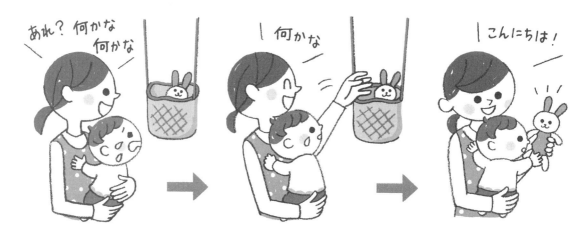

「うえからしたから」

布を使うわらべうたあそびです。1対1でゆったりとあそびましょう。

あそび方例

♪うえからしたから
　おおかぜこい　こいこいこい

　座位の姿勢で、大判のハンカチくらいの大きさの布を持ち、保育者の顔の前でうたに合わせてゆっくり上下に動かす。

ここがポイント

●紹介しているあそび方は安定した姿勢で座っていられるようになってからのものです。ねんねの子には、布は使わずに、だっこして左右に揺らすくらいがいいでしょう。

●布は動きが軽やかになる薄手のスカーフのような質感のものがオススメです。

●繰り返し布を動かした後、「ちりんぽろんととんでったー」と言いながら、持っていた布をふわっと放り投げると喜びます。

ちりんぽろんと
とんでったー

うえからしたから　わらべうた

うえ　から　した　から　おお　か　ぜ　こい　　こい　こい　こい

＊共同注視＝大人が注意・視線を向けているものや、指をさしているものに、子どもが注意・視線を向け、注意を共有すること。（参考文献『保育用語辞典 第8版』編／森上史朗・柏女霊峰 ミネルヴァ書房）

「ちゅ ちゅ こっこ とまれ」

共同注視＊をするようになった子どもとのあそびにオススメです。

ちゅ ちゅ こっこ とまれ　わらべうた

あそび方例

♪ちゅ ちゅ こっこ とまれ
とまらにゃ

①膝の上に抱いた子どもの片手を持ち、手の甲を人さし指で軽くつつく。

♪とんでけー！

②遠くを指さすように、人さし指を斜め上にあげる。

ここがポイント

●となえうたなので、語るようなイメージでゆったりとうたいましょう。
●おむつ交換や着替えの場面で、足の甲や裏をつつき、「♪とんでけー！」でおなかや脇腹をくすぐるのも喜びます。

「いっぽんばしこちょこちょ」

子どもがふれてもらう心地よさを感じられるように繰り返し楽しみましょう。

あそび方例

♪いっぽんばし

①子どもの片手を取り、手のひらに保育者の人さし指で一の字を描く。

♪こちょこちょ

②手のひらをくすぐる。

♪にほんばし
こちょこちょ

③①と同様に人さし指で二の字を描き、手のひらをくすぐる。

♪たたいて
つねくって

④手のひらを軽くたたいた後、軽くつねる。

♪かいだん
のぼって

⑤人さし指と中指で子どもの腕を上っていく。

♪こちょこちょ

⑥脇の下などをくすぐる。

ここがポイント

●子どもが笑顔を見せたしぐさの部分を繰り返したり、手の代わりに足の甲であそんでみたり、しぐさはやめてうただけにしたり、その子の様子を見ながら、アレンジしましょう。

いっぽんばしこちょこちょ　わらべうた

いっ ぽん ば し　こ ちょこちょ　た た い て
に ほん ば し　こ ちょこちょ

つ ね くっ て　　かい だん のぼっ て こ ちょこちょ

発達に合わせて使い分けるロールクッション

子どもの育ちに合わせたロールクッションを用意して、子どもの動きたい気持ちに応えましょう。

準備 ★バスタオルや毛布、予備の敷き布団　★大きな布　★綿ロープ　★ゴムひも

作り方 ①バスタオルや毛布、敷き布団などを巻いて、綿ロープで縛る。

②大きな布で包む。

③両端をゴムひもで縛る。

うつぶせ姿勢のころ

★低めのロールクッション

　うつぶせ姿勢のとき、脇の下に置いて、姿勢を安定させる低めのロールクッションをバスタオルなどで作る。上体が上がり、姿勢がとりやすくなる。ロールクッションの厚みは、子どもの様子に応じて加減する。

ずりばいのころ

★柔らかめのロールクッション

　ずりばいから、おなかを持ち上げ、両手と両膝を使うよつばいを促す。少し柔らかめのロールクッションを作る。毛布のような柔らかな感触のものがよい。

よつばい〜歩行完成のころ

★少し高めのロールクッション

　よつばいから高ばいを促せるよう、抵抗を大きくする。薄い敷き布団を丸めて作るとよい。しっかり歩くようになったら、またがったり、つかまって身体を乗せたりして、バランスをとるあそびも楽しめる。

握ってあそぶおもちゃ

腹ばいの頃から座ってあそぶ頃まで、幅広い月齢で楽しめるおもちゃです。

準備 ★ペットボトルのふた（10、12個くらい）　★ビーズ　★多用途接着剤　★養生テープ　★布　★針と糸

作り方

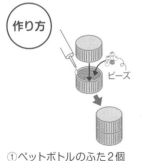

①ペットボトルのふた2個を図のように合わせて、多用途接着剤で付けたものを5、6組作る。何組かは、中に小さなビーズを入れておく。

②①を多用途接着剤で付けて積み上げる。

③全体を養生テープでしっかりと覆う。

④布（縦12cm×横★＋2.5cm＋4.5cm）を中表に2つに折って縫い、片側の周囲を糸で絞り、表に返す。

（裏）

1cm / 5cm / 3cm / 1.5cm / ★ / 1.5cm / 1cm

⑤③にかぶせた後、開いているほうを糸で絞る。

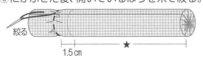

絞る　1.5cm　★

ここがポイント

●作り方①でふた同士をしっかり付け、養生テープで全体を覆っておけば、そのまま洗うことができます。

●高月齢児は、ぽっとん落としのおもちゃとして楽しむなど、いろいろなあそびに使えるので、たくさん用意しておくとよいでしょう。

マグネットボード

指先の力が強くなった高月齢児向きのおもちゃです。
まずは、はがすことから始めましょう。

 準備
★マグネットシート
★布のカラーガムテープ
★ホワイトボード

ここがポイント

● 保育者が先に「あら、取れた」とあそびのモデルを見せて、子どもを誘っていきましょう。

● 1歳後半になると、はることも楽しめるようになりますが、まずははがすことを繰り返し楽しめるよう、あそびを補助しましょう。

作り方

① マグネットシートを5cm（口に入らない大きさ）の円形、または四角形に切る。

② ①のマグネットシートに布のカラーガムテープで持ち手を付ける。持ち手はテープの粘着面を合わせて作る。

③ 市販のホワイトボードを設置し、②をはっておく。

くっつくスポンジ

スポンジのフワフワした感触が楽しいおもちゃです。

 準備
★段ボール板（40cm×50cmくらい）
★面ファスナーが付く布
★食器用スポンジ（柔らかい面と硬い面がセットになっている色違いのものを3〜4個）
★手芸用接着剤

 作り方

① 段ボール板を面ファスナーが付く布で覆い、手芸用接着剤で留め、目打ちで穴を開ける。

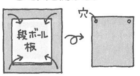

② 食器用スポンジを、子どもがつかみやすい大きさで、四角や三角などいろいろな形にカットする（口に入らない大きさに）。

あそび方例

段ボール板を窓枠の柵などに固定したり、床に置いたり、子どものあそぶ姿勢に合わせて設置し、スポンジの硬い面を付けておきます。

「取れたね」「ぺたん、くっついた！」など、子どもが取ったり、付けたりするときの様子を言葉にして、子どもがあそぶ様子を見守りましょう。

＊誤飲に注意しましょう。

ここがポイント

● 全面が面ファスナーが付く布なので、はがしやすく、どこにでも付けることができます。握ってはがす力が増してきたら、面ファスナーの硬いほうを段ボール板に取り付けたものを使うと、あそびもパワーアップ。

保育のアイディア（5月）

「たけんこがはえた」

季節にちなんだわらべうたです。幼児向けの手あそびとして親しまれていますが、0歳児では揺らすあそびとして楽しみましょう。

あそび方例

たけんこがはえた　わらべうた

た けんこが はえた たけんこが はえた
ぶらん こ ぶらん こ さるがえり

♪たけんこがはえた
　たけんこがはえた
　ぶらんこ　ぶらんこ

①子どもをだっこして、うたいながらゆったりと左右に揺らす。

♪さるがえり

②その場でゆっくり回る。

ここがポイント

● 揺らし方や回る勢いなどは、子どもの表情を確かめながら調整します。回るときに不安そうな表情を見せるようなら、左右に揺らすだけにしておきましょう。

「じーじーばー」

布を使うわらべうたあそびです。子どもの表情を見ながら楽しんでみましょう。

あそび方例

じーじーばー　わらべうた

じー じー ばー　じー じー ばー　ちり〜ん　ぽろ〜んと　とんでったー！
（自由なリズムで）

♪じーじーばー〈繰り返す〉

①布で顔を隠す。うたに合わせて、目がのぞく程度に布を上下に動かし、「♪ばー」で顔を全部見せる（4回繰り返す）。

じー　じー

ばー

♪ちり〜ん　ぽろ〜んと

②布を左右に振る。

ぽろーんと
ちりーん

♪とんでったー！

③布を高く飛ばす。

とんでったー

ここがポイント

● 布はハンカチ大のものが使いやすいです。軽いシフォンの布などを使うと、ふわふわと落ちる様子が楽しめます。

● 「♪とんでったー！」で子どもの頭に布を掛け、子ども自身が手で取るのも楽しいです。取ったとき、しっかりと目を合わせ、楽しさに共感しましょう。

ばあ

「うまはとしとし」

あやしあそびのわらべうたです。子どもの様子に合わせて
あそびましょう。

あそび方例

保育者は膝を伸ばして座り、
子どもを向かい合わせになるよ
う膝に乗せます。うたに合わせ
て膝を弾ませるように上下に動
かしましょう。
「(♪のりてさん)」の部分を
子どもの名前に替えてもいいで
しょう。

ここがポイント

- 脇の下から背中全体をしっかり支えて
  あそびます。
- 子どもの表情を確認しながら、上下に
  動かす力の加減を変えてあそぶように
  します。
- 繰り返しあそんだ後、「どしーん」と言
  いながら、足を開いて子どもを床に下
  ろすあそびも喜びます。

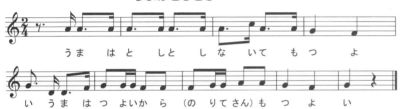

うまはとしとし　わらべうた

うま　は　と　し　と　し　な　いて　も　つ　よ

い　うま　は　つ　よいか　ら　（の　りて　さん）も　つ　よ　い

「ぎっこばっこひけば」

座位が安定してきた時期から楽しむわらべうたです。
目と目を合わせてゆったりと楽しみましょう。

あそび方例

保育者は足を伸ばして座り、膝に向かい合わせで
子どもを乗せます。うたいながら、子どもの上体を
前後に揺らしましょう。

ここがポイント

- 子どもの上体が安定するように、しっかり脇の下を
  支えます。
- ゆっくりうたい、前後の揺らし加減は、子どもの表
  情を見ながら調整しましょう。
- 「♪おっぷり　かっぷり」の語感を喜びます。

ぎっこばっこひけば　わらべうた

ぎっ　こ　ばっ　こ　ひ　けば　　と　な　り　の　ばん　ばこ

か　けた　わんこ　もっ　てきて　おっ　ぷりかっ　ぷり　みなのんだ

引っ張り出すおもちゃ

座位が安定して、両手を自由に使えるように
なった頃に楽しめるおもちゃです。

準備 ★ボックスティッシュの空き箱2つ　★市販のボックスティッシュカバー
★オーガンジーの布（A4判より一回り小さいくらい　3、4枚）

あそび方例

作り方

①ボックスティッシュの空き箱の1つは取り出す面を切り取る

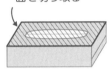

②もう1つのボックスティッシュの空き箱を入れ、二重にして丈夫にする

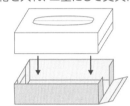

③箱の四隅をセロハンテープかガムテープで補強する

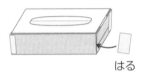

はる

④オーガンジーの布3、4枚を結んで中に入れる

市販のボックスティッシュカバーをかぶせる

＊作り方は一例です。

オーガンジーの布を結ばずにそのまま箱に入れたものも用意しましたが、0歳児では1枚出すだけで、あそびが続きませんでした。結ぶとつながって出てくる様子がおもしろいようです。ただ、あまりたくさんつなぐと身体に巻き付けることがあり少し危ないので、3、4枚程度がちょうどよかったです。

1人があそびはじめると、同じようにあそびたくなるので、いくつか用意しています。

太鼓をトントン

たたくと音がすることは、子どもには大きな発見です。
子どもの驚きや喜びに心を寄せながら一緒にあそびましょう。

準備
★ミルク缶
★布
★ビニールテープ
★新聞紙
（ばち1本につき3〜4枚）
★布ガムテープ
★多用途接着剤

作り方

※出来上がりは、底面が上になる。

★**太鼓**　ビニールのふたをビニールテープで固定する

布を巻いて、多用途接着剤で留める

あそび方例

保育者は子どもと向き合い、真ん中に太鼓を置いて、リズミカルにたたいて見せます。

保育者のしぐさをまねようとするので、子どもの様子に合わせながら、1対1で一緒にたたいてあそびましょう。

★**ばち**　新聞紙3〜4枚を8等分にカット

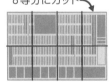

太さ2.5cm程度

重ねてしっかり巻いてセロハンテープで仮留めする

布ガムテープで覆う

ここがポイント

●保育者が一緒にあそび、楽しさを共有することで、少しずつ自分からあそぶようになります。最後にポーズを決めたり、歌をうたいながらたたいたり、メリハリのあるかかわり方を工夫しましょう。

紙パックの太鼓

いくつか作っておくと、何年も使える太鼓です。
しっかりしているので、太鼓以外に椅子や台にもなります。

 準備 ★紙パック（1000mℓ）6本／24本　★布ガムテープ　★はさみ、またはカッター

 作り方

（三角柱）①

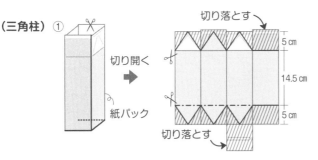

切り開く
紙パック
切り落とす
切り落とす
5cm
14.5cm
5cm

②
布ガムテープで留める
三角柱を作る

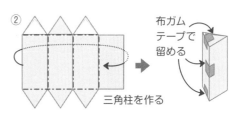

★三角柱6本で作る場合

① 三角柱6本を図のように組み合わせ、周囲を布ガムテープで固定する

② 全体を布ガムテープで覆う

★三角柱24本を組み合わせる場合

（上から見たところ）

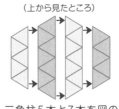

三角柱5本と7本を図のように組み合わせ、布ガムテープで固定する

さらに全体の周囲を布ガムテープで固定する

※最後に全体を布ガムテープで覆う。

「大きなたいこ」

「紙パックの太鼓」をたたいてあそぶほか、保育者に手を持ってもらったり、保育者のしぐさをまねたりして、しぐさあそびとしても楽しめます。

あそび方例

♪おおきなたいこ
①腕を広げて大きな輪を作る。

♪ドーンドーン
②両手で太鼓を打つ動作をする。

♪ちいさなたいこ
③両手で小さな輪を作る。

♪トントントン
④人さし指で太鼓をたたく動作をする。

♪おおきなたいこ
　ちいさなたいこ
⑤①と③のしぐさをする。

♪ドーンドーン
　トントントン
⑥②と④のしぐさをする。

ここがポイント

●紙パックの太鼓をたたいてあそぶときは、しぐさにこだわらず、子どもの楽しい気持ちに沿ってあそびましょう。

●しぐさあそびとして楽しむときは、向かい合わせになったり、膝に抱いて後ろから子どもの手を持って動かすなど、子どもの育ちや様子に応じて、あそびましょう。

大きなたいこ　作詞／小林純一　作曲／中田喜直

おお きな たいこ　ドーン ドーン　ちい さな たいこ　トントントン　おお きな たいこ　ちい さな たいこ　ドーン ドーン　トントントン

「ぞうきんつくろう」

おむつ替えや目覚めたときにオススメのスキンシップあそびです。

あそび方例　振り付け／阿部直美

♪はりにいとをとおします

①針に糸を通すしぐさをする。

♪チクチクチク
〜ぞうきんのできあがり

②人さし指で寝転んでいる子どもの
おなかを、何回も軽くつつく。

♪バケツのなかで
ジャブジャブジャブ

③足を持ち上げて、歌に合わせて
上下に振る。

♪あらって　しぼって

④両足を軽く交差させる。

♪ふきそうじ

⑤手のひらで全身をさする。

ここがポイント

●あそび方①で歌いながら人さし指で
子どもの足の裏をつんつんつつくの
も楽しいです。

♪はりにいとを
とおします〜

ぞうきんつくろう　作詞・作曲／阿部直美

「このこどこのこ」

わらべうたの揺さぶりあそびを通して、平衡感覚を育み、しっかりした身体を作りましょう。

あそび方例

背中がしっかりしてくる6か月ころ

だっこしてうたに合わせてゆらゆら揺らします。

しっかり目を合わせて行うのがポイント。

座位が安定してくる9〜10か月以降

保育者の1人は子どもの背中から抱きかかえ、別の保育者は子どもの両足を持ち、うたいながら左右に揺らします。大きな布に乗せて揺らしてもいいでしょう。

子どもの表情を確認しながら行いましょう。

このこどこのこ　わらべうた

この　の　こ　ど　こ　の　こ　かっ　ちん　こ

「おすわりやす」

京都弁が心地よいわらべうたです。上下の動きを楽しみます。

あそび方例
足を伸ばして座る保育者の膝の上に、向かい合わせで子どもを乗せます。

♪おすわりやす〜のったら
①子どもの両脇から背中を支え、うたに合わせて、膝を上下に軽く揺らす。

♪こけまっせ
②足を開いて、子どもを床に落とす。

おすわりやす　わらべうた

お　す　わ　り　や　す　い　す　どっ　せ

あん　ま　り　のっ　た　ら　こ　けまっ　せ

おすわりやす＝座ってください　いすどっせ＝いすですよ　こけまっせ＝転びますよ

ここがポイント

● 子どもの表情を確かめながらあそびます。子どもが少しでも緊張した様子を見せたら、揺らす具合を小さくしたり、あそび方②の内容を変えたりして、あそび方をアレンジしましょう。

7月

はじめての水あそび

少しずつ水に親しんでいけるアイディアを紹介します。

準備 ★ビニールシート　★ジョウロ　★ペットボトルで作ったシャワー　★スポンジ

あそび方例

ステップ1

保育者がジョウロやシャワーで流す水の動きを見て楽しむ。

ステップ2

水を含ませたスポンジを手や足で押してあそぶ。

ステップ3

ビニールシートにできた水たまりの水面をたたいたり、しぶきをあげたりしてあそぶ。

ここがポイント

●ステップ1で、子どもが流れる水に興味をもち、触ってきたら、「シャワシャワー」「チョロチョロ」など、楽しくなる言葉かけを工夫しましょう。
●ビニールシートはきれいに広げず、少ししわを作ると水たまりができやすいです。

感触あそび

さまざまな素材を使った感触あそびのアイディアです。

準備 ★乾燥パン粉　★高野豆腐　★乾燥ワカメ　★バット　★ブルーシートなどの敷物

あそび方例

乾燥パン粉

　バットなど底の浅い容器に入れたパン粉を触ったり、つまんだりしてあそびます。途中で、少し水を加えると、違った感触が楽しめるので、保育者が丸めて、子どもが握りつぶすやり取りを楽しみましょう。
*事前に、小麦アレルギーのある子どもがいないことを確認しておくことが必要です。

高野豆腐

　乾いた状態の高野豆腐を積んだり、並べたりした後、水に浸して感触の変化を楽しみます。たっぷり水を含んで柔らかくなった高野豆腐をちぎってあそぶのも楽しいです。
*事前に大豆アレルギーのある子どもがいないことを確認しておくことが必要です。

乾燥ワカメ

　水あそびで、乾燥ワカメを子どもに渡します。水に入れるとふわっと広がって子どもたちもびっくりするでしょう。

　※水あそびの際は、あそびの最中は監視役を置くなどしてしっかり見守り、終わった後は水を捨てるなど管理を徹底しましょう。

白玉粉粘土

白玉粉のさらさらした感触を楽しみながら、水を加えた後の感触の違いを思い思いに探索するあそびです。

準備 ★白玉粉 ★水 ★食紅（粉末） ★洗面器などの容器

ここがポイント
- 水を加える前に、粉に食紅を入れて混ぜておくと、水を加えたときに色が変わります。
- 小麦粉粘土のようなべたべたした感触がないので、あそびやすいです。

あそび方例

①白玉粉を洗面器などに入れ、少しずつ水を加え、まずは保育者がこねる。
②ある程度、粉と水が混ざったら、子どもと一緒にさらにこねる。
③大きく丸めたり、平らに伸ばしたりしたものをぎゅっとつかんだり、指先で穴を開けたりして感触を楽しむ。

むにゅむにゅしてるね

＊口に入れないよう、必ず保育者がそばについてあそびを見守りましょう。

ぷよぷよクッション

室内で、水のひんやりした冷たさや、袋の中で水が動く感触を楽しめる環境アイディアです。

準備 ★布団の圧縮袋（2枚） ★スパンコール ★布ガムテープ ★水 ★ビニールプール

使い方例 部屋に置いておくと、興味をもった子どもたちが集まってきます。少しひんやりした感じや、水の音、ゆらゆらと揺れる不思議さなどを楽しみましょう。

※必ず毎回あそぶ前に破損箇所がないか確認し、保育者がそばについてあそびましょう。

作り方

①圧縮袋を二重にして、適量の水とスパンコールを入れて、しっかり封をする。

※ビニールプールに置いて水を入れると目安になる

②①の圧縮袋の封をした後、袋の角を折って布ガムテープで留める。

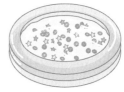

③②を裏返してビニールプールに収める。

「かく かく」
布を使った楽しいわらべうたあそびです。
1対1で繰り返しあそびましょう。

あそび方例

♪かくかく　かくれんぼ
　ちゃわんに　おたふく

♪すっぺらぽん！

ここがポイント

●この時期に、繰り返し保育者があそぶと、秋以降の後半期には、保育者のうたに合わせて、自分で布を入れて引き抜くことを楽しむようになります。

①うたのテンポに合わせて、子どものえり元からハンカチ大の布を入れていく。

②入れていた布を引き抜く。

かく かく　　わらべうた

か く か く　かくれん ぼ　ちゃ わん　に　お た ふ く　すっ ぺ ら ぽん！

「デロデロ」
握りこぶしをカタツムリにみたて、ふれあいを楽しむわらべうたです。

あそび方例

①子どもと向かい合って、子どもの手首(片方だけ)を軽く握る。

②保育者は空いている手でこぶしを作り、握っている子どもの手首に乗せる。

ここがポイント

●ゆっくりと唱えるようにうたいます。最初の「にょき」の後、少し間をおいて、期待感を膨らませましょう。
●腕のほか、足やおなかなど、はわせる場所を変えて繰り返しあそびましょう。

♪デロデロ　ツノデロ
(繰り返す)

♪にょき

♪にょきにょきにょき

③うたいながら、こぶしを子どもの腕にはわせるイメージで動かす。

④こぶしから角を出すように人さし指と中指を出す。

⑤そのまま子どもの腕をはわせる。

デロデロ　　わらべうた

デ ロ　デ ロ　ツ ノ　デ ロ　にょき　にょきにょきにょき

「おでんでんぐるま」

ゆったりと揺らすことで平衡感覚を育むことができるあそびを紹介します。

あそび方例

♪おでんでんぐるまに〜すととーん

①保育者は立って、子どもをだっこか、おんぶで、左右に軽く揺する。

♪しょ

②膝を曲げて、少し下に落ちるようにする。

アレンジ

①足を伸ばして座った保育者の膝の上に子どもを乗せ、軽く手を握って上下に揺らす。

②足を開き、ゆっくりと子どもを床に落とす。

おでんでんぐるま　わらべうた

おでん　でんぐるまに　かねはちのせて

いまにおちる　かまっ　さかさん　よ

もひとつおまけにすとと　ーんしょ

ここがポイント

●月齢が低いときは横抱きし、ゆったりと揺するだけがいいでしょう。

●「♪かねはちのせて」のところを「♪○○ちゃんのせて」と子どもの名前を入れると喜びます。

●アレンジは、座位が安定した子に行います。子どもの表情を見ながら、進めましょう。

「あたま・かた・ひざ・ポン」

子どもがふれてもらう心地よさを感じられるように繰り返し楽しみましょう。

あそび方例

♪あたま

①両手を頭にそっと乗せる。

♪かた

②両手を肩に置く。

♪ひざ

③両手で膝を触る。

♪ポン

④子どもの両手を持って拍手のように合わせたり、保育者自身の手で拍手したりする。

♪ひざポン〜ひざポン

繰り返し

⑤③④を2回繰り返し、その後①〜④を繰り返す。

♪め

⑥そっと両手で子どもの目をふさぐ。

♪みみ

⑦両耳の耳たぶを触る。

♪はな

⑧鼻の頭を軽くつまむ。

♪くち

⑨両手の人さし指で口元を軽くつつく。

ここがポイント

●高月齢児なら、向かい合って、保育者のしぐさをまねるあそびにしても楽しいです。

●あそびになじんであそびを覚えてきたら、歌詞を替えて、身体のいろいろな部位を触ってあそびます。

あたま・かた・ひざ・ポン　イギリス民謡　訳詞／高田三九三

あたまかた　ひざポン　ひざポン　ひざポン　あたまかた　ひざポン　め　みみはな　くち

窓ガラス壁面アイディア

子どもの目線に合わせた環境アイディアです。

アイディア例

おつかいアリさん

室内の窓ガラスの、はいはいや腹ばいであそぶ子ども
の目線の高さに、色画用紙で作ったアリをブックカバー
（透明粘着シート）ではり付けました。

作り方

*園の実践内容を
イラスト化して
います。

①
切り抜く
色画用紙

②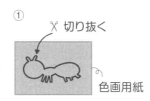
窓ガラス
はさんではる
ブック
カバー

ペットボトルのおもちゃ

水の動きを見て楽しむ、夏にぴったりの
おもちゃです。

準備
★ペットボトル（350〜500mℓ　2本）
★布ガムテープ
★透明のホース＊（30cmくらい）
★色水（食紅を溶かしたもの）
★スパンコールなど
＊ホースの太さについて＝使用するペットボトルの口の
大きさに合わせて用意します。

あそび方例

一人で座ってあそぶようになった子どもなら、ペットボトル
を動かして色水が移る様子を楽しみます。歩いている子な
ら、ホースの部分を持って歩いたり、持ち上げたりしてあそぶ
姿も見られます。

作り方

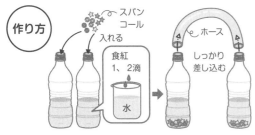
スパン
コール
入れる
食紅
1、2滴
水
ホース
しっかり
差し込む

①ペットボトルに適量の色水とスパンコールを入れ、
　ホースをしっかり差し込む。

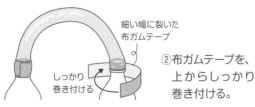
細い幅に裂いた
布ガムテープ
しっかり
巻き付ける

②布ガムテープを、
　上からしっかり
　巻き付ける。

アレンジ例

使用するペットボトルを100mℓぐらいの小さなサイズにし、
つなぐホースも短くして作ると、腹ばいで過ごす子が片手に
持って動かしたり、色水の動きを追視したりして楽しめます。

チェーンリングのあそび

チェーンリングはいろいろな使い方ができます。低月齢児向けと高月齢児向けそれぞれに用意してみましょう。

準備
- ★ペットボトル（底を切り取り、安全のため切り口を布ガムテープで覆う）
- ★チェーンリング（2〜3個ずつ＊一緒につなぐ）＊1個ずつつなぐより、握りやすく、操作しやすい。
- ★大きめの口の空き容器

ぐるぐるチェーン

作り方 底を切り取ったペットボトルに50cmくらいの長さのチェーンリングを通して、輪にする。

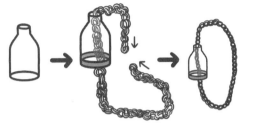

あそび方例

エンドレスでぐるぐる引っ張ってあそびます。ペットボトルに別のひもを通して、壁掛けスタイルにしたり、保育者がペットボトルを持ったり、いろいろなあそび方ができます。また、保育者がチェーンリングの輪を持ち上げ、ペットボトルが落ちてくるのを追視して楽しむこともできます。

穴落とし

あそび方例

10〜20cmくらいのさまざまな長さのチェーンリングをつかみ、空き容器の口に落として入れては、再び出して入れることを繰り返します。座位が安定し、つかんだ物を容器の口に合わせて入れ、意識的に放すようになる8〜12か月くらいの子どもが楽しむあそびです。

あそび方によって、さまざまな月齢の子が楽しめます。

引っ張ってあそぶ壁面のおもちゃ

ぎゅっと握って引っ張るおもちゃを壁に設置しておくと、腹ばいや座位で繰り返しあそびます。

準備
- ★ペットボトルのふた　★小巻のビニールテープやセロハンテープの紙芯　★細めの綿ロープ
- ★ビニールテープ　★段ボール板　★布　★多用途接着剤　★目打ち

作り方

①ペットボトルのふたの中央に目打ちで穴を開けて、綿ロープを通し、抜けないように内側で結び玉を作る。

②別のペットボトルのふたを①に合わせて、ビニールテープで巻いて覆う。

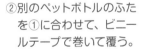

ビニールテープ

③布をはった段ボール板に目打ちで穴を開け、②のひもを通し、もう片方にも①②を行う。

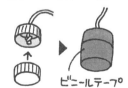

④ビニールテープやセロハンテープの紙芯に綿ロープをしっかり結び、段ボール板に通して、もう片方にも紙芯を結び付ける。

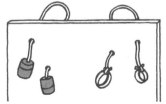

あそび方例

壁面や柵に固定して、引っ張ってあそびます。

ここがポイント

●腹ばいであそぶのか、座位であそぶのかをイメージして、穴の大きさを調整しましょう。腹ばいの場合は、少しの力で引っ張れる程度に、座位の場合は少し抵抗を感じながら引っ張るくらいが楽しいです。

保育のアイディア（8月）

出し入れ BOX

出し入れを楽しむおもちゃを紹介します。設置を工夫すると、つかまり立ちや伝い歩きを始めた子が喜ぶあそびに発展します。

準備 ★段ボール箱 ★色画用紙 ★ブックカバー（透明粘着シート）

あそび方例

カエルの口からいろいろなおもちゃを出し入れしてあそびます。はじめは出すことだけを楽しむので、布のようなつかんで出しやすいものを入れるようにしましょう。

また、子どもが全部出したら、保育者が入れて、繰り返しを楽しめるようにしましょう。次第に自分から入れるあそびも楽しむようになります。

作り方

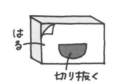

①組み立てた段ボール箱の一面全体に色画用紙をはり、カエルの口になる部分を切り抜く。

②色画用紙で作ったカエルの顔を①にはる。

先に切り抜いた口の位置に合わせてはる。

③口の部分に切り込みを入れて、色画用紙を裏側に折り込み、段ボール箱の切り口をしっかりと覆う。

④ブックカバーで覆い、③と同様に口の部分は切って、裏側に折り込む。

ここがポイント

●子どもの目の高さと同じ位置に設置します。できれば、動かないように、壁などに固定しましょう。保育室に備え付けの棚やロッカーなどにちょうど入る大きさにして、はめ込んでしまうのも一つの方法です。はめ込む位置を子どもが立ってあそべる高さにすると、つかまり立ちや伝い歩きの子が楽しめます。

「からすかずのこ」

本来は幼児向きのあそびですが、よつばいを楽しむあそびにアレンジ。

あそび方例

ゆったりうたいながら、よつばいをする子どもと一緒にはいはいを楽しみます。後半の「♪おしりをねらって かっぱのこ」の歌詞に合わせて、終わった後にぽんと子どものお尻にタッチすると、あそびにアクセントができて楽しいです。

ここがポイント

●繰り返していると、子どもも最後にぽんとタッチされるのを期待して待つようになります。

からすかずのこ わらべうた

か　らす　かずの　こ　にしんの　こ　　おしりを　ねらって　かっぱの　こ

「ボウズ」 | スキンシップを楽しむわらべうたです。小物を使ったあそびも楽しいです。

あそび方例

♪ボウズ　ボウズ　カワイトキャ
　カワイケド　ニクイトキャ

♪ペション！

♪ボウズ
　ボウズ♪

①子どもを膝に抱いたり、子どもと
　向き合って座ったりして、子ども
　の手の甲や膝を拍ごとにゆっくり
　なでる。

ペション！

②なでていた手の甲や膝を
　軽く手で払う。

アレンジ例

シフォンのような張りのある布（ハンカ
チ大）の中央をつまんで床に置き、てっぺん
あたりをなでるようにゆっくり動かした後、
「♪ペション！」でハンカチを上から押さえ
てつぶすあそびも喜びます。

♪ボウズボウズ
　〜ニクイトキャ

ペション！

ボウズ　わらべうた

ボウズ　ボウズ　カ ワイトキャ カワイケド　ニ クイトキャ ペション！

「こんこんちきちき」 | 京都に伝わる、祇園祭にちなんだわらべうたです。

あそび方例

♪こんこん　ちきちき　こんちきちん
　おやまの

①うたに合わせて、子どもの手や足を優
　しくぽんぽんとたたいたり、音が鳴る
　おもちゃや楽器をたたいたりする。

こんこん
ちきちき

♪おちごさん！

②「♪おちごさん！」を
　子どもの名前に替え
　て呼びかけるように
　うたう。

♪○○ちゃん

こんこんちきちき　わらべうた

こん　こん　ちきちき　こんちき　ちん
おや　まの　おちご　さん！

ここがポイント

●名前を呼ばれたことにハッと気がつく子や、
　にっこり笑顔を見せる子など、子どもによっ
　て反応はさまざま。子どもの様子に応じた
　やり取りを工夫しましょう。

＊「♪こんこんちきちき」＝京都の祇園祭のおはやし。

9月

手作りストッパー（引き戸用）

安全な環境を整える小さな
アイディアです。

使い方例

戸外から戻ったときやほかの場所へ移動したいときなど、一時的に出入り口を開けたままにしておくのに、戸と戸の間に差し込むだけで引き戸が動かないように固定できるストッパーです。なんでもやってみたくなる子どもたちに、「だめ」を言わなくて済む簡単な安全対策。

戸のすきまに一回り厚手の紙を差し込むだけ。ひもをつけて出入り口の上に下げてあるので、忘れることが少ないです。

ぽっとん落としのおもちゃ

入れたものがぽっとんと落ちてくるおもしろさにひかれて、繰り返しあそびます。

準備
★紙芯
★カラー布ガムテープ

作り方

紙芯をカラー布ガムテープで覆い、柵や柱、棚の側面などに同色の布ガムテープで固定する。

あそび方例

上から入れたものがぽっとんと落ちてくるのが楽しいようです。お手玉やプラスチックチェーンなど入れるものは多種多様。手にしたおもちゃを入れてあそんでいます。ときどき、入れたものと紙芯の口径の大きさがぴったりで、落ちなくて不思議そうにのぞき込む場面も。

ここがポイント

●一人で立つことや伝い歩きを楽しむ子どものためのおもちゃです。つかまりやすい場所や高さに配慮して設置しましょう。繰り返しあそぶ中で、同じ姿勢を保つことができるようになります。

さまざまな長さの紙芯を用意して設置しても楽しいです。

押し箱

徐々に動きが活発になる子どもの発達要求に応えるアイディアです。

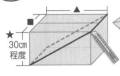
準備
★高さ30㎝程度の段ボール箱（みかん箱のような厚手の箱）
★木工用接着剤　★布　★ブックカバー（透明粘着シート）

作り方

①段ボール箱を対角線で2等分する。

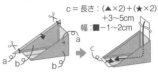

薄手の箱の場合は、半分に切ったものを重ねる。

②側面の布は、ゆとりを持たせて切る。

③余分な布は切ってはる。補強用にブックカバーで全体を覆う。

c＝長さ：（▲×2）＋（★×2）+3〜5cm
幅：■−1〜2cm

あそび方例

押して進む

　つかまり立ちが安定してきて、伝い歩きをするころに箱を押してあそびます。つま先に力を入れて前に進むことを楽しみます。子どもの押す力に応じて、箱の中に重量感のある箱などを置いて、重さを変えるといいでしょう。

斜面を滑る

　押し箱をひっくり返して、斜面を楽しむ姿も見られます。短い距離ですが、腹ばいになって滑るあそびを繰り返し楽しみます。

壁面のおもちゃ

一人一人の育ちに応じて工夫した、触ってみたくなる壁面用のおもちゃです。

準備
★フォトフレーム　★さまざまな感触の素材（麻布・気泡緩衝材・ミラーシート・モップ・プードルファー*など）
★両面テープ（強力タイプ）

あそび方例

　指で触って、さまざまな感触を楽しみます。はいはいの子には低い位置に、立てる子には高い位置になど、高さに変化をつけて設置します。はいはい、つかまり立ち、伝い歩きといった動きのほか、背伸びやつま先立ちを誘うこともできます。

*プードルファー＝生地の表面が起毛加工され、ふわふわした手触りの布。ぬいぐるみや着ぐるみなどでよく使用される。

作り方

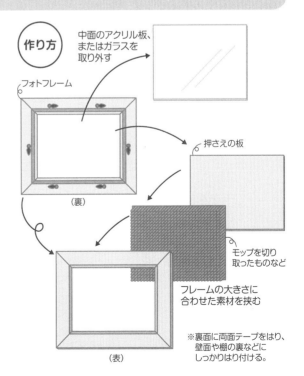

中面のアクリル板、またはガラスを取り外す

フォトフレーム

（裏）

押さえの板

モップを切り取ったものなど

フレームの大きさに合わせた素材を挟む

（表）

※裏面に両面テープをはり、壁面や棚の裏などにしっかりはり付ける。

「いもむしごろごろ」

左右に揺らしてもらったり、保育者と一緒に転がったりして、幅広く楽しめるわらべうたです。

あそび方例

低月齢児

あおむけになっている子どもの身体を、うたいながら左右に揺らします。

低～中月齢児

向かい合わせで子どもを膝に乗せ、子どもの脇の下から背中をしっかり支えて、うたに合わせて左右に揺らします。

高月齢児

保育者と一緒に寝転び、うたに合わせてごろごろと転がる保育者の動きをまねてあそびます。

ここがポイント

- 子どもの身体を左右に揺らすときは、子どもと目を合わせ、子どもがリラックスした表情か確かめながら行います。もし、身体をこわばらせたり、緊張しているような表情の場合は、一旦やめて様子を見ましょう。
- うたのテンポは、子どもの呼吸や動き、表情に合わせます。

いもむしごろごろ　わらべうた

いも　む　し　　ご　ろ　ごろ　　ひょう　　たん　　ぽっくりこ

「えんやらもものき」

揺れることを楽しむわらべうたあそびです。ゆったりとした気分であそびましょう。

あそび方例

だっこで揺らして

低月齢児は横抱きに、高月齢児は縦抱きにして、うたいながらゆっくり揺らします。歩行が安定している子は、背後から子どもの脇の下を支えて、左右に揺らしてあそぶこともあります。うたの後に「1、2、3、それー！」の言葉かけとともに、少し高く上げるなど、変化を楽しんでいます。

*子どもの表情を確かめながらあそびましょう。

シーツに乗せて

子どもをシーツや大きめのバスタオルなどにあおむけに乗せて、保育者2人で持ち上げ、ゆっくり揺らします。下に布団やマットを敷いて、安全面に配慮しましょう。

えんやらもものき　わらべうた

えん　やら　も　もものき　　も　もがなっ　たら　　だれにやろう　　○　○ちゃんに

あ　げよか　　○　○ちゃんに　　あ　げよか　　だ　れに　　あ　げよか

「こっちのたんぽ」 0歳児向けにアレンジしたアイディアです。

*「たんぽ」＝そで、または肘のこと。

あそび方例

♪こっちのたんぽ たんぽや（2回）

①子どもを膝に抱いたり、向き合って座ったりして、子どもの両手を軽く握る。片方の腕を伸ばして支え、うたいながら、もう片方の手で、手のひらから肩に向けて4回、ふれて上がっていく。腕を替えて繰り返す。

♪おつむてん 〜（てん）

②両手を上げて頭に4回ふれる。

（かいぐり かいぐり）

③両腕を胸の前で2回まわす。

ここがポイント

●同じほうを向いて座らせた場合は、子どもの正面に、同じように子どもを膝に乗せた別の保育者が座ったり、保育者だけが座ったりして、一緒に行うことが大事です。

（いない いない ばあ）

④「いない いない ばあ」をする。

こっちのたんぽ わらべうた

こっちのたん ぽ たん ぽや　こっちのたん ぽ たん ぽや お つ むてん

てんや （てん）　カッ クリカックリ バー　（いないいないばあ）
　　　（かい　ぐりかい ぐり）

＊楽譜の（　）内に表記した歌詞とリズム符は、アレンジ案です。

「金魚のひるね」 はいはいを始めた子どもと楽しむ歌あそびです。体幹を刺激します。

あそび方例

あおむけに寝ている子どもの膝や腰を持って、歌いながらゆったりと身体を揺すります。

ここがポイント

●はいはいをするようになってからあそびましょう。

●揺らすときは、子どもと目を合わせ、リラックスしていることを確かめてから行います。

●子どもによって揺らし方の強弱を工夫しましょう。揺らしてみて、身体をこわばらせたり、驚くような表情を見せたりしたときは、揺らし方を弱くするか、一度やめて様子を見るなど、慎重に行います。

金魚のひるね　作詞／鹿島鳴秋　作曲／弘田龍太郎

あ かい べべきた か わーいい きんぎょ おめめを さませば ごちそう する－ぞ

はじめてのスプーン

手づかみを経て、スプーンを持つようになる子どもたち。子どもにスプーンを持たせる目安やポイントを紹介します。

2スプーンからスタート

保育者が使うスプーンに興味をもって手を伸ばすようになったら、保育者と子どもの2スプーンスタイルに。おおよそ1歳過ぎに多く見られます。このときは上手持ち、あるいは下手持ち。

＊上手持ちを「逆持ち」ととらえて、下手持ちからスタートする場合もあります。

スプーンを持たせる目安

①意欲的に食べ、よくかんでいる。
②あそんでいるとき、肘が肩より上にあがる。
③スプーンを持つ握力がある。

ここがポイント

スプーンの先が、口の正面にくるように手を添えます。手首が硬いと、この動きが難しいので、手を添えてみて、やりにくそうなときは、手首を使うあそびを取り入れるようにしましょう。

あそび食べへの対応

あそび食べや食べムラへのかかわりを考えるときのヒントを紹介します。

具体的なかかわり例

「切り上げる」

あそび食べになってきて、保育者が介助してもあまり食が進まないようなら、「もうおしまいにする?」と本人の意思を確認して切り上げるのも一つの方法です。また、切り上げようとすると、「たべる」と言う場合もあります。本人の意思を尊重して一旦は応えますが、あまり進まないようであれば、さりげなくあそびに誘って、気持ちの切り替えを援助しましょう。ただ、家庭で食べる量も少ないようであれば、栄養士と相談して食べやすい工夫をする必要もあります。

ここがポイント

●理由を探る

離乳食の段階が進んで、食材の調理の仕方などが変わったことがきっかけだったり、食べることよりもほかのことに興味が向いていたり、必ず理由があります。午前中の活動量が少ないことが原因の場合もあるかもしれません。食事の場面だけにとらわれずに、生活全体を振り返ることが大事です。

●話し合う

自分だけでは見落としていることもあるので、担任間で話し合いをもち、互いに捉えている子どもの様子を出し合います。その日だけではなく、数日間にわたって振り返り、どうしていくといいかを決めていくといいでしょう。

完了食になったからかな

午前中あまり動いていないかな

山登り

上下の移動に挑戦。2つのあそびを紹介します。

あそび方例

低月齢児向き
なだらかな斜面をはいはいで

布団やマットを重ね、大きな布やシーツを掛けて、なだらかな山を作ります。はいはいを始めた子どもたちが斜面を上っていくので、山のてっぺんで「○○ちゃん、おいで〜」と声をかけたり、楽器を鳴らしたりして誘いましょう。山のてっぺんに着いたら、今度は斜面を下りていきます。お尻のほうが高くなるので、逆さ感覚が育ちます。

高月齢児向き
高さのある山をよじ上る

布団やマットを高さが出るように重ねて、大きな布でしっかりくるみます。子どもは、よじ上った後、布団の山の上に立ち、後ろ向きに下りていきます。保育者は、上ろうとする子どものそばで見守ったり、様子に応じて少し支えたりして援助しましょう。念のため、山の周囲には布団やマットを敷いておきます。

くるくるロール

手指を使ってあそぶおもちゃを作ってみましょう。
やり取りも楽しめるおもちゃです。

準備 ★色の違うフェルト ★針と糸 ★はさみ ★面ファスナー

作り方

① 同じ幅で、長さ、色の違うフェルトを3枚用意する。

2cm

12〜15㎝
17〜20㎝
27〜30㎝

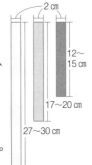

② 長いフェルトから順に重ね、3枚のフェルトの端をそろえて、図のように縫い留める。

順に重ねる

かがり縫い

③ 短いフェルトを内側に巻き込み、留め終える位置に、面ファスナーを縫い付ける。

④ 花や果物など、子どもが知っているものを別のフェルトで作り、ロール状から開いたときに見える位置に縫い留める。

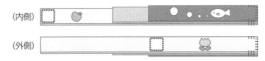

（内側）
（外側）

あそび方例

保育者が巻いて子どもに渡し、子どもが面ファスナーを外してロールを開きます。まだくるくると丸めることはできないので、保育者が巻いて渡し、子どもが開くのを繰り返しましょう。

開いた開いた

ここがポイント

● 色の組み合わせを変えて、いろいろ作っておくといいでしょう。
● 開いたときに出てきた絵に反応する子どもの様子に応じて、「お花があったね」「りんご、見〜つけた」などの言葉を添えましょう。
● 入れものを用意し、出し入れできるようにしても喜びます。

掛けてあそぶおもちゃ

目と手の協応を促すおもちゃを2種類、紹介します。

S字フック掛け

準備
- ★子どもの手に収まりやすい小さめのS字フック
- ★壁掛けネット
- ★壁掛けネットを掛けるための大きめのS字フック

あそび方例
ベッドの柵や、腰窓の枠の溝、窓のレールなどを利用して掛けた壁掛けネットに、S字フックを引っ掛けてあそびます。

ここがポイント

- ●壁掛けネットから外すことはまだ難しいので、たくさん用意して掛けるあそびを楽しみましょう。
- ●段ボール箱や大きめの空き箱の縁に掛けておくのも楽しいです。掛けてあるS字フックを取ったり、まねをして掛けたりしてあそびます。

掛かったね！

リング掛け

準備
- ★段ボール板　★キッチンペーパーなどの紙芯　★ガムテープやセロハンテープの紙芯　★透明テープ
- ★ビニールホースを輪にした物　★カッター　★ガムテープ　★荷造り用のひも

作り方

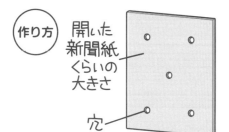

開いた新聞紙くらいの大きさ
穴

①段ボール板に適度な間隔を空けて、キッチンペーパーなどの紙芯をはめる穴をカッターでいくつか開ける。段ボール板の縁は透明テープなどでカバーする。

ガムテープ

②キッチンペーパーなどの紙芯を①の穴にはめて、裏側から図のように処理し、動かないように固定する。

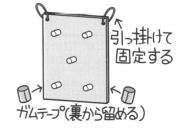

引っ掛けて固定する
ガムテープ（裏から留める）

③荷造り用のひもや、ガムテープで四隅を固定する。

あそび方例

ガムテープやセロハンテープの紙芯、またはビニールホースで作った輪を掛けたり、取ったりしてあそびます。

ここがポイント

- ●ガムテープやセロハンテープの紙芯は、布で覆って補強しておくと繰り返し使えます。
- ●設置はそれぞれの環境に合わせますが、ポイントは動かないようにしっかり固定することです。立って掛けたり、しゃがんで掛けたりしてあそぶので、目と手の協応だけではなく、姿勢の転換を楽しむあそびにもなります。

「ちょちちょちあわわ」

膝に抱いたり、向かい合わせになったりして、子どもの手を取ってあそんでみましょう。

ちょちちょちあわわ　*わらべうた*

ちょちちょち　あわわ　かいぐりかいぐり　とっとのめ　おつ　む　てんてん　ひじとん　とん

あそび方例

♪ちょちちょち
①手を2回たたく。

♪あわわ
②3回、口に手を当てる。

♪かいぐりかいぐり
③胸の前で両手を回す。

♪とっとのめ
④子どもの手のひらを、保育者が人さし指で3回つつく。

♪おつむてんてん
⑤両手で2回、頭を軽くたたく。

♪ひじとんとん
⑥子どもの肘を保育者がとんとんと2回軽くたたく。

ここがポイント

●繰り返していくうちに、子どもが自分でしぐさを楽しむようになります。また、高月齢児であれば、最初から向かい合わせでしぐさを見せてやり取りを楽しむこともあります。子どもの育ちや様子に応じて、臨機応変に楽しみましょう。

●「♪ひじとんとん」を、「♪ひざとんとん」、「♪はらぽんぽん」、「♪かたとんとん」などに替えて、アレンジしてみるのも楽しいです。

「いまないたからすが」

子どもと向かい合って両手を持ち、目を合わせながらしぐさを楽しみます。

いまないたからすが　*わらべうた*

い　ま　ないた　からすが　もう　わらっ　た

あそび方例

♪いまないたからすが
①持った子どもの両手で子どもの顔を隠し、上下に4回動かす。

♪もうわらった
②両手を左右に開き、上下に4回動かす。

ここがポイント

●最後の「♪た」を「♪たー」と伸ばして強調せず、短く軽く終わり、子どもの両手を持ったまま止めて待ってみましょう。子どもによって、さまざまな反応があります。

ほっとする空間作り

ほっと落ち着く環境作りの簡単アイディアです。

アイディア例

A ちょうど子どもが入れるサイズの丈夫な段ボール箱を設置しましょう。

水 こちら側のみガムテープで留める

段ボール板を挟む

B 段ボール板とペットボトルで、保育室を仕切りましょう。子どもの視界からは、周囲が遮られ、囲まれている感じになります。敷物を敷き、ちょっとしたおもちゃを用意しておくといいでしょう。

ここがポイント

●あちこち移動して探索を楽しむ姿がある一方で、こぢんまりとしたスペースを好む姿もあります。子どもは、起きている間中、ずっと活発に動くわけではありません。「何もしない」ことや、「一人であそぶ」ことを選択できる豊かな環境が必要です。

C 部屋の隅に、クッションやマットを置いて、休息できるスペースを作っておくのもオススメです。

靴選びのポイント

はじめての靴を選ぶ保護者に、子どもの足の特徴や靴選びのポイントをわかりやすく伝える、子育て支援のアイディアです。

子どもの足と大人の足は違う

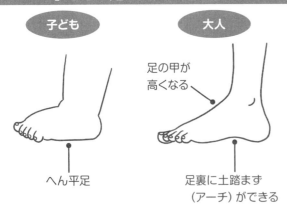

子ども 大人

足の甲が高くなる

へん平足

足裏に土踏まず（アーチ）ができる

ここがポイント

●足に合わない靴を履き続けると、身体の成長や骨の形成に影響を及ぼします。わかりやすい図を添えて、クラスだよりなどで靴選びのポイントを伝えましょう。

靴選びのチェックポイントは4つ

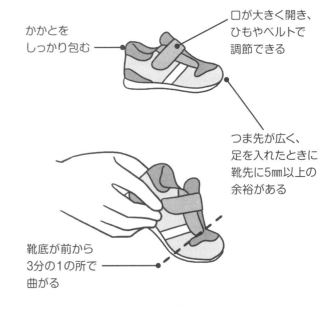

かかとをしっかり包む

口が大きく開き、ひもやベルトで調節できる

つま先が広く、足を入れたときに靴先に5mm以上の余裕がある

靴底が前から3分の1の所で曲がる

バランスお手玉

歩きはじめの子が、
安定した歩行を楽しめるおもちゃです。

準備 ★布（40×30cm、2枚） ★ペレット（400gくらい）
★綿テープ（厚手、幅3cm×長さ70cmくらい） ★糸と針（または、ミシン）

首に掛けることで、重心が下がり、歩行が安定します。

作り方

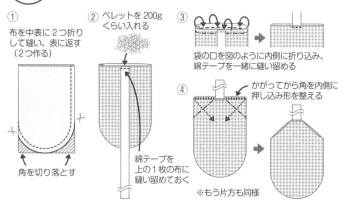

① 布を中表に2つ折りして縫い、表に返す（2つ作る）

角を切り落とす

② ペレットを200gくらい入れる

綿テープを上の1枚の布に縫い留めておく

③ 袋の口を図のように内側に折り込み、綿テープを一緒に縫い留める

④ かがってから角を内側に押し込み形を整える

※もう片方も同様

ここがポイント

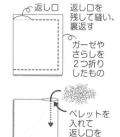

● 手縫いの場合、袋の縫い目からペレットがこぼれ出ないように小さい縫い目にしましょう。ガーゼやさらしで簡単な袋を作り、ペレットを入れてとじた後、①の袋に入れると安心です。

返し口

返し口を残して縫い、裏返す

ガーゼやさらしを2つ折りしたもの

ペレットを入れて返し口をかがる

● ふだんは子どもの手が届かない場所に保管し、子どもがあそんでいるときは、目を離さずそばで見守ります。

歩くあそび

歩行のプロセスに合わせたあそびのアイディアです。「ここがポイント」も必見！

あそび方例

ハイガードからミドルガードスタイルの頃は、「あしあし あひる」を、ローガードになったら「どんどんばしわたれ」を、子どもの歩くペースに合わせたテンポでゆったりうたいながら一緒に歩きます。

大型ブロックや大型積み木を並べて道を作って歩くのも楽しい。

ここがポイント

① ハイガード
歩きはじめのスタイル。両肘を曲げて上げる。足は肩幅より開き、膝を伸ばして歩く。手をつなぐときは必ず両手。保育者が手を握るのではなく、子どもが保育者の人さし指と中指を握る。肘が肩より上がらないように、支える高さに気をつける。

② ミドルガード
やや腕が下がり、肘もわずかに伸びて、足の開き具合も少し狭くなる。ハイガードよりは歩行が安定してくる。

③ ローガード
両腕は身体の脇に下がり、足の開き具合は肩幅と同じくらいになる。安定した姿勢。

どんどんばしわたれ わらべうた

どん どん ば し わ た れ さあ わ た れ
こん こ が で る ぞ さあ わ た れ

あしあし あひる わらべうた

あし あし あ ひる かか とを ねらえ

保育のアイディア（11月）

127

かばんを持って | 歩行スタイルがローガードになった頃、持って歩けるかばんを用意しましょう。

環境作り

- 子どもの手が届く高さに、持ちやすいかばんを掛けておく。ワイヤーネットとS字フックを使うと便利。
- かばんの持ち手は、2つに分かれているタイプより、1つのほうが子どもには使いやすい。持ち手が2つに分かれていると、かばんの口が閉じ気味になるため、口を開けながらものを入れるという種類の違う動作を同時にしなくてはならず、0歳児にとっては、難しい動作になる。
- 適当なかばんがない場合は、小さなバケツでもOK。その場合は、床や棚に並べて置いておく。

ここがポイント

かばんは大きすぎるのはもちろんですが、小さすぎるのも使いにくいです。持ち手を含めて長さ30〜40cm、幅30cmくらいの、ある程度おもちゃが入る大きさがいいです。子どもがあそぶ様子を見ながら、いろいろ試してみるといいでしょう。

お出掛けあそびのおもちゃ | 子どもの手にぴったりの小さなかばんタイプのおもちゃです。

準備

★紙パック（1000ml）　★すずらんテープ　★布　★手芸用の接着剤
★透明幅広の粘着テープ、またはブックカバー　★目打ち　★長めのひも通し、または20cmくらいの針金

作り方

①
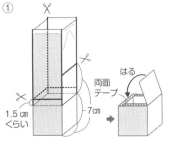
1.5cmくらい　7cm　両面テープ　はる

紙パックを図のように切って、立方体を作る。

② 全体を布でくるみ、手芸用の接着剤で留めた後、透明幅広の粘着テープで覆う。

すずらんテープは三つ編みにする。

③ 目打ちでひもを通す穴を開ける。
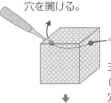
三つ編みにした持ち手をひも通し（または、2つに折った針金）などで穴に通し、しっかり結んで輪にする。

結び玉は箱の中に隠れるように引っ張る。

ここがポイント

- 何も入れない空っぽの箱と、紙パックの残りを刻んだものを入れた箱を作ると、音がする箱としない箱ができて楽しいです。

エピソード

腕に掛けることが楽しくて、腕からあふれるほどたくさん掛けて歩いています。また、歩く前の座ってあそんでいる子にも人気で、持ち手をもってバッグを振って楽しんでいます。音ありと音なしを確かめているのかもしれません。子どもたちがいつでもあそびたいときに手に取れるように、棚にたくさん並べています。

「ととけっこー」

布を使うわらべうたあそび。
「いない いない ばあ」が大好きな子どもたちとあそびましょう。

あそび方例

♪ととけっこー　よがあけた
①布を顔の前に下げて、顔を見せたり隠したりする。

♪まめでっぽう　おきてきな
②顔を隠したまま、布を左右に揺らす。

③うたが終わったら、「おはよう」と言いながら顔を見せる。または、ふわっと布を放り投げる。

おはよう

ととけっこー わらべうた

ととけっ　こー　　よ　が　あけ　た

まめでっ　ぽう　　お　き　て　き　な

ここがポイント

- シフォン布のような透けて見える布がいいでしょう。
- 子どもの分も用意して、一緒にあそぶのも楽しいです。繰り返すうちに見よう見まねで動かして楽しむでしょう。

「こりゃどこのじぞうさん」

揺さぶりあそびを楽しむわらべうたです。

あそび方例

だっこで
縦抱きにしたり、足を揺らすようなイメージで背中から脇の下に手を差し入れたりして、うたに合わせて揺らす。「♪どぼーん」で少し高く抱き上げ、床に下ろす。

布を使って
シーツ大の布の四隅を2人の保育者が持ち、子どもをあおむけに乗せて揺らす。「♪どぼーん」で少し高く上げた後、床に下ろす。

※下に布団やマットを敷いて、安全面に配慮しましょう。

こりゃどこのじぞうさん わらべうた

こ　りゃ　ど　こ　の　じ　ぞう　さん?　　う　みの

は　たの　じ　ぞう　さん　　う　みに　つ　けて　どぼーん

ここがポイント

- 揺さぶりあそびは、大脳の働きを活発にし、情緒の安定を図るあそびといわれています。寝返りやはいはいなど自分で姿勢を変え、移動できる力を獲得した子どもが対象のあそびですが、あそんでいるときの子どもの様子や表情に十分注意して行うようにしましょう。

ボールプール

だんだん動きが活発になってきた子が喜ぶあそびです。
安全にあそべる場を整え、見守りましょう。

準備
★ボールプール用のボール（直径5.5cm／軟質ポリエチレン使用）
★ビニールプール

気持ち
いいねー

あそび方例

　ビニールプールにボールプール用のボールをたくさん入れて、部屋に設置しておきます。子どもたちは出入りを楽しんだり、友達と一緒に入って顔を見合わせて笑い合ったり、それぞれに楽しみます。適当なビニールプールが用意できない場合は、段ボール箱を開いてつい立てのようにして、部屋の隅にボールプールコーナーを作っても楽しいです。

エピソード

　ボールプール用のボールは、柔らかい感触が心地よく、色もカラフルなので、部屋に設置しておくと引き寄せられるように子どもたちが集まってきます。特に、動きが活発になる秋以降は喜ぶので、出したままにしておくことが多いです。

引き車

歩行が安定してきた時期にぴったりのおもちゃを紹介します。

準備
★紙パック　★新聞紙　3枚くらい　★綿ロープ（70cmくらい）　★布　★布ガムテープ
★手芸用または木工用接着剤

作り方

①紙パックの底に穴を開ける。綿ロープを通して先に結び目を作り、抜けないようにする。綿ロープの反対側にも持ち手用の結び目を作る。

②新聞紙を丸めて紙パックに詰め、上部に切り込みを入れる。

切り込み

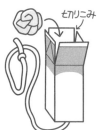

③紙パックの口を閉じ、布ガムテープで留める。

④周りに手芸用または木工用接着剤で布をはる。

あそび方例

　綿ロープを握って、車を引いて歩きます。広い所で方向転換をしたり、狭い所を通ってみたりして、いろいろな場所を歩いてみましょう。

ここがポイント

●手を通して握れるような輪を作らず、先端の結び目を握って引っ張ることで、握る力を育てます。
●中に詰める新聞紙の量を変えて、いろいろな重さの引き車を作っておくと、あそびが広がります。
●ひも付きのおもちゃなので、管理には注意し、あそんでいるときは見守りましょう。

段ボール車、出発！

歩くことが楽しい子どもたちは、引っ張って歩くあそびが大好き。ときには引っ張ってもらうやり取りに発展することもあります。

準備 ★小さめの段ボール箱　★カラー布ガムテープ　★すずらんテープ　★目打ち

作り方

段ボール箱をカラー布ガムテープで覆う

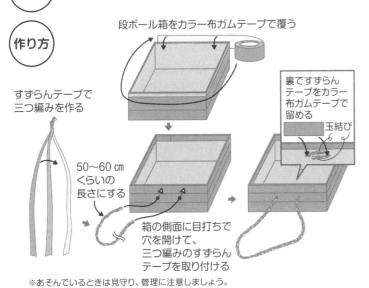

すずらんテープで三つ編みを作る

50～60cmくらいの長さにする

箱の側面に目打ちで穴を開けて、三つ編みのすずらんテープを取り付ける

裏ですずらんテープをカラー布ガムテープで留める
玉結び

※あそんでいるときは見守り、管理に注意しましょう。

エピソード

　人形を載せて、引っ張ってあそんでいます。ときには、無理やり自分が入ってご機嫌な子や、保育者に"引っ張って"とリクエストする子もいます。ふだんは自分が引っ張っているので、人形の役になって、再現を楽しんでいるのかもしれません。

引っ張るの？

握るおもちゃ

紙芯を活用した握るおもちゃを紹介します。気軽に作れるグッドアイディアです。

準備 ★紙芯　★はさみ
★布ガムテープ、または養生テープ　★ビニールテープ

作り方

①紙芯をつぶして平らにし、1/3を切り落とす。

*1/2に切っても作れます。

②紙芯が四角になるように折り直す。

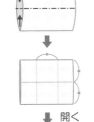

開く

両端から折り込む部分を作るために切り込みを4本ずつ入れる。

③切り込んだ部分を山折りにする。

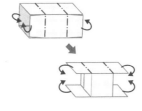

④

サイコロ状の形に整え、養生テープや布ガムテープで全体を覆った後、ビニールテープを箱全体に巻く。

ここがポイント

●手の中にすっぽり収まる大きさなので、握り込んで感触を楽しんであそびます。いろいろな色で多めに作っておきましょう。

●紙芯の長さを生かして、直方体を作ることもできます。その場合は、作り方①を割愛します。

●直方体にはるビニールテープの色数を増やして、電車や車にすれば、高月齢児の電車あそびのおもちゃにもなります。

前方を斜めにすれば、さらに車っぽい感じに。

「かってこ かってこ」

歩行姿勢が安定して、両腕を下ろして歩いている子を対象にしたあそびです。

あそび方例

向かい合わせになって、子どもが保育者の親指を軽く握る感じで手をつなぎます。

保育者の足の甲に子どもを乗せ、うたに合わせて前後に動きましょう。

ここがポイント

●一緒に動く楽しさが感じられるように、子どもの動きにテンポを合わせてうたいましょう。途中の「♪なんまんだ」で、いったん動きを止めるのも、アクセントになって楽しいです。
●歩行が安定していない場合は、足の甲に乗せずに、子どもの歩く動きに合わせてうたいましょう。

かってこ かってこ　わらべうた

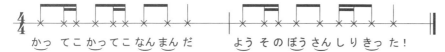

かっ　てこ かってこ なんまん だ　　よう そのぼう さん しり きっ た!

「さるのこしかけ」

保育者は足を伸ばして座り、子どもと向かい合わせになってあそびます。上下の動きが楽しいあそびです。

あそび方例

保育者は足を伸ばして座り、向かい合わせになるように子どもを膝のあたりに乗せます。

♪さるのこしかけ　めたかけろ　めたかけろ!

①子どもの上体をしっかり支えながら、うたに合わせて、膝をゆっくり上下に揺らす。

「どっしーん」

②うたい終わったら、足を開いて「どっしーん」と子どもを床に置くように下ろす。

さるのこしかけ　わらべうた

さ　るの　こしかけ　めたかけ　ろ　　めたかけ　ろ!

*さるのこしかけ＝硬くて丈夫なキノコの種類
めた＝たびたび・むやみに　めたかけろ＝「どんどん座ろう」を意味する

ここがポイント

●子どもの表情を見ながら、ゆったりとしたテンポで揺らしましょう。
●足を開いて床に下ろすときも、子どもの上体は支えたままで、むやみに大きな動きにならないように配慮します。

「あひるの行列」

保育者の歌を聴きながら、しぐさをまねしてあそびましょう。

あそび方例

歩行が安定してきた子どもたちと、ホールに向かうときなど園内を移動するときに、歌に合わせて簡単なしぐさを楽しみながら歩きます。

両手を後ろに回してあひるのしっぽを作って歩く。

あひるの行列　作詞／小林純一　作曲／中田喜直

あ　ひ　る　のぎょうれつ　ちょちょ　ちょ　ち

かあ　さんあひる　がよ　ちょ　ちょ　ちょ　ち

あ　とか　らひ　よこ　が　よ　ちょ　ちょ　ち

（あひるが鳴くように）

い　けま　でよ　ちょ　ち　があ　があ　があ

「くっついた」

しぐさがかわいい、楽しいふれあいあそびです。

あそび方例

1番 ♪ほっぺとほっぺが　くっついた
①人さし指で子どものほおを軽くつつく。

♪ちゅ!
②子どものほおにくっつけるように保育者のほおを寄せる。

♪ほっぺとほっぺが～くっついた
③①②①の順で繰り返す。

♪くっついたけど　はなれたパッ!
④くっつけたほおを「♪パッ!」で離す。

2番
1番と同じ要領で鼻と鼻をくっつけるように寄せる。

3番
1番と同じ要領でおしりとおしりをくっつける。子どもは立位、保育者は膝立ちでおしりをくっつけるが、子どもがバランスを崩して倒れないよう気をつける。

4番 1番と同じ要領でおなかとおなかをくっつける。

ここがポイント

● 手や足など、ほかの部位をくっつけたり、テンポを変えたりして楽しんでみましょう。

● 4番の最後のしぐさを、離れずにくっついたままにアレンジしても楽しいです。その場合は、最後にぎゅーっと子どもを抱き締めましょう。歌詞も「♪くっついたけど　はなれない」と替えます。

くっついた　作詞・作曲／三枝ちひろ

0歳児のための巧技台あそび

巧技台を使って、子どもたちの発達に合わせたあそび環境を整えましょう。

あそび方例

★歩くあそび

腕が下がり、膝も伸びて歩行が安定してきた子どもは、凸凹した所やふわふわした所など、抵抗のある場所を歩くことに挑戦し始めます。少しの段差や斜面を作って、歩くことを楽しめる環境を作りましょう。

★またぐあそび

はしごを床に置いておきます。あえて、マットなどを敷かないほうがいいでしょう。はしごをしっかりと握り、またいで渡ってみましょう。はじめは横向きにまたいで渡りますが、次第に正面を向いて渡るようになってきます。

背伸びあそび

少し背伸びをして全身を伸ばすあそびです。特に体側部を刺激します。

あそび方例

やっと手が届く高さに結んであるひもを引っ張ってほどいたり、引っ掛けてある輪を取ろうとしたりするあそび。つま先立ちで、手を伸ばすことで、全身を大きく伸ばします。ほかに、保育者が持つ箱にボールを入れたり、天井から下がる空気の入ったポリ袋に触って揺らしたりするあそびでも楽しめます。

＊ずり落ちないよう、きつめに結ぶ。
　何か所か、ガムテープで留めてもよい。
＊安全面に留意して見守りながらあそびましょう。

ビーズリング×ペットボトル

身近な素材を使った、目と手の協応を高めるあそびです。

準備
★髪ゴム　★直径10mm程度のビーズ　★ペットボトル（500㎖）
★水、またはペレット　★多用途接着剤　★ボウル、または洗面器や空き箱

あそび方例

ボウルや空き箱に複数のビーズリングを入れ、立てたペットボトルのそばに用意します。子どもは、次々とビーズリングを手にして、少しずつ下ろしながら、なくなるまでペットボトルにはめ続けるでしょう。全てはめ終えて、保育者にできたことを知らせたら、保育者は子どもからの働きかけに共感的に応えます。

作り方

直径65mmくらい
輪にしてしっかり結び
結び目をビーズに隠す

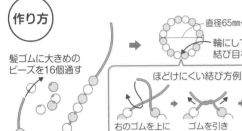
髪ゴムに大きめのビーズを16個通す

ほどけにくい結び方例
右のゴムを上に左のゴムの下をくぐらせる／ゴムを引き締める／左のゴムを上に右のゴムの下をくぐらせる／きつく結び、余分なゴムを切る（切る）

ふたの内側に多用途接着剤を付け、しっかりふたを閉める

ペットボトルに底から3分の1くらいまで水、またはペレットを入れる

ここがポイント

●ペットボトルを倒さずにはめるのは容易ではありません。子どもの様子に応じて、倒れないように手を添えたり、集中できるように場を確保したりして援助します。
●ビーズリングは、頭に載せたり、手や足にはめたり、穴落としとして使ったり、いろいろな楽しみ方ができるおもちゃです。さまざまな場面で楽しめるように、多めに作るといいでしょう。
※ビーズリングについては、髪ゴムの結び目がほどけかかっていないか、定期的に確認しましょう。

棒ビーズの穴落とし

ビーズで作ったスティックは、凸凹があるのでつまみやすく、見た目もきれいです。

準備
★直径12mm程度のビーズ7〜8個　★髪ゴム　★ペットボトル

作り方
①髪ゴムの片端に玉結びを作り、ビーズを順に通す。

結び目

②通し終えたら、ビーズが動かないよう髪ゴムを少し引っ張りぎみにして、もう片方もしっかり玉結びを作る。

できた！

＊ビーズによって穴の大きさが違うので、玉結びの大きさを調整して、抜けないように気をつけましょう。また、口に入れたりしないよう注意して見守ります。

あそび方例

少し細めで握りやすい200㎖の小さなペットボトルを用意し、ペットボトルの口に棒ビーズを入れてあそびます。

「かんてきわって」

うたに合わせた動きが楽しいわらべうたです。
子どもたちはあそびのおしまいのところが大好き。

あそび方例

**♪かんてきわって〜
　　しかられて**

①子どもと向かい合い、両手をつないで、上下に振る。

♪おかして　たまらん

②手をつないだまま、保育者が自分の肩を左右交互に4回上下させる。

♪あいたたの

③①の振りに戻り、つないだ手を2回上下させる。

♪た

④つないだ両手を子どもの頭の上に乗せる。

ここがポイント

●あそび方④では、子どもの頭のほか、肩や膝、あるいは保育者の頭など、いろいろ場所を変えるのもわくわく感が増します。

●最後の「♪た」の前に少し間をおいて、期待感を高めるのも楽しいです。

かんてきわって　わらべうた

かん　て　き　わっ　て　すり　ば　ち　わっ　て　し　か
ら　れ　て　お　かし　て　た　まらん　あい　たた　の　た

「くまさん　くまさん」

まねっこが大好きな時期に一緒にあそびましょう。
しぐさを楽しむわらべうたです。

あそび方例　＊しぐさの内容は保育者の動きを指しています。

♪くまさん　くまさん

①手拍子を4回する。

♪まわれみぎ

②その場で回る。

**♪くまさん　くまさん
　りょうてをついて**

③手拍子を4回した後、しゃがんで床を4回手のひらでたたく。

**♪くまさん　くまさん
　かたあしあげて**

④手拍子を4回した後、ケンケンをする。

**♪くまさん　くまさん
　さようなら**

⑤手拍子を4回した後、お辞儀をする。

くまさん　くまさん　わらべうた

くまさん　くまさん　まわれみぎ　くまさん　くまさん　りょう　て　を　ついて
くまさん　くまさん　かたあし　あげて　くまさん　くまさん　さよう　なら

ここがポイント

●本来は幼児向きのあそびですが、動作が大きく、メリハリがあるので、0歳児も大好きです。子どもがまねしやすいように、保育者は大きく動き、少しゆっくりめにうたいましょう。動きやしぐさは、その子なりの表現で構いません。

「おでこさんをまいて」

向かい合ったり、膝に抱いたりしてあそびます。

あそび方例

♪おでこさんをまいて
①子どもの額を4回なでる。

♪めぐろさんをまいて
②目の周りを右→左→右→左となでる。

♪はなのはしわたって
③鼻筋を上から下へ4回なでる。

♪こいしをひろって
④鼻の穴を左2回→右2回と軽くつまむ。

♪おいけをまわって
⑤口の周りを巡るように4回なでる。

♪すっかりきれいになりまし
⑥顔の周りをぐるりと1回なでる。

♪た
⑦頭を軽く押さえる。

おでこさんをまいて　わらべうた

お でこさんを まいて　め ぐろさんを まいて　は なのはし わたって

こいしを ひろって　おいけを まわって　すっ かりきれいに なりました

ここがポイント

●顔は敏感な部位なので、触られることを嫌がる子もいます。顔を触ることにこだわらず、子どもの様子に合わせて、膝や手など、触る場所を変えてあそびましょう。

「あくしゅでこんにちは」

園で楽しんでいるあそびと、一般的なあそびの2例を紹介します。

あそび方例①

ふだんのあそびで親しんでいる抱き人形などを動かして見せながら、楽しい雰囲気で歌います。また、子どもと一緒に歩きながら歌っても楽しいです。

あくしゅでこんにちは　作詞／まど・みちお　作曲／渡辺 茂

1. て く て く て く て く あ る い て き て
2. も にゃ も にゃ も にゃ も にゃ お は な し して

あ く しゅ で こ ん に ち は ら
あ く しゅ で さ よ う な ら

ご き げ ん い か が
ま た ま た あ し た

あそび方例②
一般的に伝わっているしぐさを楽しむあそび例です。子どもがまねしやすいしぐさだけ取り上げて一緒に楽しんでもいいでしょう。

1番

♪てくてくてくてく あるいてきて
①思い思いに歩く。

♪あくしゅで こんにちは
②握手のように手を握る。

♪ごきげんいかが
③片手ずつ順に胸に置いて交差させる。

2番

♪もにゃもにゃ もにゃもにゃ おはなしして
④口元に両手を持っていき、指を開いたり閉じたりする。

♪あくしゅで さようなら
⑤1番と同様に手を握る。

♪またまた あした
⑥両手でバイバイをする。

積んで並べて いろいろ積み木

形や大きさ、重さの違う手作り積み木のアイディアです。どれも身近な素材を使うので、少しずつ作り置きしてみましょう。

準備

〈立方体の積み木（小）〉　★スポンジ（4cm角）　★フェルト　★糸と針

〈立方体の積み木（大）〉　★紙パック（1000㎖）　★フェルト　★新聞紙　★布ガムテープ　★糸と針

〈円柱の積み木〉　★ミルク缶　★キルティング布　★布ガムテープ　★糸と針

〈直方体の積み木〉　★紙パック（1000㎖）　★フェルト　★新聞紙　★布ガムテープ　★糸と針

作り方

★立方体（小）

① フェルト×2枚

4cm／12cm

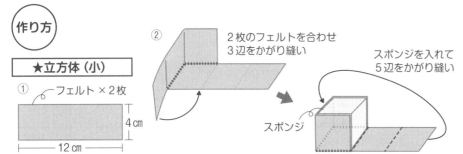

② 2枚のフェルトを合わせ3辺をかがり縫い

スポンジ

スポンジを入れて5辺をかがり縫い

★立方体（大）

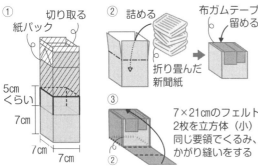

① 紙パック／切り取る

5cmくらい／7cm／7cm／7cm

② 詰める　折り畳んだ新聞紙　布ガムテープ留める

③ 7×21cmのフェルト2枚を立方体（小）と同じ要領でくるみ、かがり縫いをする

★円柱

① 切り込む

キルティング布をミルク缶の上下よりひと回り大きく切り、かぶせて布ガムテープで留める

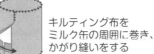

② キルティング布をミルク缶の周囲に巻き、かがり縫いをする

★直方体

① 立方体（大）と同様に折り畳んだ新聞紙を詰めて布ガムテープで留める

4隅を切り込む

紙パック

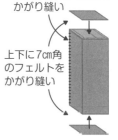

② 19.5×28cmのフェルトで4面全体をくるんでかがり縫い

上下に7cm角のフェルトをかがり縫い

あそび方例

★立方体（小）

軽くて、片手でつかめる大きさなので、積んだり、並べたりしてあそびます。かばんや空き容器に出し入れしてあそぶ子もいます。

★立方体（大）

中に新聞紙を詰めてあるので、安定性があり、積んであそぶ姿がよく見られます。

★円柱

壁に沿わせれば、両手で持って高く積みあげます。自分の身長ほどの高さまで積むことができ、全身を動かすあそびにもなります。

★直方体

しっかり新聞紙を詰めているので、重さを感じる積み木です。重いものを持ち上げるために全身を使う経験を楽しみます。時には、床に置いたまま押して動かしたり、上に乗ったり、いろいろな動きを試そうとする姿も見られます。

ここがポイント

●積み木は、積んだり、並べたり、抱えたり、一人一人の子どもがいろいろなあそびを楽しむことができるおもちゃです。子どもの姿に応じて、必要な広さや場所を確保し、じっくりあそべる環境を整えることが大切です。

カラーセロハンを入れる

カラーセロハンのきれいな色や感触を楽しみながら、ペットボトルに入れるあそびです。保育者とのやり取りもこのあそびの魅力の1つです。

あそび方例

最初は保育者がカラーセロハンをペットボトルの口に入れて見せます。興味をもった子に、カラーセロハンを渡し、様子によってはペットボトルが動かないように支えて援助します。

子どもが入れたカラーセロハンを「出てきた！」などと言って引っ張り出し、「はい、どうぞ」と渡すと、子どもはまた挑戦。入れば、"取って"と差し出すので、また出して渡しましょう。入れるおもしろさにやり取りの楽しさを加えると、繰り返しあそびます。

準備
★名刺大程度に切ったカラーセロハン
★ペットボトル（350㎖）

ここがポイント

●何度か繰り返した後は、ままごとあそびのジュースにみたてても楽しいです。その際は、ペットボトルのふたをして、取れないように多用途接着剤で留めて固定します。
●光を透過するときれいなので、窓辺に置いて楽しむのもいいでしょう。

お手玉あそび

昔ながらのお手玉を使った、0歳児から楽しめるあそびです。

あそび方例

★低月齢児向き★握って放す

握ったお手玉を空き容器に落とすあそびです。握ったものを放すという手の動きを自分で確かめてあそんでいく中で、子どもは手を放すとものが落ちることを知ります。

空き缶のような音がする容器や、パスタ用の筒形容器のような高さのある容器など、材質や形状の違う空き容器を用意しておくと、楽しいです。

★高月齢児向き★載せて落とす

頭の上にお手玉を載せ、「こんにちは」とお辞儀をして、お手玉を足元に落とします。お手玉ならではの重量感と落ちるときの感触を楽しみましょう。落ちないようにと身体を緊張させたり、落とそうと力を抜いたりして、ボディイメージの形成につながります。

ほら
落ちた

お手玉を1個、2個と増やして載せても楽しい。

スリットタイプのぽっとん落とし

ぽっとん落としの中では難しいタイプです。エピソードで、このあそびを楽しみはじめたタイミングを紹介しています。

準備 ★ラミネートフィルム ★フェルト ★はさみ ★カッター ★針と糸 ★ふた付きプラスチック保存容器

作り方 ①

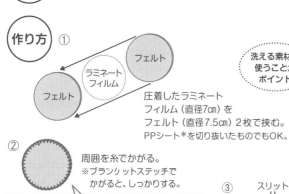

圧着したラミネートフィルム（直径7cm）をフェルト（直径7.5cm）2枚で挟む。PPシート*を切り抜いたものでもOK。

洗える素材を使うことがポイント。

*PPシートは100円ショップやホームセンターで扱っています。

②

周囲を糸でかがる。
※ブランケットステッチでかがると、しっかりする。

① 縁から少し離れた所に針を刺す。
② 糸をかける　次の1針を表から刺し、糸をかける。
③ 糸をかける　次の1針も同じように繰り返す。
④ 糸をくぐらす　最後は裏で玉結びする。

③

スリット　保存容器

保存容器のふたに②が入る大きさのスリットを入れる。

エピソード

最初は、丸い札だけ集めたり、箱に入れたりしてあそんでいましたが、そのうち、ベッドとマットの間や棚と棚との間など、すきまを見つけて差し込むようになりました。そんな姿に応えて、保育者が「ほら、ここにも入れられるよ」とスリットを入れた容器を見せると、ぽっとん落としを楽しむあそびに広がりました。

ファスナーあそび

ファスナーの開け閉めが楽しい、手指を使うおもちゃです。

準備 ★ファスナー（長さの違うもの）　★洗濯ネットなどメッシュタイプのファスナー付き袋
★厚手の布　★綿ロープ　★針と糸

作り方

A

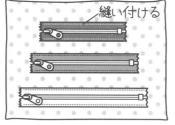

縫い付ける

スカーフ大の厚手の布にファスナーを3〜4本縫い付ける。

順に長くしていくと、長さの違いも楽しめる。

B

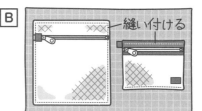

縫い付ける

適当な大きさの厚手の布に洗濯ネットなどを1〜2枚縫い付ける。

A **B** ともに綿ロープを縫い付け、ベッドの柵などにしっかりと固定する。

縫い付ける　（裏）

ここがポイント

●ファスナーの持ち手は大きめのもののほうがつまみやすく、力を入れて開け閉めしやすいです。

●袋の中には子どもたちの興味を引きそうなものを入れておき、ファスナーを開けて取り出したい気持ちを刺激してみましょう。

「どてかぼちゃ」 | 全身を使って揺れる感覚を一緒に楽しみましょう。

あそび方例

♪おうちの　どてかぼちゃ　ひにやけて　くわれない

①高月齢児の場合は、子どもと保育者が向かい合って両手をつなぎ、うたに合わせて左右に揺れる。

②うたい終わった後、「どっしーん」と声をかけて、手をつないだまま座り込んだり、ぎゅっと抱きしめたりする。

どてかぼちゃ　わらべうた

ここがポイント

● 左右に揺れるときは、傾いたときに反対側の足のかかとが床から離れる程度に揺れると喜びます。

● 低月齢児の場合はつかまり立ちをした状態で左右に揺れることを楽しんだり、座位で両手をつないで上半身を左右に揺らしたりするといいでしょう。

「なべなべそこぬけ」 | 2人1組になって楽しむ幼児向きのあそびを、低年齢児向きにアレンジしたアイディアです。

あそび方例

A　しぐさを楽しむ

♪なべなべそこぬけ　そこがぬけたら
①うたに合わせて身体を左右に揺らす。

♪かえりましょ
②その場でくるりと回る。

B　保育者とあそぶ

♪なべなべそこぬけ　そこがぬけたら
①保育者と手をつなぎ、左右に揺れる。

♪かえりましょ
②片方の手を外し、残っている片方の手を保育者に支えてもらいながらくるりと回る。

ここがポイント

● 低月齢児の場合は、子どもをだっこして左右に揺れ、「♪かえりましょ」でゆっくりその場を回ります。

● あそびBの②は、保育者が動きをリードするのではなく、子どもが自分から回ろうとするのをサポートする感じであそびましょう。

なべなべそこぬけ　わらべうた

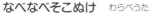

散歩を楽しむ

歩くことがうれしくて仕方がない子どもたちが
散歩を楽しむための保育のポイントを紹介します。

ここがポイント

1 子どもにわかりやすい目標

近所の公園の築山を指して、「あのお山まで行ってみよう」などと、子どもがわかる目標を決めて歩いてみましょう。

2 感触の違いを感じる場所

アスファルトの道路と、公園の土の上と、感触の違いを感じる場所を探してみましょう。

3 緩やかな坂道

坂道を上ったり、下りたりして、バランスをとって歩ける場所も喜びます。

4 同じコース

いつも同じコースを通ることで、いつも会える人や物を楽しみにするようになります。また、一度通っただけでは気づかなかった物を発見します。

5 子どもの目の高さを体験してみる

ときどき、子どもの目の高さで見てみます。散歩中も、子どもの発見に共感できるかかわりを工夫しましょう。

つもりあそびを楽しむ子どもたちに

思い思いに、つもりやみたての
世界を楽しむ子どもたちのた
めのグッズを紹介します。

あそび方例

★バンダナ

いろいろなものを包んでバッグのようにしたり、ランチョンマットのようにしてままごとで使ったり、マントのように身に着けたり、使い方はいろいろ。バッグやマントへの活用は、子どもの様子に応じて「こんなふうにすると楽しいよ」と提案すると、次からはやってほしくてバンダナを持ってリクエストしてきます。色違いで何枚も用意し、子どもが取り出しやすい位置に置いてあります。

★簡単掃除機

掃除機に興味津々の子どもたち。保育者が掃除機を出すと集まってきて、保育者が掃除機を使う様子をまねていたので、新聞紙とカラーガムテープで「掃除機」を作りました。すっかりその気になって、「掃除機」を使っています。1人が始めると、ほかの子もやりたくなるので、簡単な作り方でいくつか用意しています。

作り方

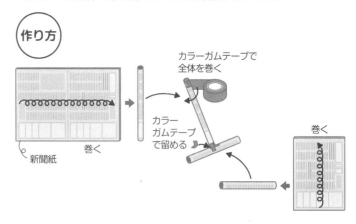

カラーガムテープで
全体を巻く

カラー
ガムテープ
で留める

新聞紙　　巻く

巻く

毛糸のポンポン

食べ物にみたててあそんでみましょう。
フワフワした感触も気持ちいいおもちゃです。

準備　★毛糸　★厚紙で作った台紙　★はさみ

作り方

①台紙に毛糸を50〜60回巻き付け、中央を別の毛糸できつく結ぶ。

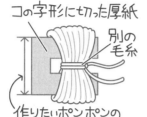

コの字形に切った厚紙
別の毛糸
作りたいポンポンの直径よりやや大きめ

②毛糸を台紙から外し、輪になった部分をはさみで切り離す。

③毛糸を切って丸く形を整える。

①で結んだ糸の端も切る

ここがポイント

●台紙は作りたいポンポンの直径より少し大きめにします。
●直径5〜6cmくらいのものをいろいろな色で作るといいです。レンゲやおたまなどですくったり、容器に入れたりしてあそんでみましょう。

人形は特別なおもちゃ

人形は子どもにとって、特別なおもちゃといわれています。
その理由を子どもの姿を通して紹介します。

子どもの姿

　1歳を過ぎた頃から、人形やぬいぐるみをかわいがり、抱き締めるようなしぐさをして、ほかのおもちゃには見せない特別な感情を表現します。これは、身近な大人からの愛情深いふれあいを通して育まれた感情が基盤となっています。

　人形を寝かせたり、ままごとの道具を使って食べさせようとしたりして、ふだん自分がしてもらっていることを、人形を通して再現します。

　まだ手首を柔らかく動かすことが難しいので、人形の扱いが荒っぽく、抱き方などもぎこちないです。また、人形の顔に布が掛かっていても気にする様子はありません。

保育者のかかわり例

名前をつけて

　人形は子どもの分身といわれています。保育者が扱うときは、子どもに接するように丁寧に扱いましょう。人形に名前をつけて、その名前で呼ぶことも大切です。子どもは保育者のしぐさをまねしながら、人形とのやり取りを楽しみます。

乱暴な扱いを注意する必要はない

　もしも子どもが人形を乱暴に扱ったとしても、注意するのではなく、人形を抱き上げ「よしよし」「痛かったね」などと言って、そっと座らせたり、寝かせたりしましょう。

片づけるときは所定の位置に丁寧に

　人形を片づけるときは、ほかのおもちゃとは扱いを別にして、座らせる棚や寝かせるベッド、専用のラックなどを用意します。「じゃあ、ここにお座りしてもらうね」「ねんねだね」と話しかけながら、戻しましょう。

「べんけいが」

座位が安定してくる頃、はいはいを楽しむ頃、喜んで歩く頃と、それぞれの時期で楽しめるわらべうたを紹介します。

あそび方例

凸凹や段差がある場所を、うたいながら歩きます。歩行が安定してきて、いろいろな場所を歩きたい子どもと両手をつないで、バランスを崩さないように支えながら、一緒に楽しみます。

♪うんとこどっこいしょ
　うんとこどっこいしょ

ここがポイント

● はいはいをしている子には、なだらかな坂やクッションの山などを作り、はいはいで越えるときにうたって楽しい雰囲気を作るといいでしょう。
● 座位がしっかりしてきた子には、人さし指と中指を使って、子どもの手の甲から腕・肩・頭と歩くように動かすなど、ふれあいあそびとしても楽しめます。

♪べんけいが～

べんけいが　わらべうた

べんけいが　ごじょうの　はしを　わたるとき　うんとこどっこいしょ　うんとこどっこいしょ　うんとこどっこいどっこいしょと　ゆてわたる

「おてぶし てぶし」

本来は、当てっこを楽しむあそびですが、0歳児は保育者とのやり取りを喜びます。ゆったりとした雰囲気でやり取りを楽しみましょう。

あそび方例

♪おてぶし てぶし～まるめておくれ
① お手玉や小さなマスコット人形、シフォン布などを両手の中に隠して持ち、手を上下に振りながらうたう。

♪いーや
② 手の中のものを素早く片方の手に握った後、手を開いて見せる。

ここがポイント

● 広く伝わっているあそび方は、②でどちらかの手に握り、子どもがどっちに入っているかを当てて楽しみます。0歳児の子どもたちは、まだ当てることにはそれほど興味はありませんが、うたの最後に保育者が手を開いて持っていたものを見せるしぐさを喜びます。子どもたちが好きなおもちゃや、開いたときの変化が楽しいシフォン布などを使ってあそびましょう。

おてぶし てぶし　わらべうた

おてぶし　てぶし　てぶしの　なかに　へ　びの　なまやけ

かえるの　さしみ　いっちょばこ　やるから　まるめて　おくれ　いーや

「もぐらもっくりしょ」

その日の子どもの様子や育ちに応じて、
あそび方を変えてみましょう。

あそび方例

A だっこやおんぶで

おんぶしたり、だっこしたりして、
うたいながら歩きます。

♪もぐら もっくりしょ

B 両手をつないで

向かい合わせで両手をつなぎ、
うたに合わせて歩きます。

♪きねもって どっこいしょ

ここがポイント

●おんぶやだっこでうたうとき
 は、うたに合わせて少し左右に
 揺らしても喜びます。ゆったり
 としたテンポでうたうといいで
 しょう。
●両手をつないで歩くときは、子
 どもが歩くテンポにうたのテン
 ポを合わせましょう。保育者が
 リードするのではなく、子ども
 の動きに寄り添うイメージで
 あそびます。

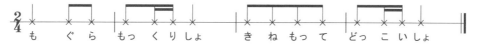

もぐらもっくりしょ　わらべうた

2/4　も　ぐら　もっ　くりしょ　き　ね　もって　どっ　こ　いしょ

「ゆっさんゆっさん」

揺れる感覚が心地よいわらべうたのあそびです。

あそび方例

♪ゆっさん ゆっさん　もものき

子どもを横抱きにして
うたいながら、ゆっくり
揺らします。

ここがポイント

●歌詞の「♪いいこに」を「♪○○ちゃんに」と子ども
 の名前を入れてもいいでしょう。
●だっこのほか、
 子どもの両手
 を取って左右に
 動かすあそび
 も楽しいです。
 高月齢児なら、
 子ども同士で
 もあそぶように
 なります。

ゆっさんゆっさん　わらべうた

2/4　ゆっさんゆっさん も ものき　も もがなったら だんにやる　い いこに みんなやる

「バスにのって」

歌に合わせて左右や上下に揺れる動きを楽しみましょう。子どもたちに人気のあそび歌です。

あそび方例

※歌詞の違う部分だけを紹介

1番 ♪バスにのって　ゆられてる（ゴーゴー）＜繰り返し＞

①保育者は足を伸ばして座り、子どもを乗せる。子どもの手を握り、膝を上下に動かす。

♪そろそろみぎにまがります（ギィー）

②歌に合わせて、上半身を右に傾けた後、体勢を戻す。

2番 ♪ひだりにまがります（ギィー）

③歌に合わせて、上半身を左に傾けた後、体勢を戻す。

3番 ♪ガタゴトみちです（ギィー）

④子どもを乗せた足を大きく上下に動かす。

4番 ♪とまります（ギィー）

⑤ブレーキをかけるイメージで少しずつ前に倒した後、体勢を戻す。

バスにのって　作詞・作曲／谷口國博

ここがポイント

- ●順番にこだわらず、子どもが好きな動きを繰り返してあそびましょう。
- ●あそびに慣れてきたら、2、3人を一緒に乗せてあそぶのも楽しいです。

「手をつなごう」

友達の存在がちょっと気になってきた高月齢児向けのあそびです。

あそび方例　＊実際にあそんでいる部分のみを紹介しています。

（1番のみ）
♪てをつなごう〜まあるいまめが

①保育者の歌を聞きながら、手をつないだ友達と歩く。

♪ポンポンポン

②手をつないだまま、膝を屈伸させる（ジャンプのつもり）。

♪おなべのなかではねました

③つないだ手を前後に揺らす。

ここがポイント

- ●本来は歌詞が3番までありますが、あそぶときは1番のみを繰り返したほうが喜びます。
- ●「さあ、始めましょう」というあそびではないので、例えば子ども同士が手をつないでいる姿に合わせて歌うなど、臨機応変に楽しい場面を作りましょう。

手をつなごう　作詞／中川李枝子　作曲／諸井 誠

0歳児の 指導計画

　年間指導計画は、期ごとと、発達を踏まえた月齢区分ごとの計画を掲載しています。月齢区分ごとの計画の「保育の内容」では、0歳代は3つの視点を、1歳以上は5つの領域のどれに当たるかをマークで示しました。
　月の計画では、毎月のクラス案と、低月齢から高月齢まで5人の子どものそれぞれの姿と発達を踏まえた個別の計画を紹介します。あわせて、絵本と歌の保育資料も月ごとに掲載しています。

監修　片川智子（鶴見大学短期大学部准教授）
協力　新杉田のびのび保育園（神奈川県横浜市）

●年間計画、月の計画のデータは、付録のCD-ROMに収録しています。
また、下記からダウンロードすることもできます。

0歳児の保育
https://hoikucan.jp/book/012saijinohoiku/0saijinohoiku/
ID　0saijinohoiku　パスワード　0star
※データの使用に際しては、P.229以降を必ずお読みください。

年間指導計画

年間保育目標

- ●一人一人の生活リズムで心地よい生活を送る。
- ●保育者と安定した信頼関係を築きつつ、思いや欲求を受け止められ、安心する。
- ●探索活動を楽しむ。

期別の計画

期	**1期** (4月・5月)	**2期** (6月〜8月)
期別のねらい	◎新しい環境に慣れ、安心して生活する。 ◎生理的欲求を満たし、心地よく生活する。 ◎保育者と一緒に安定感をもって過ごす。	◎一人一人の生活リズムで、心地よく過ごす。 ◎のびのびと身体を動かしてあそぶ。 ◎興味のあるものや場所での探索を楽しむ。 ◎水あそびやもく浴をして、暑い夏を気持ちよく過ごす。
環境の構成と配慮	◎登園時刻や食事・睡眠のリズムなど、そのときの様子に応じてグループを分け、落ち着いて生活できるように予備の部屋を有効に活用する。**(1〜4期)** ◎室温や湿度に配慮し、エアコンや空気清浄機を適宜使用し、快適に過ごせるようにする。**(1〜4期)** ◎一人一人の食べ方、食べる様子、歯の生え方などに合った離乳食を提供していく。**(1〜4期)** ◎保育者の声かけは、声をかけるタイミングや、声の大きさなどを考慮する。**(1〜4期)**	
	◎なるべく同じ場所で、同じ保育者が授乳したり、食事を援助したりして、安心して飲んだり、食べたりできるようにする。 ◎授乳に関して、一人一人の時間や量を把握し、乳首のサイズなどに配慮したうえで、優しく語りかけながら行うようにする。 ◎午睡から早く目覚めた子は、別室であそべるようにする。 ◎安心してあそべるよう、室内のスペースを分け、小さな空間やのびのびと全身を動かすことができる場所を保障する。	◎そのときどきの子どもの様子に合わせて食事を進めていき、無理強いすることがないように気をつける。 ◎静かな環境で十分に眠り、機嫌よく目覚めることができるようにする。 ◎身の回りのものに興味・関心が広がっていくので、探索活動を十分に楽しめる環境を保障する。 ◎室内でじっくりあそべるように、発達に合わせておもちゃを用意したり、活動の場を分けたりする。
健康・安全	◎健康観察や検温は毎日行い、感染症の早期発見、予防に努め、健康に過ごせるようにする。**(1〜4期)** ◎おむつ替えの後やミルクを作る前の手洗い、おもちゃの消毒など、衛生面に留意する。**(1〜4期)** ◎睡眠時、SIDS（乳幼児突然死症候群）や窒息を防ぐため、5分ごとに呼吸チェックを行う。**(1〜4期)** ◎週に1度、おもちゃや遊具などの安全チェックを行い、安全な環境で安心してあそべるようにする。**(1〜4期)** ◎床や園庭に落ちているものに気をつけ、誤飲がないように気をつける。**(1〜4期)** ◎誤食がないように、一人一人の離乳食の期やアレルギーを把握し、配膳前に複数の職員で確認する。**(1〜4期)**	
	◎新しい環境での疲れに加え、連休明けは生活リズムが崩れやすいことを踏まえ、一人一人の様子の変化に気をつける。 ◎授乳後は溢乳（いつにゅう）が気道に入ることがないよう、ゆっくりと背中をさすり、排気を促す。	◎汗をかいたときには、タオルで身体を拭いたり、もく浴をしたりして、肌を清潔にする。 ◎水分補給をこまめに行い、園庭では日陰で過ごすなど、熱中症に気をつける。 ◎水あそび中は、必ず専任の監視役を配置し、子どもの行動を常に把握する。
子育て支援	◎「ともに育てる」という姿勢をもち、家庭との連携を密にしながら、保護者の思いを受け止め、信頼関係を築いていく。**(1〜4期)** ◎感染症の予防について適切な情報を伝え、共通認識をもてるようにする。**(1〜4期)**	
	◎保護者が不安なこと、気にかかっていることを丁寧に受け止め、安心して預けられるように園での様子を伝えていく。	◎暑さで食欲が落ちたり、長い休みの後は生活リズムが乱れたりすることがあるので、様子を丁寧に伝え合うなど、健康に過ごせるようにする。

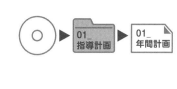

3期（9月〜12月）	**4期**（1月〜3月）	**期**
◎あそびや生活の中で、興味をもったことをやってみようとする。 ◎人への関心が高まり、かかわりを楽しむ。 ◎散歩に出掛け、秋の自然にふれて楽しむ。	◎身の回りのことへの興味が高まり、保育者と一緒にやってみようとする。 ◎保育者やほかの子と一緒に好きなあそびを楽しむ。	期別のねらい

◎登園時刻や食事・睡眠のリズムなど、そのときの様子に応じてグループを分け、落ち着いて生活できるように予備の部屋を有効に活用する。 **(1〜4期)**
◎室温や湿度に配慮し、エアコンや空気清浄機を適宜使用し、快適に過ごせるようにする。 **(1〜4期)**
◎一人一人の食べ方、食べる様子、歯の生え方などに合った離乳食を提供していく。 **(1〜4期)**
◎保育者の声かけは、声をかけるタイミングや、声の大きさなどを考慮する。 **(1〜4期)**

| ◎自分で食べたい気持ちを大切にするとともに、楽しく食べられるようにする。
◎おもちゃの内容を見直し、子どもの興味ややってみたい気持ちを育めるような環境を整える。  | ◎他児や保育者と一緒に食べる楽しさを感じられるような雰囲気を作る。
◎行動範囲の広がりや、やりたい思いに応えられるように、安全面に配慮しながら環境を整える。 | 環境の構成と配慮 |

◎身の回りのことをやってみようとする姿が見られたら、先回りしないように配慮しながら、様子を見守る。**(3〜4期)**

◎健康観察や検温は毎日行い、感染症の早期発見、予防に努め、健康に過ごせるようにする。**(1〜4期)**
◎おむつ替えの後やミルクを作る前の手洗い、おもちゃの消毒など、衛生面に留意する。**(1〜4期)**
◎睡眠時、SIDS（乳幼児突然死症候群）や窒息を防ぐため、5分ごとに呼吸チェックを行う。**(1〜4期)**
◎週に1度、おもちゃや遊具などの安全チェックを行い、安全な環境で安心してあそべるようにする。**(1〜4期)**
◎床や園庭に落ちているものに気をつけ、誤飲がないように気をつける。**(1〜4期)**
◎誤食がないように、一人一人の離乳食の期やアレルギーを把握し、配膳前に複数の職員で確認する。**(1〜4期)**

| ◎行動範囲が広がるので、戸外に出たときには保育者間で声をかけ合い、安全にあそべるように配慮する。 | ◎高い所に上ったり、階段を立位で上り下りしたりするので、そばにつき、注意して見守る。 | 健康・安全 |

◎薄着で過ごし、手足は水で洗う、着替えるときは窓を開けるなどして皮膚を刺激し、丈夫な身体作りを心がける。**(3〜4期)**

◎「ともに育てる」という姿勢をもち、家庭との連携を密にしながら、保護者の思いを受け止め、信頼関係を築いていく。**(1〜4期)**
◎感染症の予防について適切な情報を伝え、共通認識をもてるようにする。**(1〜4期)**

| ◎運動会やお楽しみ会などの行事を通して子どもの育ちをともに喜び、信頼関係を深める。 | ◎進級に向けて丁寧に説明し、期待をもって新年度を迎えられるようにする。 | 子育て支援 |

指導計画（年間）

発達を踏まえた計画　＊「発達の主な姿」はあくまでも目安です。

月齢		57日〜3か月未満	3か月〜6か月未満	6か月〜9か月未満	9か月〜12か月未満
	発達の主な姿	◎首が据わる。 ◎ものや人を目で追う。 ◎快と不快を区別し、不快なときは声を出したり、泣いたりする。 ◎静かな部屋で大人の声がするほうに頭を動かす。 ◎「あっあー」「あうー」など、母音を発する（クーイング）。	◎表情や喃語で快・不快を表す。 ◎寝返りをする。 ◎手を伸ばして、身体のそばにあるものをつかむ。 ◎自分の手に興味を示し、じっと見たり、なめたりする。 ◎あやされるとほほえんだり、声を出して笑ったりする。 ◎身近な人の顔がわかる。	◎はいはいをしはじめる。 ◎「マンマン」など、喃語が活発になる。 ◎少しずつ支えのいらないお座りをするようになる。 ◎手のひら全体でものをつかもうとする。 ◎特定の大人を追ったり、だっこされると喜んだりする。	◎はいはいやつかまり立ち、伝い歩きをする。 ◎小さなものを親指と人さし指でつまむ。 ◎ものを出したり、入れたりする。 ◎名前を呼ばれると振り向く。 ◎大人と同じものを見たり（共同注意）、見つけたものや欲しいものを指さして、大人に伝えようとしたりする（三項関係）。 ◎身近な大人の言葉やしぐさを模倣する。
養護	生命の保持	◎登園時の健康観察を丁寧に行い、家庭での様子や睡眠について、確認する。（57日〜2歳未満） ◎心地よい睡眠を保障する。	◎安心して寝返りをしたり、おもちゃをなめたり、しゃぶったりして探索活動を楽しめるよう、清潔で安全な環境を整える。 ◎家庭と連携しながら、24時間サイクルで生活リズムを整えていく。（3か月〜12か月未満）	◎母子免疫が切れて、感染症にかかりやすくなることを念頭に、体調の変化が見られたときには適切に対応する。 ◎はいはいなど、のびのびと身体を動かしてあそべるよう、安全な環境を整える。	◎活発な動きを予測し、環境に留意して事故防止に努める。（9か月〜2歳未満） ◎周囲の人やものの探索を十分に楽しめるように安全な環境を整える。
	情緒の安定	◎一人一人が生理的欲求を満たし、心地よく過ごせるようにする。 ◎応答的なふれあいや保育者からの言葉かけで、安定感をもって過ごせるようにする。（57日〜6か月未満）	◎一人一人の広がる思いや要求を受容し、子どもとの関係を徐々に作っていく。	◎表情や喃語に応答的にかかわり、子どもが安心して自分を表現していけるようにする。 ◎人見知りや後追いなどには、担任間で連携して心の安定を図っていく。	◎興味・関心を広げて探索する姿や、指さしなどで伝えようとする姿を受け止め、応答的にかかわる。 ◎発散・集中・リラックスなど、活動内容のバランスや調和を図り、適切に食事や休息がとれるようにする。（9か月〜2歳未満）

3つの視点　●…健やかに伸び伸びと育つ　◆…身近な人と気持ちが通じ合う　▲…身近なものと関わり感性が育つ

| | 保育の内容 | ●◆生理的欲求を満たし、心地よく生活する。
●◆保育者に抱かれ、ゆったりとミルクを飲み、満足する。（57日〜6か月未満）
◆表情や声に応えてもらったり、あやしてもらったりして、人とかかわる心地よさを感じる。
▲外気にふれ、心地よさを味わう。
▲動くものに興味をもち、目で追おうとする。 | ●◆おむつや衣服を替えてもらい、清潔になる心地よさを感じる。（3か月〜12か月未満）
●一人一人の生活リズムで、安心して過ごす。
●寝返りや腹ばいなど、全身を動かそうとする。
●身体の動きや表情、喃語に優しく応えてもらい、機嫌よく過ごす。
▲●おもちゃを握ったり、振ったりしてあそぶ。 | ●◆いろいろな食材に少しずつ慣れ、食べることを楽しむ。
●お座りやはいはいなど、のびのびと身体を動かしてあそぶ。
◆▲生活やあそびの中で保育者に親しみの気持ちをもち、表す。
◆喃語に応えてもらい、やり取りを楽しむ。
▲いろいろな感触のおもちゃにふれてあそぶ。
▲◆ふれあいあそびを楽しむ。（6か月〜12か月未満） | ●◆自分から進んで食べ物を持って食べようとする。（9か月〜1歳6か月未満）
●はいはい、つかまり立ち、伝い歩きなど、身体を動かすことを楽しむ。
◆▲保育者のしぐさをまねてあそぶ。
◆ほかの子の存在に気づき、かかわろうとする。
◆要求や気づいたことを保育者に指さしや喃語などで伝えようとする。
◆保育者としぐさを交え、やり取りを楽しむ。
▲●手指を使うあそびをやってみようとする。
▲●歌やリズムに合わせて身体を動かそうとする。 |

150

※アミ掛けした項目は、かっこ内表記の他の月齢枠にも当てはまります。
ここでは初出の枠だけに記入してあります。

月齢	1歳〜1歳3か月未満	1歳3か月〜1歳6か月未満	1歳6か月〜2歳未満
発達の主な姿	◎一人で立つ。 ◎一人で2、3歩あるく。 ◎積み木をつむようになる。 ◎「ブーブー」「ワンワン」など、一語文を話す。 ◎空のコップで飲むまねをするなど、「つもり」行動が表れる。	◎ものを持って歩く。 ◎つまんだものを小さな穴に入れる。 ◎大人の言葉をまねて言う。 ◎ほかの子に抱きついたり、泣いている子のそばに行ったりするなど、周囲の子への働きかけが多くなる。 ◎自我が芽生え、さまざまな思いを主張する。	◎小走りで移動したり、15cm程度の高さからとびおりたりする。 ◎友達と手をつなごうとする。 ◎「じぶんで」「○○ちゃんが！」などの自己主張が強くなる。 ◎自分のものを意識し、「○○ちゃんの」などと言う。 ◎二語文を話す。

養護				
	生命の保持	◎はう、立つ、歩くなど、のびのびと身体を動かしてあそべる安全な環境を整える。	◎身の回りのことについて、一人一人の様子に応じて適切に援助し、やってみようという気持ちを育めるようにする。	◎身の回りのことを自分でしようとする気持ちを大切に、一人一人のペースで取り組めるよう配慮する。
	情緒の安定	◎指さしや片言で自分の思いを伝えようとする姿に応答的にかかわり、伝わる喜びを感じられるように配慮する。 ◎子どもの要求や思いを受け止めるとともに、保育者の思いや願いを丁寧に伝えながら、応答の関係を大切にする。（1歳〜2歳未満）	◎一人一人の気持ちを受け止め、子どもが安心して自分の思いを出し、行動していけるようにかかわる。	◎子どものやりたい思いを受け止め、楽しさに共感しながら見守る。

5つの領域 ●…健康 ◆…人間関係 ▲…環境 ■…言葉 ★…表現

保育の内容			
●◆保育者に見守られて、おいしさを味わいながら食べる。 ●◆トイレに興味をもち、便座にすわってみようとする。（1歳〜1歳6か月未満） ●▲着脱に興味をもち、手や足を動かそうとする。 ●歩くことを楽しむ。（1歳〜1歳6か月未満） ◆ほかの子のまねや、同じ場所であそぶことを楽しむ。 ▲★水、砂などの素材にふれて楽しむ。 ▲気に入ったおもちゃでじっくりあそぶ。（1歳〜1歳6か月未満） ■◆絵本、紙芝居などを保育者に読んでもらい、楽しむ。（1歳〜2歳未満） ■◆保育者との安定した関係の中で、要求を指さしや片言で伝えようとする。 ★◆手あそびや歌を保育者と一緒に楽しむ。	●◆スプーンを使って食べようとする。（1歳3か月〜2歳未満） ●◆保育者と一緒にズボンをはこうとする。 ◆保育者の仲立ちにより、ほかの子にかかわろうとする。 ▲★身の回りのものに興味をもち、探索活動を楽しむ。 ■◆保育者と言葉を使ったやり取りを楽しむ。（1歳3か月〜2歳未満） ■◆保育者にしぐさや言葉で自分の気持ちや要求を伝える。 ★リズムに合わせて身体を動かすあそびを楽しむ。（1歳3か月〜2歳未満）	●◆ほかの子と一緒に食べる。 ●◆保育者に誘われて、便器で排尿してみる。 ●ズボンの着脱を自分でやってみようとする。 ●さまざまに身体を動かしてあそぶ。 ◆▲興味をもったあそびを、保育者やほかの子と一緒にやってみようとする。 ▲散歩に出掛け、自然にふれてあそぶ。 ▲★さまざまな素材やおもちゃを使ってあそぶ。 ■◆保育者やほかの子に、言葉で自分の思いや要求を伝えたり、保育者の話を聞こうとしたりする。

指導計画（年間）

4月

クラスの計画

4月当初の子どもの姿

●離乳食を喜んで食べる子もいれば、嫌がって食べない子やミルクを飲まない子もいる。
●だっこされると泣きやんで保育者の顔をじっと見たり、甘えたりする。
●近くにあるおもちゃを手に取ってあそぼうとする。

今月のねらい

●一人一人の生活リズムで過ごし、無理なく新しい環境に慣れる。
●保育者に生理的欲求を受け止めてもらい、安心する。

養護

●保護者と連絡を取りながら、子どもの健康状態を把握する。
●一人一人の欲求を受け止め、発達過程を踏まえた対応や援助を行う。

保育の内容

●落ち着いた雰囲気の中で楽しく離乳食を食べたり、ミルクを飲んだりする。
●一人一人のリズムで安心して眠る。
●保育者の歌声やふれあいあそびに心地よさを感じる。
●興味をもったおもちゃを握ったり、振ったりしてあそぶ。
●外気にふれて、心地よさを感じる。

環境の構成

●おむつ交換後や調乳前、また食事の介助前の手洗い、おもちゃの消毒など衛生面に留意する。
●一人一人がたっぷり眠れるように、目覚めた子が過ごす別の部屋を用意する。
●安心してあそべるように、仕切りやマットを使って小さな空間を整える。

保育者等の連携

●安心して園で生活していけるように、一人一人の健康状態や様子、保護者から得た情報を共有する。

4月末の評価・反省

●少しずつ担任との関係ができはじめてきたが、まだ不安な様子も見られるので、丁寧なかかわりを心がけていく。また、引き続き一人一人の生活リズムに合わせて、心地よい生活ができるように援助する。

個別の計画

Tちゃん（4か月・男児）

4月当初の子どもの姿	●ミルクをよく飲む。 ●午前中、ぐっすり眠る。 ●足をバタバタさせてよく動く。 ●うつぶせの姿勢から頭を上げる。 ●だっこされると泣きやんで、保育者の顔をじっと見る。
保育の内容	①生理的欲求を満たし、心地よく生活する。 ②腹ばい姿勢で機嫌よくあそぶ。 ③保育者とふれあう心地よさを味わう。 ④自分からおもちゃにかかわろうとする。
養護的な側面を含めた配慮	●"おなかがすいた""眠い"など、本児からのサインを見逃さず、温かい言葉をかけながらゆったりと授乳したり、静かな環境で眠れるようにしたりして、心地よく過ごせるようにする。① ●顔をしっかりと上げて腹ばいの姿勢を楽しめるよう、向かい合ってあやしたり、前方におもちゃを置いたりして働きかける。また、様子に応じて、胸の下にロールクッションを入れるなど、姿勢を保ちやすいように援助する。② ●本児の身体にふれながら話しかけたり、だっこしたり、表情豊かにあやしたりして、保育者とふれあう心地よさを味わえるようにする。③ ●感触がよく握りやすいおもちゃや、音が鳴るおもちゃであやし、手を伸ばしてきたら握らせてあげ、あそびたい気持ちを高めていけるようにする。④
子育て支援	●連絡帳や送迎時に、園での様子を丁寧に伝えていき、園生活に慣れていくうれしさを共有し、安心感を得られるようにする。
評価・反省	●中旬頃から家庭で離乳食を始め、喜んで食べているようなので、体調のいいときに、園でも離乳食を始めていきたい。 ●保育者がだっこしたり、あやしたりすると笑顔を見せたり、手足を動かしたりする。引き続き、人とかかわる心地よさを感じられるようにかかわっていく。

* 「評価・反省」は4月末の内容です。

Mちゃん（6か月・女児）	Jちゃん（8か月・男児）
●ミルクを120cc飲む。 ●短時間ですぐに目覚める。 ●あおむけからうつぶせに寝返りをする。 ●声をかけられると、にこっと笑って、手足を動かす。 ●おもちゃを手に取り、じっと見たり、なめたりする。	●離乳食を喜んで食べる。 ●眠くなると大きな声で泣く。 ●うつぶせの姿勢から腕をついて伸ばし、頭を上げて、周りを見ている。 ●チェーンのおもちゃをジャラジャラ鳴らしてあそんでいる。
①安心して飲んだり、食べたりする。 ②保育者に見守られて安心して眠る。 ③身体の動きや表情に応えてもらい、機嫌よく過ごす。 ④おもちゃに興味をもち、ふれてあそぶ。	①進んで離乳食を食べる。 ②安心してぐっすり眠る。 ③周囲に興味を示し、動こうとする。 ④外気にふれ、心地よさを感じる。
●なるべく同じ場所で、同じ保育者が授乳するようにし、安心してミルクを飲めるようにする。また、家庭での離乳食の進み具合を確認しながら、徐々に離乳を進め、食べることに喜びを感じられるようにする。① ●静かな環境を整え、優しく子守歌をうたったり、抱いたりして安心して眠れるようにする。眠るとき、うつぶせが落ち着くようだが、安全面に配慮し、あおむけで眠るようにする。② ●本児の笑みに目を合わせて優しくほほえみ返したり、身体の動きに合わせて言葉をかけたりするなど、応答的にかかわり、心地よさを感じられるようにする。③ ●いろいろな色や形、大きさ、感触のおもちゃを用意し、自分から手に取ってあそべる環境を整える。また、おもちゃをなめるなどして探索する時期なので、安全面に配慮し、あそんだ後は必ず消毒して、清潔を保てるようにする。④	●本児の食べたい気持ちを大切にしながら、落ち着いた雰囲気の中で、ゆったりと食事を進めていく。また、咀嚼や嚥下の様子をよく見て、調理室と連携を取り、本児に合った離乳食を提供していく。① ●眠たくて泣いているときには、すぐにそばに行き、「眠たいね」などと言葉をかけ、落ち着いて眠れるようにする。また、家庭での睡眠時間や起床時間を把握して、柔軟に対応しながら、無理なく本児のペースで生活リズムが整っていくようにする。② ●寝返りをする姿は見られないが、興味あるものや人を見ようと身体を動かすので、いろいろな角度からおもちゃを使ってあやしたり、名前を呼んだりし、寝返りを誘ってみる。寝返りをするような素振りが見られたら、背中を優しく支えながら本児が動くのを待つようにする。③ ●園庭をだっこで散歩したり、日陰のシートの上であそんだりして外気にふれ、風が吹く心地よさなどを味わえるようにする。④
●保護者が気にかかっていることなどについて、丁寧に応えたり、園での様子を具体的に知らせたりして、保護者の不安が和らぐように支援する。	●母親が4月中旬に仕事復帰の予定で、保育時間が長くなったり、土曜日に登園したりする日が出てくるので、健康状態を丁寧に把握し、情報を共有できるようにする。
●鼻水が出ていることが多かったが、機嫌よく過ごし、少しずつまとまって眠れるようになってきた。生活リズムを24時間サイクルで捉えながら、整うように配慮していく。 ●寝返りでいろいろな所に移動しながらあそんでいる。スペースを保障し、身体を動かしてあそぶ楽しさを感じている姿を十分に認めていきたい。	●離乳食は口をよく動かして食べ、口の中になくなると声を出し、教えてくれる。様子を見ながら、手づかみで食べられるものもメニューに加えていきたい。 ●寝返りができるようになった。また、腹ばい姿勢で気になるものを見つけると、ピボットターン[1]をして、手に取ろうとしている。本児の様子を見守りながら、身体を動かしてあそぶ楽しさを大切にしていきたい。

1）ピボットターン＝腹ばい姿勢でおなかを軸にして左右に旋回する動き。

指導計画（4月）

	Hちゃん（9か月・女児）	Rちゃん（10か月・男児）
4月当初の子どもの姿	●不安で泣くが、泣きながらも離乳食を食べたり、あそんだりする。 ●保育者の膝の上で食事をする。 ●睡眠時間が長く、よく眠る。 ●あおむけのまま床を蹴って移動する。 ●布を持ってじっと見たり、ひらひら動かしたりする。	●登園時や、ほかの子が泣いている姿につられて、泣くことがある。 ●食事のとき、椅子に座ると"早く食べたい"とテーブルを指さす。手づかみでよく食べる。 ●はいはいで長い廊下を移動する。 ●保育者の顔を見て、にこっと笑ったり、手を振ったりする。 ●コップを両手に持って打ち鳴らしてあそぶ。
保育の内容	①安心して食べる。 ②ずりばいであそぶ。 ③不安な気持ちを受け止めてもらい、安心して過ごす。 ④保育者とふれあってあそぶことを楽しむ。	①自分で食べることを楽しむ。 ②全身を動かしてあそぶ。 ③保育者に気持ちを受け止めてもらい、安定感をもって生活する。 ④身の回りのものに興味をもち、探索を楽しむ。
養護的な側面を含めた配慮	●家庭での食事の様子を聞き取り、本児が落ち着いて食べられるスタイルにして、安心しておなかが満たされるようにする。午前睡が食事の時間と重なって、本児の食事が調理提供時間から1時間が経過しているときは、予定献立とは違う食事（代替食）を用意する。① ●機嫌のいいときに腹ばいにして、声をかけたり、おもちゃであやしたりしながら、寝返りやずりばいを誘ってみる。② ●保育者の顔がわかってきているので、できるだけ同じ保育者のそばで過ごせるように保育者間で連携を図る。また、不安な気持ちを泣いて表す姿を受け止め、優しく応え、少しずつ安心感を得られるようにする。③ ●保育者のしぐさのまねや、ふれあうあそびをゆったりと1対1で行い、一緒にあそぶ楽しさを味わえるようにする。顔は敏感な場所なので、顔あそびでは、ふれたときの表情をよく見て、嫌がるようならやめるようにする。④	●手づかみで食べられるものは取り皿にとるなどして、本児の"自分で食べたい"という気持ちに応える。保育者が持っているスプーンに興味を示すようなしぐさが見られたら、本児用のスプーンを用意する。① ●本児の気持ちに応え、はいはいが十分に楽しめるような、安全な広いスペースを確保したり、段差や斜面などを用意したりする。また、保育者もはいはいをして一緒にあそび、楽しさに共感していく。② ●本児の気持ちや欲求、保育者への働きかけに適切に応えるなど、安心して自分を出し、安定感をもって過ごせるようにする。③ ●身の回りのものに手を伸ばしてつかんだり、出し入れを楽しんだりして探索を楽しめるような環境を整える。また、探索する姿をそばで見守り、本児が振り向いたときには声をかけたり、ほほえんだりして心を寄せ、安心して楽しめるようにする。④
子育て支援	●仕事の関係で保育時間が長いことを心配する母親の気持ちに寄り添い、様子を丁寧に知らせるなどして、不安が和らぐようにする。	●家庭での食べる量や食べ方などを聞き取ったり、園での様子を伝えたりして、連携して離乳を進めていけるようにする。
評価・反省	●少しずつ慣れてきて、機嫌よく過ごす時間が増えてきている。担任以外の保育者を見ると泣くなど、人見知りの時期でもあるので、丁寧なかかわりを心がけていく。 ●寝返りをし、ずりばいでおもちゃを取りにいこうとする姿が見られるようになってきた。本児の発達に応じた環境を整え、動くことが楽しくなるようかかわっていく。	●体調を崩し、欠席する日があった。疲れが出る頃なので、様子を見ながら睡眠や休息を取れるようにして、健康に過ごせるようにする。 ●一人で歩くようになり、活発に動いている。動きに注意を払いながら、安心して歩行や探索を楽しめるように環境を整えたり、そばで見守ったりしていきたい。

＊「評価・反省」は4月末の内容です。

154

いない いない ばあ

作／松谷 みよ子　絵／瀬川 康男
童心社

もこ もこもこ

作／たにかわ しゅんたろう
絵／もとなが さだまさ
文研出版

**がたん ごとん
がたん ごとん**

作／安西 水丸
福音館書店

よしよし

作／三浦 太郎
講談社

じゃあじゃあ びりびり

作／まつい のりこ
偕成社

かん かん かん

作／のむら さやか　制作／川本 幸
写真／塩田 正幸
福音館書店

「おすわりやす」（わらべうた）	**「でこちゃんはなちゃん」**（わらべうた）
「はなちゃん」（わらべうた）	**「うえからしたから」**（わらべうた）
「てんこ」（わらべうた）	**「こっちのたんぽ」**（わらべうた）
「ちゅ ちゅ こっこ とまれ」（わらべうた）	**「いちりにりさんり」**（わらべうた）

指導計画（4月）

5月

クラスの計画

前月末の子どもの姿

●寝返りや、はいはい、歩行など、全身を動かして過ごしている。
●保育者にあやしてもらうと笑ったり、手足を動かしたりして喜ぶが、まだ不安な様子も見られる。
●気になるおもちゃを手に取り、探索を楽しんでいる。

今月のねらい

●一人一人の生活リズムで心地よく過ごす。
●保育者の温かな受容のもとで生理的欲求を満たし、心地よく生活することで、情緒的な絆を築いていく。

養護

●連休中の家庭での生活リズムを踏まえながら、徐々にリズムを整えていくようにする。
●おもちゃを口に入れたり、なめたりして確かめる姿が活発になるので、こまめに消毒したり、午前と午後でおもちゃを入れ替えたりなど、安全にあそべる環境を整える。
●一人一人の欲求や気持ちを受け止め、応答的にかかわり、安心して過ごせるようにする。

保育の内容

●落ち着いた雰囲気の中で離乳食を味わって食べる。
●身体を動かす楽しさを感じる。
●保育者のそばで安心してあそぶ。
●保育者の歌ううたや手あそびに心地よさを感じる。

環境の構成

●外気にふれてゆったり過ごせるように、園庭にシートを用意する。また、草花やダンゴムシなどに一緒にふれたり、見たりする機会を作る。
●一人一人の育ちに合わせて、動きたくなるような環境を整えていく。

保育者等の連携

●一人一人に合った食事を提供できるよう、調理室のスタッフとの連携を密にする。

5月末の評価・反省

●一人一人の生活リズムがわかってきたことで、子どもが心地よく過ごせるようになってきた。新しい生活の疲れからか体調を崩しがちの子もいるので、睡眠や休息を十分に取り、ゆったりと過ごせるよう心がけていきたい。

	Tちゃん（5か月・男児）
前月末の子どもの姿	●おなかがすいたり、眠くなったりすると、大きな声で泣く。 ●寝返りをして、おもちゃや周りのものを見たり、手を伸ばしたりする。 ●だっこされたり、あやされたりすると笑顔を見せ、手足を動かして喜ぶ。 ●おもちゃを手に持たせてあげると、手を動かし、音が鳴るのを喜んでいる。 
保育の内容	①離乳食に慣れ、機嫌よく食べる。 ②快・不快の感情を受け止めてもらい、安心して過ごす。 ③おもちゃに興味をもち、ふれてあそぶ。 ④外気にふれ、心地よさを感じる。
養護的な側面を含めた配慮	●家庭で離乳食を始め、喜んで食べているようなので、体調のよいときに、園でも離乳食を始める。無理のないよう少量から始め、食べ具合を見ながら少しずつ量を増やすなど、ゆっくりと進めていく。① ●本児の泣き声や喃語（なんご）、表情、動きなどから快感や不快感を受け止め、タイミングよく応えていく。また、やり取りを積み重ねることで、本児が安心して過ごせるようにする。② ●握ったり、振ったり、なめたりしてあそべるおもちゃを用意し、そばであそぶ様子を見守る。また、左右ともに寝返りができるよう、いろいろな方向からおもちゃを見せたり、話しかけたりする。③ ●天候や体調に合わせて、だっこで園庭を散歩する。手足を動かせるようにシートに寝かせるなどして、外気の心地よさを感じられるようにする。④ 
子育て支援	●家庭での離乳食の食べ具合などを丁寧に聞き取り、連携して進めていけるようにする。
評価・反省	●離乳食は無理のない量で少しずつ慣れていけるように配慮したことで、食べる量が増えていった。睡眠をしっかりと取った後に授乳するよう配慮し、生活リズムを整えていきたい。 ●つるされたおもちゃをじっと見たり、手に持ったおもちゃで音を出したりするなど、身の回りのものにかかわろうとする姿が多く見られた。本児の発達や興味に合わせて環境を整えていきたい。

＊「評価・反省」は5月末の内容です。

Mちゃん（7か月・女児）	Jちゃん（9か月・男児）
●ミルクはよく飲むが、離乳食はあまり食べない。 ●少しずつまとまった時間、眠れるようになってきている。 ●うつぶせで頭を上げたり、寝返りでいろいろな所に移動して楽しんだりしている。 ●顔を見ながらあやすと声を出したり、笑顔を見せたりする。 ●うつぶせが苦しくなると、泣いて訴える。	●口をよく動かして離乳食を食べ、口の中のものがなくなると声を出して伝えようとする。 ●寝返りをするようになり、腹ばい姿勢であそぶ。気になるものがあると、ピボットターンをして取ろうとする。 ●保育者に呼びかけられると、笑顔になったり、声をあげたりして喜ぶ。 ●ほかの子が手にしているおもちゃが気になり、目で追ったり、手を伸ばしたりする。 ●棚のおもちゃを落とし、音がするのを楽しんでいる。 
①スプーンの感触に慣れ、食べることに興味をもつ。 ②保育者に見守られて、まとまった時間眠る。 ③さまざまな身体の動きを楽しむ。 ④喃語に応えてもらい、やり取りを楽しむ。	①手づかみで食べようとする。 ②自分で身体を動かす楽しさを感じ、活発に動く。 ③保育者とふれあう心地よさを感じる。 ④興味のあるものにふれたり、見たりしてあそぶ。
●離乳食については、スプーンでトントンとノックするように下唇にふれ、自分から上唇で取り込むのを待つようにする。口に入れた離乳食を出してしまうことがあるので、スプーンに載せる量を加減し、無理なくミルク以外の味やスプーンに慣れていけるようにする。① ●眠いという本児からのサインを見逃さずに、眠いときにたっぷりと眠れるよう、静かな環境を整える。また、24時間のサイクルで生活リズムを捉えながら、無理なく本児のペースで生活リズムが整うよう配慮する。② ●寝返りでよくあそんでいるので、本児の"動きたい"気持ちに応えていけるよう、十分なスペースを保障し、楽しさを感じている姿を共感的に見守る。③ ●本児の発する喃語をまねて返したり、表情豊かに優しく語りかけて応えたりすることで、やり取りする心地よさを感じ、声などで自分を表現する意欲が育まれるようにする。④	●食器の中のものに手を伸ばすようになってきたら、手に持って食べられるものを用意し、本児の"食べたい"という意欲を大切にかかわっていく。また、汁物も器から飲めるよう、器を持った手に保育者の手を添えながら援助してみる。① ●少し離れた所におもちゃを置き、移動して取ろうとする気持ちが高まるように援助する。ずりばいで後ろに下がってしまうときには、本児の動きに合わせて、足の裏に保育者の手のひらを当て、前に進む体験ができるように援助していく。②  ●「ちょちちょちあわわ」（わらべうた）や、ハンカチでの「いない いない ばあ」（わらべうた）などを通して、保育者とふれあう心地よさや、一緒にあそぶ楽しさを味わえるようにする。③ ●興味のあるものに満足するまでかかわれるように見守る。他児が使っているおもちゃに手を出そうとするときは、同じようなおもちゃを渡し、本児の気持ちに応えていく。また、戸外では草花などを見たり、触ったり、風の心地よさを感じたりする機会を作る。④
●鼻水が出ていることが多い。母子免疫がなくなり、感染症にかかりやすくなる時期なので、体調の変化などをこまめに伝え合うようにする。	●動きが活発になり、成長を喜ぶ保護者の気持ちに共感するとともに、誤飲などの気をつけたいポイントについて具体的に知らせ、共有する。
●離乳食に慣れつつあるが、おかゆが飲み込みづらいようなので、少量ずつあげるようにしている。もうしばらく1回食を続けていく。 ●おもちゃに手を伸ばして取ろうとしたり、グライダーポーズ[1]の姿勢を取ったりするようになってきた。ピボットターン、ずりばいへとつながる大切な姿として捉え、本児の様子に合わせて働きかけていきたい。	●食事だとわかるとうれしそうな表情をし、手づかみでよく食べている。食べ終わると、"もっと食べたい"とアピールするので、様子を見ながらおかわりを用意していきたい。 ●寝返りやずりばいで移動し、興味のあるものに手を伸ばし、よくあそんでいる。腰を上げ、四つばいの兆しが見られるので、四つばいにつながる働きかけをしていく。

1) グライダーポーズ＝うつぶせでおなかを支点にして飛行機のように両手足と頭を上げる姿勢。

	Hちゃん（10か月・女児）	Rちゃん（11か月・男児）
前月末の子どもの姿	●手づかみで、よく食べる。 ●午前、午後ともによく眠る。 ●寝返りをするようになり、腹ばいになってあそぶ。ずりばいでおもちゃを取りにいこうとしたり、保育室から廊下へ出ようとしたりする。 ●担任の顔がわかり、だっこされると安心した表情になる。担任以外の保育者を見ると泣くことがある。	●食事を楽しみに待ち、うれしそうに食べる。 ●歩行であちこち探索し、活発に動く。 ●担任がそばにいると、安心してあそぶ。 ●声や表情で思いを表現し、保育者とのかかわりを楽しんでいる。 ●保育者の歌声に合わせて、楽しそうに身体を動かしている。
保育の内容	①自分で食べることを楽しむ。 ②身体を動かしてあそぶ。 ③保育者とかかわる心地よさを感じる。 ④保育者に見守られて、探索を楽しむ。	①いろいろな食材や味付けに慣れる。 ②いろいろな姿勢で身体を動かすことを楽しむ。 ③砂の感触を楽しむ。
養護的な側面を含めた配慮	●自分で食べようとする気持ちを大切にし、野菜スティックなど、手づかみで食べやすいものを取り皿に用意する。また、"もっと食べたい"とアピールするときにはおかわりを用意し、満足して食事を終えられるようにする。① ●思ったように動ける姿が増えてきているので、本児の思いや発達に応じた環境を整え、保育者も腹ばいになって一緒にあそぶなど、動くことが楽しくなるようなかかわりを工夫する。② ●ふれあいあそびや、「ちょうだい」「どうぞ」などの物のやり取りを通して、人とかかわってあそぶ楽しさを感じ、安心して過ごせるようにする。③ ●周囲への興味が広がってきている姿を大切にし、「○○あったね」など、本児の様子に合わせて声をかけ、安心して探索が楽しめるようにする。また、出したり、落としたり、引っ張ったりすることを楽しむ手作りおもちゃを用意し、一緒にあそぶようにする。④	●食欲があり、喜んで食べているので、保護者と連携しながら体調のよいときを見計らって完了食に移行していく。咀嚼・嚥下の様子を丁寧に見ながら、「おいしいね」などと声をかけ、食べることを楽しんでいる本児の気持ちに共感していく。① ●歩行の発達に伴い、行動範囲が広がってますます探索活動が活発になることが予想されるので、安心してあそびを見つけ、楽しめるようにそばで見守ったり、安全にあそべる環境を整えたりする。また、四つばいで園内の階段や斜面の上り下りなども楽しめるようにする。② ●砂にふれたり、型抜きをしたりして一緒にあそび、砂の感触やおもしろさを感じられるようにする。また、器の中に水を用意し、本児の様子に応じて一緒に水の感触を楽しむ機会を作ってみる。③
子育て支援	●食欲旺盛で、"自分で食べたい"気持ちが高まっているので、園での食べ具合を伝えたり、家庭での様子を聞いたりして、自分で食べることへの援助を共有していけるようにする。	●園庭で使用する靴を用意してもらうにあたり、どのようなものがよいか靴選びの参考になるような情報を提供する。
評価・反省	●睡眠が食事の時間にかかり、代替食を食べる日が続くことがあった。少し早めに睡眠を取ると、食事の前に目が覚め、機嫌よく食べているので、生理的欲求を満たしながら、リズムを整えていきたい。 ●棚に手をかけ、つかまり立ちをするようになったが、元に戻れず、泣いている。本児の動きを予測しながら、安全な環境を整え、すぐに手を差し伸べられる位置で見守っていく。	●午睡時にすんなりと眠ることができず、だっこを求めたり、泣いたりしている。本児の感情に寄り添いながら理由を探り、心地よく入眠していけるようにする。 ●欲しいものを指さして知らせる姿が増えてきた。要求や気持ちを丁寧に受け止め、言葉にして返し、安心して自分の気持ちを出していけるようにする。

＊「評価・反省」は5月末の内容です。

絵本

がちゃがちゃ どんどん

作／元永 定正
福音館書店

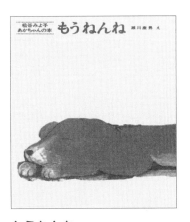

もうねんね

作／松谷 みよ子　絵／瀬川 康男
童心社

いないいないばああそび

作／きむら ゆういち
偕成社

きゅっ きゅっ きゅっ

作／林 明子
福音館書店

くっついた

作／三浦 太郎
こぐま社

めんめん ばあ

作／はせがわ せつこ
絵／やぎゅう げんいちろう
福音館書店

歌

「うまはとしとし」(わらべうた)	「のねずみ」(外国曲　作詞／鈴木一郎)
「たけんこがはえた」(わらべうた)	「じーじーばー」(わらべうた)
「ゆりかごのうた」(作詞／北原白秋　作曲／草川信)	「ちょちちょちあわわ」(わらべうた)
「ぎっこばっこひけば」(わらべうた)	「いない いない ばあ」(わらべうた)

6月

クラスの計画

前月末の子どもの姿

- 一人一人の生活リズムで心地よく過ごす。
- 思いを指さしや喃語、泣き声で表す。
- 保育者がそばにいると、安心して探索を楽しんでいる。
- 園庭を歩いたり、草花を見たり、ふれたりする。
- 保育者のそばで、寝返りやはいはいをして活発に全身を動かしたり、探索を楽しんだりしている。

今月のねらい

- 一人一人の生活リズムで、よく食べ、よく眠る。
- 安心できる環境の下で、保育者と一緒に好きなものやことを見つけてあそぶ。

養護

- 体調を崩しがちの子がいるので、家庭と連携しながら健康状態を把握し、睡眠や休息を十分に取れるように配慮する。
- 水分補給をこまめにしたり、園庭では日陰で過ごせるようにしたりして、熱中症に気をつける。
- 保育者との関係をよりどころとし、周りへの興味・関心が広がるように様子を見守り、適切に働きかける。

保育の内容

- 落ち着いた雰囲気の中で楽しく離乳食を食べる。
- いろいろな姿勢になって身体を動かしてあそぼうとする。
- 指さし、喃語、表情などを受け止めてもらい、保育者とやり取りする心地よさを感じる。
- 身の回りのものに興味をもち、かかわろうとする。

環境の構成

- 探索活動を十分に楽しめるように、安全な環境を整える。
- その日の天気や体調に合わせて、園庭に出て、戸外で過ごせるようにする。

保育者等の連携

- 安心できる環境の下でそれぞれの思いを出せるようになってきたので、一人一人の子どもをどのように見守っていくか、保育者間で声をかけ合い、思いを共有していく。

6月末の評価・反省

- 保育者や他児とのかかわりが少しずつ広がってきている。今後も楽しさに共感しながら一緒にあそび、信頼関係を深めていきたい。

個別の計画

	Tちゃん（6か月・男児）
前月末の子どもの姿	●離乳食に慣れて、食べる量が増え、口をよく動かしながらゴックンと飲み込んでいる。 ●腹ばい姿勢でほかの子があそぶのをじっと見ている。 ●担任の保育者がわかり、あやされると声を出して喜ぶ。 ●つるされたおもちゃをじっと見たり、手に持ったおもちゃで音を出したりしてあそぶ。 
保育の内容	①安定した生活リズムで心地よく過ごす。 ②保育者とのふれあいあそびを楽しむ。 ③興味があるおもちゃに自分からかかわろうとする。
養護的な側面を含めた配慮	●授乳のタイミングと眠りのサイクルが合わないと生活リズムが乱れやすくなるので、睡眠の保障について配慮し、無理なく生活リズムが整っていくようにする。① ●身体をなでたり、くすぐったりしながら、「いっぽんばしこちょこちょ」（わらべうた）や「大根漬け」（作詞・作曲／二本松はじめ）などのあそびを繰り返し行う。保育者とふれあってあそぶことを通して、心地よい気持ちのやり取りを楽しめるようにする。② ●身の回りのものにかかわろうとする姿を十分に認め、共感する言葉をかけたり、一緒にあそんだりする。また、おもちゃをなめるなどして確認（探索）するので、口に入れても安全な素材のおもちゃを用意し、あそんだ後は必ず消毒をして清潔を保つようにする。③ 
子育て支援	●身体をよく動かしたり、おもちゃで機嫌よくあそんだりする姿を送迎時や連絡帳で伝え、日に日に成長する姿を喜び合う。
評価・反省	●月末から、離乳食を1回食の前半から後半に進めた。食べ具合を丁寧に観察し、調理室のスタッフときめ細かく連携していきたい。 ●身体をよく動かしてあそび、ピボットターンでおもちゃを取ろうとしている。ずりばいへとつながるよう、本児の様子に合わせて、働きかけていきたい。

＊「評価・反省」は6月末の内容です。

Mちゃん（8か月・女児）	Jちゃん（10か月・男児）
●保育者にだっこされて離乳食を食べる。少しずつ食べられる量が増えているが、おかゆが飲み込みづらそうな様子が見られる。 ●眠気や空腹感などを泣いて訴える。保育者にだっこされると、少し落ち着く。 ●おもちゃに手を伸ばして取ろうとしたり、グライダーポーズの姿勢を取ったりする。 ●腹ばいになっておもちゃにふれて音を鳴らしたり、打ち合わせたりしてよくあそぶ。 	●保育者が食事の準備を始めるとうれしそうな表情になる。手づかみでよく食べる。 ●喃語でのおしゃべりが活発になり、「まんま」と言うことがある。 ●保育者のしぐさをまねして楽しんでいる。 ●鏡に映った自分を見て、両手を動かして喜ぶ。 ●ずりばいで移動し、興味のあるものに手を伸ばしてよくあそぶ。また、腰を上げ、四つばいの姿勢をとろうとする。 
①離乳食に慣れ、食べようとする。 ②周囲への興味が広がり、動こうとする。 ③保育者と一緒に興味のあるおもちゃであそぶ。	①自分のペースで食べることを楽しむ。 ②自分の意思で移動することを楽しむ。 ③喃語に応えてもらい、やり取りする心地よさを感じる。 ④保育者に見守られて、探索を楽しむ。
●スプーンに少量ずつ食べ物を載せ、嚥下の様子を見ながら、ゆっくりと進めていく。また、穏やかに話しかけながら、楽しい雰囲気を作ったり、できるだけ家庭と同じ介助方法で進めたりして、食べることに意欲がもてるようにする。① ●おもちゃを取ろうとする姿に応えて、腕を精一杯伸ばすと届く所や、床を少し蹴って移動することで届く所におもちゃを置き、ピボットターン、ずりばいへとつながるよう働きかける。② ●本児の発達や興味に合わせておもちゃを用意し、いろいろなものに手を伸ばそうとする姿に応える。また、腹ばい姿勢で満足するまであそべるように、胸の下にクッションや折り畳んだバスタオルなどを置いて、本児からの働きかけに正面から目を合わせて応えるなど、かかわりを工夫する。③② 	●なんでも手づかみで食べようとするので、軟飯などの手づかみしづらいものは、食べるペースや本児からの働きかけに合わせて介助していく。また、"もっと食べたい"とアピールするときにはおかわりを用意し、満足して食事を終えられるようにする。① ●ずりばいで活発に移動しているので、安全にあそべる環境を整え、いつでも手を差し伸べられるようにする。また、腰を上げ、四つばいの兆しが見られるので、低い段差を越えるあそびをするなどし、四つばいにつながる働きかけをしていく。② ●本児の喃語をまねして返したり、「楽しいね」と表情豊かに言葉をかけたりなど、応答的にかかわり、やり取りする楽しさにつながるようにする。③ ●いろいろな感触のおもちゃや座位で両手を使ってあそべるおもちゃなどを用意し、いろいろなものに興味を示し、"触りたい"という本児の気持ちに応えられるようにする。④ 
●離乳食の進み具合を心配する保護者の気持ちを受け止め、咀嚼や嚥下などの食べる様子・歯の生え方を見ながら進めていく大切さを共有していく。	●園と家庭で、食事に向かう姿や、咀嚼・嚥下などの食べる様子、食事の量などを共有し、連携して離乳を進めていけるようにする。
●スプーンが近づくと、口を大きく開けるようになってきた。皿に手を伸ばす姿もあり、食べたい気持ちが出てきたようだ。様子を見ながら2回食に進めていきたい。 ●ずりばいで移動する姿が見られる。安全な環境を整え、動くことを楽しんでいる様子を共感的に見守りたい。	●保育者にだっこを求めたり、甘えたりするようになっている。今後も本児の思いに共感し、応えていくことで、本児が安心して思いを出していけるようにしたい。 ●石などの小さいものもつまめるようになってきた。手指を使ってあそぶ手作りおもちゃを用意し、一緒に楽しんでいきたい。

指導計画（6月）

	Hちゃん（11か月・女児）	Rちゃん（1歳・男児）
前月末の子どもの姿	●食べたいものを選びながら食べている。毎食おかわりをする。 ●午前睡の時間帯が日によって違う。 ●ずりばいで移動して探索している。また、棚に手をかけ、つかまり立ちをすることもある。 ●保育者にあやされるとよく笑い、喃語でおしゃべりをする。	●完了食を食べている。ほかの子が食べているのを見ると、「まんまんまん」と言い、"早く食べたい"とアピールする。 ●午睡時にすんなりと入眠できず、保育者にだっこを求めたり、泣いたりする。 ●欲しいものを指さして伝えようとする。 ●手に持っているブロックを保育者に"どうぞ"と渡す。 ●音楽に合わせて保育者が両手を動かすと、まねしようとする。
保育の内容	①心地よい生活リズムで過ごす。 ②着脱などを通して、清潔になる心地よさを感じる。 ③いろいろな姿勢で探索を楽しむ。 ④保育者と一緒に絵本を楽しむ。	①保育者に見守られて、心地よく入眠する。 ②保育者とのやり取りを楽しむ。 ③保育者と一緒にわらべうたを楽しむ。
養護的な側面を含めた配慮	●午前睡が食事の時間にかかることがあるので、本児の様子を見ながら、少し早めに布団に誘うようにし、食事の前に目が覚め、機嫌よく食べられるようリズムを整えていく。また、食事の時間になっても眠っているときには、睡眠を保障し、代替食を用意する。① ●汗をよくかくので、言葉をかけながらこまめに汗を拭いたり、着衣を替えたりする。終わったら「さっぱりしたね」と子どもの思いを言葉にして、清潔にする心地よさを感じられるようにする。② ●壁面やベッドの柵におもちゃを設置し、つかまり立ちをして触りたくなるような環境を整え、様子を見守る。また、引き続き十分なスペースを保障し、ずりばいで移動することを楽しめるように環境を整える。③ ●食べ物や動物など身近なものが描かれた絵本を選び、本児の指さしや声に応答的にかかわりながら一緒に楽しむ。④	●すんなりと入眠できない理由について、睡眠のリズムが合っていないことや心地の悪さなどが原因なのか、"まだあそびたい""眠りたくない"といった気持ちがあるからなのかを探りながら、本児の様子に合わせた対応を考えていく。① ●本児の指さしや喃語を共感的に受け止め、「○○が欲しいのね」「○○いるね」などと言葉に置き換えて伝えていき、保育者とやり取りすることの喜びや意欲を育めるようにする。また、ものを介したやり取りを喜んでいるので、本児の様子に合わせて「どうぞ」「ありがとう」と言葉をかけながら、できるだけ本児の求めに応じて繰り返し楽しむようにする。② ●「おふねがぎっちらこ」などのわらべうたに合わせて、一緒に身体を動かし、楽しい気持ちを共有していく。また、しぐさが楽しいわらべうたなども取り入れ、やり取りを楽しんでいく。③②
子育て支援	●園で楽しんでいる絵本やわらべうた、おもちゃなどを紹介し、家庭であそぶときの参考になるようにする。	●心地よく眠れるよう、園と家庭での入眠時の様子を伝え合い、共有していく。
評価・反省	●午前中、機嫌があまりよくない日があった。本児の表情や様子を確認しながら、睡眠に誘ったり、室内で一緒にゆったり過ごしたりして、心地よく過ごせるように援助していきたい。 ●よく身体を動かしてあそんでいるが、つかまり立ちが不安定なので、引き続き、安全にあそべるよう見守っていく。	●家庭では丼物を食べることが多いせいか、白飯を食べたがらない。無理をせず、本児の様子に合わせて、介助していきたい。 ●「まんま」「まま」「どうぞ」などの言葉が出てきた。応答的にかかわり、伝わったうれしさを感じられるようにしていきたい。

＊「評価・反省」は6月末の内容です。

絵本

てん てん てん
作／わかやま しずこ
福音館書店

だるまさんが
作／かがくい ひろし
ブロンズ新社

ぴょーん
作／まつおか たつひで
ポプラ社

あなたは だあれ
作／松谷 みよ子　絵／瀬川 康男
童心社

くだもの
作／平山 和子
福音館書店

ぺんぎんたいそう
作／齋藤 槙
福音館書店

歌

「かえるの合唱」（ドイツ民謡　訳詞／岡本敏明）

「ぞうきんつくろう」（作詞・作曲／阿部直美）

「ももやももや」（わらべうた）

「ふくすけさん」（わらべうた）

「大きなたいこ」（作詞／小林純一　作曲／中田喜直）

「大根漬け」（作詞・作曲／二本松はじめ）

「いっぽんばしこちょこちょ」（わらべうた）

「おふねがぎっちらこ」（わらべうた）

指導計画（6月）

7月

クラスの計画

前月末の子どもの姿

●離乳食を進んで食べようとする。
●活発に動き、あちこちで探索している。
●喃語やしぐさ、もののやり取りなどを保育者と楽しんでいる。
●ほかの子が使っているおもちゃに興味をもち、近くに行ってあそぼうとする。

今月のねらい

●もく浴などで清潔になる心地よさを感じ、快適に過ごす。
●保育者に見守られながら、安心してあそぶ。

養護

●室温や湿度に配慮し、エアコンを適宜使用しながら快適に過ごせるようにする。また、園庭で過ごす際にも、気温や湿度に配慮する。
●"動きたい"気持ちがさらに膨らむよう、環境を整えたり、働きかけたりする。

保育の内容

●自分から食べようとする。
●汗をかいたら、もく浴や着替えで心地よさを感じる。
●はいはい、伝い歩き、歩行など、それぞれの育ちに合った動きを楽しむ。
●保育者とかかわってあそび、楽しさを味わう。
●水にふれてあそぶ。
●身の回りのものへの興味・関心が広がり、探索活動を楽しむ。

環境の構成

●少人数でゆったりと食事を楽しめるように時間をずらしたり、空いている保育室を利用したりする。
●腹ばいや四つばいから自分で座ることのできる子たちが水あそびを楽しめるよう、たらいやバケツを用意する。水が入っているときには子どもから目を離さず、そばで見守る。

保育者等の連携

●水あそびをするときには監視役のみの保育者を必ず配置し、子どもの姿を常に把握できるように協力し合う。

7月末の評価・反省

●身体の動きが活発になり、机などに上ろうとする姿が増えてきた。安全に配慮しながら、上下の移動を楽しめる環境を整えていきたい。

個別の計画

	Tちゃん（7か月・男児）
前月末の子どもの姿	●よく食べ、声を出して"もっと食べたい"とアピールする。 ●ピボットターンでおもちゃを取ろうとする。  ●ふれあいあそびをすると、手足を動かしたり、声を出したりして喜ぶ。 ●手に取ったおもちゃを口に入れて確かめようとする。
保育の内容	①保育者のそばで安心して、心地よく過ごす。 ②もく浴の心地よさを味わう。 ③ずりばいで動こうとする。
養護的な側面を含めた配慮	●空腹だったり、眠かったりすると、強く泣いて訴えるので、その都度、温かい言葉をかけながら欲求に応えて、安心感や心地よさを感じられるようにする。① ●もく浴では、汗を流して肌を清潔にするとともに、保育者と"気持ちよくなる"ことを共有していけるよう「気持ちいいね」など、優しく語りかけるようにする。②  気持ちいいね ●少し離れた所におもちゃを置いたり、同じ目線になってあやしたりして、動こうとする気持ちを高め、ずりばいにつながるように働きかける。また、腕の力が強く、後ろへ下がる様子が見られたら、保育者の手のひらを本児の足の裏に当て、足の親指で床を蹴る感じを体感していけるように援助する。③
子育て支援	●生活リズムや体調に配慮しながら、はじめての夏を健康に過ごせるように連携する。
評価・反省	●午前睡が食事の時間にかかることが多かった。睡眠も食事も保障できるよう少し早めに布団に誘うなど、工夫していきたい。 ●ずりばいで興味のあるおもちゃの所まで移動し、あそんでいる。自分で動くことを楽しんでいる姿を共感的に見守っていきたい。

＊「評価・反省」は7月末の内容です。

Mちゃん（9か月・女児）	Jちゃん（11か月・男児）
●下の歯が生えてくる。 ●保育者がスプーンを近づけると、口を大きく開けるようになる。また、食器に手を伸ばし、食べ物に触ろうとする。 ●ずりばいで移動し、段差を乗り越えようとする。 ●担任以外の保育者に声をかけられると、じーっと見たり、泣いたりすることがある。 	●毎食おかわりをする。 ●泣いて保育者にだっこを求めたり、甘えたりする。 ●腹ばい姿勢から腕で上半身をもち上げ、長い時間その姿勢を保ち、周りを見ている。 ●石など小さいものをつまもうとする。 ●手に取ったものはなんでも口に入れようとする。 ●戸外で、洗面器の水をバシャバシャたたいてあそぶ。 
①食べることを楽しむ。 ②身体を動かす楽しさを感じ、活発に動く。 ③保育者とふれあってあそぶことを楽しむ。	①いろいろな食材の味や形態に慣れる。 ②手指を使って探索する。 ③水の感触を楽しむ。
●食事はゆったりとした雰囲気の中で、「おいしいね」など言葉をかけ、本児の"食べたい"気持ちに共感しながら進める。おかゆが飲み込みづらいようで、食べたがらないことが続いているが、無理強いをしないよう配慮しながら進めていく。また、体調のよいときに、親指と人さし指で潰せるくらいの硬さの2回食へ移行し、しっかり舌で潰して食べているか、丁寧に食べる様子を見ていく。① ●机の下や遊具のトンネルなどをくぐってあそべるように環境を整えたり、少し離れた所からおもちゃで誘ったりして、ずりばいで移動してあそび、身体を動かす楽しさを感じられるようにする。また、マットの山やロールクッションを配置するなど、乗り越える環境も整え、ずりばいから四つばいにつながる動きを獲得できるよう援助する。②  ●歌や手あそび、わらべうたなど、一緒に楽しいあそびを共有し、保育者とふれあってあそぶ心地よさを感じられるようにする。③	●よく食べているので、家庭や調理室と連携しながら完了食へ移行していく。移行後も咀嚼や嚥下などの様子を丁寧に見ていき、いろいろな食材の味や食感、形態に慣れていけるようにする。また、コップの持ち方や傾き加減などを丁寧に見ながら、自分でコップを持ってお茶などを飲めるようにする。① ●引っ張る、つまむ、出し入れするなど、手指を使ってあそぶおもちゃを豊富に用意して、十分におもちゃとかかわり、楽しめるようにスペースも保障する。また、なんでも口に入れて確かめようとするので、注意しながらかかわっていく。② ●保育者が手足に水を掛けたり、たらいの水をすくってあそべるようにしたりして、本児のペースで水の感触を楽しめるようにする。あそんでいる間は、目を離さず、手が届く位置で見守る。③ 
●食べる意欲が出てきたことを喜び合うとともに、引き続き、園と家庭で食事の様子を共有しながら、離乳を進めていけるようにする。	●はいはいやつかまり立ちをしないことに不安を感じている保護者の気持ちに寄り添いながら、園での様子などを伝え、本児の成長を見守ることの大切さを共有する。
●風邪気味で鼻水が出ていることが多かった。暑さのために体調を崩しやすくなるので、引き続き健康観察を丁寧に行っていく。 ●腹ばいの姿勢からお座りをするようになった。周囲に危険なものがないか配慮しながら、両手を使ってあそべるおもちゃを用意していきたい。	●見慣れない人を見ると、人見知りをして泣くことがある。担任との信頼関係が築けているからこその姿として捉え、安心して過ごせるように配慮していきたい。 ●むにゃむにゃと話すことを楽しんでいる。表情豊かに言葉で返すなど、本児の気持ちを受け止め、応答的にかかわることで、保育者とやり取りする心地よさを感じられるようにする。

	Hちゃん（1歳・女児）	Rちゃん（1歳1か月・男児）
前月末の子どもの姿	●午前中、機嫌があまりよくない日がある。 ●コップを持って汁物やお茶を飲む。 ●保育者が「いないいない」と言うと、顔に手をやり、「（ば）あー」と言う。 ●絵本をじっと見る。	●白飯は食べたがらないが、ほかのものはよく食べ、おかわりもする。 ●"履かせて"と保育者に靴を渡す。 ●園舎の階段で"だっこ"と甘えることが多いが、ほかの子が一緒だと自分で上ろうとする。 ●「まんま」「まま」「どうぞ」など、一語文を話す。 ●ほかのクラスのリズムあそびに興味をもち、一緒に身体を動かしている。
保育の内容	①保育者のそばで安定感をもって過ごす。 ②着脱に興味をもち、自分から手足を動かそうとする。 ③保育者とのやり取りを楽しむ。 ④水にふれ、心地よさを味わう。	①保育者に見守られて、おいしさを味わいながら食べる。 ②ほかの子にかかわろうとする。 ③自分の要求や思いを、しぐさや一語文で伝えようとする。
養護的な側面を含めた配慮	●本児の表情や様子から、そのときどきの欲求や思いをくみ取り、睡眠に誘ったり、室内で一緒にゆったり過ごしたりなど、応答的にかかわる。① ●着脱の際には、一つ一つの行為を言葉にして丁寧に伝え、何をしているのかがわかるように配慮する。また、自分から身体を動かそうとする気持ちにつながるように援助する。② ●歌に合わせてしぐさをするなど、一緒にあそび、楽しい気持ちを共有していく。また、指さしが増える時期なので、先取りせずに本児の姿に合わせてタイミングよく言葉を添え、やり取りを楽しめるようにする。③ ●水あそびでは、本児の様子に合わせて、たらいやバケツなどに水を用意する。水面をたたいたり、じょうろで水を流したりして一緒にあそび、少しずつ水に慣れ、心地よさを味わえるようにする。④	●自分で食べることを楽しんでいる姿を大切にしながら、「かみかみしようね」などの言葉をかけ、本児がかむことを意識して食べられるようにする。また、無理強いをしないように気をつけながら「ご飯、おいしいよ」と言葉をかけ、白飯も食べてみようという気持ちをもてるようにする。① ●他児と同じ場で一緒に動いたり、直接かかわろうとしたりする姿を大切にし、近くで見守ったり、保育者も一緒に動いたりして、他児とかかわる楽しさを感じられるようにする。相手に合わせて行動することはまだ難しい時期なので、安全面に配慮してそばにいるようにする。② ●しぐさや一語文に込められた本児の要求や思いを丁寧にくみ取り、「まんま食べようね」「くっく、履こうね」など、言葉を補って返していくことを通して、思いが通じる喜びを感じられるようにする。また、生活の中で使う言葉を十分に理解できるよう、場面に合わせて丁寧に伝えていくようにする。③
子育て支援	●母親のほか、父親や祖母が送迎をする日も多いので、園の様子や連絡事項などを丁寧に伝えるよう配慮する。	●食事や睡眠など、保護者が気にしていることは時間を設けて聴き取るなど、丁寧に受け止め、安心できるよう園での様子やかかわり方などを伝えていく。
評価・反省	●完了食に移行後、最初は口にしたことがない形態のものを嫌がる様子が見られたが、すぐに慣れ、手を伸ばして食べている。今後も本児の様子に合わせて介助し、いろいろな味や食感、形態のものに無理なく慣れていけるように配慮する。 ●むにゃむにゃと話したり、「どうぞ」と言いながらものをやり取りしたりする姿が増えた。応答的にかかわり、楽しい思いに共感していきたい。	●食事のときに目の前に置いてある自分のエプロンを取るなど、身の回りのことへの興味が出てきている。一緒に行い、興味や関心を育めるように援助していきたい。 ●"こうしたい"という思いを出す姿が増えてきた。思いを満たし、心地よい生活を送れるよう、受容的、応答的なかかわりを大切にしていきたい。

＊「評価・反省」は7月末の内容です。

絵本

だれかな？ だれかな？
作／なかや みわ
福音館書店

いい おかお
作／松谷 みよ子　絵／瀬川 康男
童心社

ころ ころ ころ
作／元永 定正
福音館書店

いいおへんじできるかな
作／きむら ゆういち
偕成社

どうぶつのおやこ
作／薮内 正幸
福音館書店

こねこが にゃあ
作／ひろの たかこ
福音館書店

歌

「**かく かく**」（わらべうた）

「**だんごだんご**」（わらべうた）

「**とんがり山のてんぐさん**」（作詞／阿部恵　作曲／家入脩）

「**デロデロ**」（わらべうた）

「**ゆすらんかすらん**」（わらべうた）

「**おつかいありさん**」（作詞／関根栄一　作曲／團伊玖磨）

「**かなづちトントン**」（外国曲　訳詞／高木乙女子）

「**がたがたバス**」（外国曲　訳詞／志摩桂）

8月

クラスの計画

前月末の子どもの姿

- 保育者の持つスプーンが近づくと大きく口を開けたり、手づかみで食べたりなど、自分から食べようとしている。
- 身体の動きが活発になり、棚や椅子、机に上ろうとする姿が増える。
- ほかの子が気になり、手を伸ばしたり、近くであそんだりする。

今月のねらい

- 体調に合わせて、無理なく過ごす。
- 水あそびやもく浴をして、暑い夏を気持ちよく過ごす。

養護

- 一人一人の健康状態を把握し、体調に合わせて無理なく過ごせるよう配慮する。
- 思いが満たされる生活を送れるように、一人一人の気持ちに寄り添い、丁寧なかかわりを心がける。

保育の内容

- 食べることを楽しむ。
- 保育者に見守られて安心してあそぶ。
- ほかの子に興味をもち、かかわろうとする。
- 水にふれる心地よさを味わう。
- 手指を使うおもちゃでたっぷりあそぶ。

環境の構成

- 水あそびは安全な環境で、少人数で行うようにする。適量のお湯を加えるなど、水温調節に配慮する。
- 手指を使って一人あそびを十分に楽しめるように、手作りおもちゃなどを用意するとともに、集中してあそべる環境を整える。

保育者等の連携

- 一人一人のペースで生活できるように長期休暇中の子どもの様子など、保護者から得た情報を共有する。

8月末の評価・反省

- 他児におもちゃを渡そうとするなど、かかわる姿が見られるようになってきた。他児とかかわる心地よさを感じられるよう、そばで見守っていく。

個別の計画

	Tちゃん（8か月・男児）
前月末の子どもの姿	●睡眠が食事の時間にかかることが多い。 ●ずりばいで興味のあるおもちゃの所まで移動する。 ●名前を呼ばれたり、話しかけられたりすると、ニコッと笑う。 ●腹ばいになり、おもちゃを片方の手からもう片方の手に持ち替えたり、打ち合わせたりしてあそんでいる。 
保育の内容	①心地よい生活リズムで過ごす。 ②自分で動くことを楽しむ。 ③保育者とふれあう心地よさを感じる。 ④周りのものへの興味が膨らみ、かかわりを楽しむ。
養護的な側面を含めた配慮	●本児の様子を見ながら、少し早めに布団に誘い、睡眠も食事も保障していけるようにする。また、体調のよいときに2回食に移行し、舌で上あごに押し付け、潰して食べているかなど、食べる様子を丁寧に見ていく。① ●トンネルを用意したり、少し離れた所から名前を呼んだりして、自分で動く楽しさを感じられるようにする。ますます活発になっていくことが予想されるので、安全面には十分に配慮する。②　 おいでー ●「あたま・かた・ひざ・ポン」（イギリス民謡 訳詞／高田三九三）などのあそびを通して、保育者とふれあう心地よさや一緒にあそぶ楽しさを感じられるようにする。また、優しく語りかけたり、本児の身体の動きや表情などを受け止め、応答的にかかわったりして、やり取りを楽しめるようにする。③ ●興味をもったものにじっくりとかかわっているときは様子を見守り、本児からの働きかけや姿に応じて一緒にあそぶなど、楽しさに共感していく。④
子育て支援	●動きが活発になり、日々成長している姿を喜ぶ保護者の気持ちに共感するとともに、安全面において気をつけたいポイントなどを伝えていく。
評価・反省	●2回食にも慣れ、よく食べている。自分から食材に手を伸ばす姿は見られないが、せかさずに本児の気持ちが動くのを待つようにする。 ●腰を上げたり、両腕を突っ張ったりして、四つばいの兆しが見られる。また、腹ばいからお座りをしようとする姿も見られる。安全な環境を整え、"動きたい"気持ちがさらに膨らんでいくようにかかわっていきたい。

＊「評価・反省」は8月末の内容です。

Mちゃん（10か月・女児）	Jちゃん（1歳・男児）
●風邪気味で鼻水が出ていることがある。 ●2回食を食べるようになる。 ●日によっては、午前中、眠らないことがある。 ●腹ばいからお座りして、太鼓をたたき、あそんでいる。 ●園庭の草花や土に手を伸ばし、触ろうとする。 ●音楽に合わせて身体を動かすことを楽しんでいる。	●完了食に移行した。おかわりを求めるなど、よく食べている。 ●腰を上げたり、低い台に手をかけて立とうとしたりする。 ●見慣れない人を見ると、泣くことがある。 ●プラスチックチェーンを気に入り、口に入れて確かめたり、容器に入れて振ったりしてあそんでいる。 ●むにゃむにゃとジャルゴン[1]を言う。
①自分のペースで心地よく過ごす。 ②鼻水を拭いてもらい、清潔になる心地よさを感じる。 ③興味をもったものでたっぷりあそぶ。 ④水あそびを楽しみ、心地よさを味わう。	①着脱に興味をもち、手や足を動かそうとする。 ②四つばいやつかまり立ちをしようとする。 ③片言や指さしなどで、欲しいものや行きたい所などを伝えようとする。
●眠くなったときには横になれる環境を整え、本児のペースで過ごせるように配慮する。また、暑さのためか、体調を崩しがちなので、健康観察を丁寧に行い、体調の変化にはすぐに気づけるようにする。① ●鼻水を拭く前には必ず、「おはなが出ていて気持ち悪いね。拭こうね」と言葉をかけてから顔にふれるようにする。拭き終わったら、「気持ちよくなったね」と言葉を添え、清潔になる心地よさを感じられるようにする。② ●周囲のものにかかわろうと活発に動くので、探索意欲が満たされるよう、本児の興味に合うおもちゃを用意したり、本児の動きに合わせた空間作りに配慮したりする。また、引っ張る、たたく、つまむ、つかむなど、座って両手で楽しめるおもちゃで一緒にあそぶようにする。③ ●自分で座れるようになったので、体調を見ながら水あそびを始められるようにする。じょうろなどのおもちゃで一緒にあそび、徐々に水の感触を楽しめるようにかかわっていく。④ 	●着脱の際には、「あんよを入れるよ」など、一つ一つの行為を言葉にして丁寧に伝え、自分から身体を動かそうとする気持ちにつながるようにする。言葉かけに対して身体を動かすときもあれば、そうでないときもある段階なので、その都度、本児の気持ちに合った援助を心がける。① ●四つばいやつかまり立ちの兆しが見られるので、引き続き、本児の様子に合わせて言葉をかけたり、環境を整えたりして、身体を動かそうとする意欲が育まれるようにする。② ●片言やしぐさで表す要求を丁寧にくみ取り、「○○が欲しいのかな」と言葉に置き換え、応答的にかかわることで、保育者とやり取りする心地よさを感じられるようにする。指さしが見られる時期なので、細やかにかかわっていく。③ おソトに行きたいのかな
●家庭でも絵本を手に取り、見ているようなので、園で楽しんでいる絵本を紹介し、家庭で選ぶときの参考になるようにする。	●暑さのために体調を崩しやすくなるので、園と家庭で様子を伝え合い、健康に過ごせるようにする。
●午前睡を取らないと食事中に眠くなってしまい、進まないことがあった。先に睡眠を取ってから食事の時間になるよう、生活リズムを整えていく。 ●保育者に甘えるなど、信頼を寄せ、関係が深まっていることを感じる。他児へも興味をもちはじめている。人とのかかわりが広がっていくように働きかけていきたい。	●四つばいで移動するようになり、つかまり立ちであそぶ姿も増えた。安全な環境を整え、身体を動かすことに楽しさを感じている姿を共感的に見守っていく。 ●思うようにいかないことがあると、泣いて、怒っている。安心して自分の気持ちを出していけるよう、思いに寄り添い、受け止めていきたい。

1）ジャルゴン＝jargon わけのわからない言葉の集まり。"文"が生まれる前ぶれといわれている。ジャーゴンともいう。

指導計画（8月）

	Hちゃん（1歳1か月・女児）	Rちゃん（1歳2か月・男児）
前月末の子どもの姿	●はじめは嫌がっていた完了食にも慣れ、手を伸ばしてよく食べる。 ●棚や壁につかまり立ちをしたり、四つばいや伝い歩きで廊下に出掛けたりしてあそんでいる。 ●ジャルゴンを言ったり、見つけたものを指さしで知らせようとしたりする。 ●「どうぞ」と言いながら、保育者とものやり取りを楽しんでいる。 ●水あそびでは、保育者と１対１だと安心した様子を見せ、バケツの水をおたまでかき混ぜるなどして、あそんでいる。	●生活の流れを見通せるようになり、園庭から戻ると、自分から食事のコーナーに行こうとする。 ●午睡時、嫌がることなく布団に横になり、入眠しようとする。 ●自分のエプロンがわかり、手に取ろうとしたり、靴を履こうとして足に当てたりする。 ●嫌なときには首を振るなどして、気持ちを伝えようとする。 ●自分のロッカーからかばんを取り出し、ホールなどに出掛けるあそびを繰り返し楽しんでいる。
保育の内容	①一口量を知り、おいしさを味わいながら食べる。 ②いろいろな姿勢で、全身を大きく動かしてあそぼうとする。 ③ほかの子に興味をもち、かかわろうとする。 ④手指を使うあそびを楽しむ。	①スプーンやフォークに興味をもつ。 ②簡単な身の回りのことを保育者と一緒にしようとする。 ③保育者に見守られて、興味のあるあそびを満足するまで楽しむ。
養護的な側面を含めた配慮	●自分で食べるときに、詰め込む傾向があるので、一口大に分けたり、前歯で一口量をかみ取れるよう声をかけたりするなど、少量ずつ味わって食べられるよう援助する。① ●"動きたい"気持ちに応え、保育者も四つばいになって一緒にあそんだり、壁面におもちゃを設置したりし、四つばいやつかまり立ち、伝い歩きを十分に楽しめるようにする。② ●他児があそんでいるおもちゃを欲しがることがあるので、「○○ちゃん、△△であそんでいるね」などの言葉をかけ、同じようなおもちゃを渡し、隣で楽しめるようにする。③ ●本児の興味に合わせ、プラスチックチェーンを容器に出し入れするおもちゃなど、手指を使って探索を楽しむ環境を整える。あそぶ様子に応えて、「入ったね」などと声をかけ、本児の思いに共感しながら一緒にあそぶようにする。④	●保育者が持つスプーンに手を伸ばすようになってきたら、子ども用のスプーンやフォークなどを用意し、興味をもつ姿に応答的にかかわる。歯の生え方が少しゆっくりなので、刻みを少し小さめにするなど、調理スタッフと連携し、本児に合った離乳食を提供していく。① ●自分から身の回りのことをしようとする気持ちを大切にしながら様子を見守ったり、一緒に行ったりして、"やってみたい"思いが満たされるようにする。② ●かばんを持って出掛けるあそびでは、「いってらっしゃい」「おかえり」「○○に行くのかな？」などの言葉をかけ、楽しい気持ちに共感していく。また、本児の"つもり"が膨らんでいくような働きかけを工夫する。③ ●"○○したい""嫌だ"と自己主張する姿を肯定的に捉え、本児の気持ちを受け止めるとともに、自分の要求や願いに応えてもらえたと感じる体験を重ねていけるようにかかわる。
子育て支援	●長期の夏休みを予定していると聞いているので、休み明け後、親子ともに無理なく園生活を再開できるように、休み中の体調や過ごし方などについて話を聞く機会を設けたり、休み明けの園での様子を伝えたりする。	●家庭でも、自分で何でもやりたがるなど、自己主張しているようなので、保護者の大変さを受け止めるとともに、育ちの見通しや園でのかかわりの例を伝える。
評価・反省	●人見知りで、担任以外の保育者を見ると泣いたり、ブロックで顔を隠したりする。本児の気持ちを受け止め、安心して過ごせるように配慮する。 ●友達へ「どうぞ」と言いながらおもちゃを渡すなど、やり取りを楽しんでいる。人とかかわる楽しさを感じていけるよう、仲立ちしていく。	●おかずを好み、白飯が最後になることが多いが、全体的にはよく食べているので、咀嚼の様子などを見ながら、離乳を完了していきたい。 ●指さしや片言、「ん！　ん！」などの発声で思いや欲しいものなどを伝えることや、保育者とのやり取りを楽しんでいる。言葉を補いながら丁寧に応え、伝えたい気持ちや、受け止めてもらえたうれしさが膨らむようにかかわる。

＊「評価・反省」は８月末の内容です。

絵本

ねないこ だれだ
作/せな けいこ
福音館書店

いただきますあそび
作/きむら ゆういち
偕成社

えんやら りんごの木
作/松谷 みよ子　絵/遠藤 てるよ
偕成社

たまごのあかちゃん
作/かんざわ としこ
絵/やぎゅう げんいちろう
福音館書店

はらぺこあおむし
作/エリック・カール　訳/もり ひさし
偕成社

にんじん
作/せな けいこ
福音館書店

 歌

「**とうきょうとにほんばし**」(わらべうた)

「**からすかずのこ**」(わらべうた)

「**だるまさん**」(わらべうた)

「**あたま・かた・ひざ・ポン**」(イギリス民謡　訳詞/高田三九三)

「**ボウズ**」(わらべうた)

「**こんこんちきちき**」(わらべうた)

「**トントンパチパチ**」(作詞・作曲/阿部直美)

指導計画（8月）

9月

クラスの計画

前月末の子どもの姿

●よく食べ、おかわりをすることがある。
●保育者のそばで安心してあそんだり、甘えてだっこを求めたりする。
●ほかの子におもちゃを渡したり、頭を触ったりする。

今月のねらい

●いろいろなものやことに興味をもち、やってみようとする。
●保育者と一緒にあそんだり、ほかの子にかかわろうとしたりする。

養護

●粗大運動の発達に合った環境を作り、"動きたい"気持ちに応えていくようにする。
●保育者を信頼して甘えたり、他児や周囲のものやことにかかわろうとしたりする気持ちを受け止め、ときには代弁しながら、思いに寄り添っていく。

保育の内容

●自分で食べることを楽しむ。
●自分で動く楽しさを感じながら、活発に探索する。
●保育者としぐさやもの、言葉などのやり取りを楽しむ。
●ほかの子のまねをしてあそぶ。
●音楽に合わせて身体を動かすことや、ふれあいあそびを楽しみ、心地よさを味わう。

環境の構成

●おもちゃを見直し、子どもの"やってみたい"気持ちが膨らむようにする。また、コーナーのような小さな空間や、静かに過ごせる場所も設け、安心してあそべるようにする。
●午前中や夕方などの涼しい時間を選び、園庭で自然物とふれあうなど、探索を楽しめるようにする。

保育者等の連携

●行動範囲が広がってきているので、園庭に出たときなどは特に注意し、保育者間で声をかけ合うようにする。

9月末の評価・反省

●低月齢児も午前睡を取ることが減り、午後にまとまって眠るリズムができてきた。一人一人の生活リズムに合わせて食事のグループ分けを見直すなど、臨機応変に対応していきたい。

個別の計画

Tちゃん（9か月・男児）

前月末の子どもの姿	●よく食べ、完食する。自分から食材に手を伸ばすことはなく、保育者に食べさせてもらっている。 ●ずりばいで移動するが、両腕を突っ張ったり、腰を上げたりして四つばいの姿勢になることがある。腹ばいからお座りをしようとするときもある。 ●ほかの子があそぶ姿をじっと見たり、近づいて行ったりする。 
保育の内容	①3回食の食材や味に慣れる。 ②ずりばいや四つばいで移動することを楽しむ。 ③保育者とのやり取りを楽しむ。
養護的な側面を含めた配慮	●2回食をよく食べているので、体調のよいときに歯茎で潰せる硬さの3回食に移行し、咀嚼や嚥下の様子を引き続き丁寧に見ていく。食材に手を伸ばす姿が見られてきたら、手に持って食べられるものを取り皿に用意し、本児の気持ちに応える。① ●ボールを転がしたり、車のおもちゃを走らせたりして誘い、"動きたい"気持ちがさらに膨らむようにかかわっていく。また、マットの山やロールクッションを乗り越えてあそべるように環境を整え、四つばいにつながる働きかけをする。お座りをしようとする兆しも見られるので、周囲に危険なものがないか注意しながら、自分でできるようになるのをゆっくり待つようにする。② ●「おつむてんてん」「バイバイ」などのしぐさのまねや、「いない いない ばあ」などのあそびを通して、保育者とやり取りしながらあそぶ楽しさを味わえるようにする。③ 
子育て支援	●食欲があり、よく食べる姿を喜び合うとともに、3回食の食材や調理形態、硬さなどについての情報を共有し、連携して離乳を進めていく。
評価・反省	●食べ物を見ると声を出したり、身を乗り出したりしている。食べることを楽しみにしている気持ちに共感しながら援助していきたい。 ●四つばいやつかまり立ちをする姿が見られるようになってきた。安全面に配慮しながら、本児の育ちに合った環境を整えていく。

＊「評価・反省」は9月末の内容です。

Mちゃん（11か月・女児）	Jちゃん（1歳1か月・男児）
●食材を手に取り、確かめるように触ってから口に入れている。 ●午前睡を取らないと、食事中に眠くなることがある。 ●ずりばいであちこちに移動し、探索を楽しんでいる。 ●保育者にだっこを求めて甘える。 ●近くにいるほかの子にふれようとする。 だっこなの？	●手づかみでよく食べるが、あまりかまずに飲み込む。 ●四つばいでの探索が活発になり、つかまり立ちでもあそぶ。 ●思うようにいかないことがあると、泣いて怒っている。 ●食事の準備が始まると、「まんま」と大きな声で言う。 ●ボールを触ったり、転がしたりしてあそぶ。
①自分で食べることを楽しむ。 ②いろいろな姿勢になってあそぶ。 ③保育者に気持ちを受け止めてもらい、心地よさを感じる。	①よくかんで食べる。 ②保育者に見守られて、興味のあるものでたっぷりあそぶ。 ③保育者に気持ちを受け止めてもらい、安心して過ごす。
●自分から皿に手を伸ばす姿を大切にし、パンなど、手づかみで食べやすいものを用意し、自分で食べることを楽しめるようにする。また、本児のペースを尊重したり、「○○だよ。おいしいかな」などの言葉をかけたりし、ゆったりと進めていく。午前睡を取らないと食事の途中で眠くなり、進まないので、先に睡眠を取り、しっかり食べられるよう生活リズムを整えていく。① ●いろいろな姿勢になってあそぶ姿を見守りながら、楽しい気持ちに共感していく。また、活発に動くので、思わぬけがにつながらないよう安全面に配慮する。② ●本児の求めに応えていくことで、信頼感をさらに深め、人とかかわる心地よさを感じられるようにする。人見知りをする姿もあるが、担任との信頼関係が深まっているからこそその姿と肯定的に捉え、安心できるようなかかわりを心がける。また、他児へ興味を示す様子に合わせて、「○○ちゃんだね」など、本児の思いに寄り添う言葉をかけるようにする。③ ○○ちゃんだね！	●食べる様子に合わせて、「もぐもぐしようね」などの言葉をかけながらゆっくりと進め、よくかんで食べられるようにする。また、保育者の持つ介助用のスプーンに興味を示すようになったら、子ども用のスプーンやフォークを準備する。① ●いろいろなものに興味をもち、かかわろうとする意欲を大切にし、満足するまで楽しめるよう時間や空間を保障する。また、朝夕の涼しい時間には園庭で過ごし、雑草や花を見たり、砂を触ったり、風の心地よさを感じたりして、自然とのかかわりを楽しめるようにする。② ●思いどおりにいかず、不安な気持ちを表しているときは、本児の気持ちに寄り添い、「嫌だったね」と共感的にかかわるなど、安心して自分の気持ちを出していけるようにする。また、片言に込められた本児の気持ちを丁寧にくみ取り、「まんま、食べようね」などと返し、言葉で思いが通じ合う経験を重ねていけるようにする。③
●8月後半、長期の夏休みで欠席が続いたので、休み中の様子や体調などについて、保護者の話を聞く機会を設ける。また、休み明け後の園での様子も伝えて、親子ともに無理なく園生活を再開できるようにする。	●四つばいやつかまり立ちをするようになったことを喜び合うとともに、転倒など、注意したいポイントについて共有していく。
●月の後半より3回食を食べているが、食材によっては嫌がることがある。様子を見ながら、おおらかな気持ちで見守っていきたい。 ●いろいろなことに興味をもち、"○○したい"と要求を表現するようになってきた。本児の思いを受け止め、応えてもらう心地よさを感じられるようにする。	●よくかんで食べるようになってきた。離乳の完了に向けて、食べたことのない食材を家庭で試してもらうなど、連携しながら進めていく。 ●保育者に呼びかけられたり、目が合ったりするとよく笑い、うれしい思いを表現する。今後も人とかかわる心地よさを感じられるようにしていきたい。

指導計画（9月）

	Hちゃん（1歳2か月・女児）	Rちゃん（1歳3か月・男児）
前月末の子どもの姿	●午前中に眠る日と、眠らない日がある。 ●ズボンをはくとき、保育者に声をかけられると、足を動かそうとする。 ●担任以外の保育者を見ると泣いたり、ブロックで顔を隠したりして、人見知りをする。 ●保育者やほかの子に「どうぞ」と言って、おもちゃを渡す。ほかの子が持っているおもちゃが欲しいときにも「どうぞ」と言う。 ●バケツやたらいの水をコップですくったり、おたまでかき混ぜたりしてあそぶ。	●スプーンやフォークを持ちながら、手づかみで食べる。 ●鼻水が出たことを、保育者に指さしで伝える。 ●マットの山の上から、転がることを繰り返し楽しんでいる。 ●指さしや片言、「ん！ ん！」などの発声で保育者に思いやしたいことを伝えたり、やり取りを楽しんだりしている。やりたい思いが通らないと泣いて怒る姿がある。
保育の内容	①自分のペースで機嫌よく過ごす。 ②保育者と一緒に簡単な身の回りのことをしてみようとする。 ③言葉を使って、保育者やほかの子とかかわろうとする。	①保育者に鼻水を拭いてもらい、きれいになる心地よさを感じる。 ②自分の要求や思いが伝わるうれしさを味わう。 ③手指を使うあそびを楽しむ。 ④保育者とふれあいあそびを楽しむ。
養護的な側面を含めた配慮	●本児のペースで眠り、機嫌よく目覚め、後の時間を心地よく過ごせるように配慮する。また、午前睡を取らない日は食事の途中で眠くなってしまうことが予想されるので、少し早めに食事に誘うなどし、満足して食事を終えられるようにする。① ●着脱の際には、自分から手足を動かそうとする姿を待つなど、本児のペースに合わせてゆったりと進めていく。また、生活のさまざまな場面で「○○しようね」と言葉をかけ、身の回りのことに興味をもてるようにする。② ●自ら言葉を使ってかかわろうとするので、「どうぞ」「ちょうだい」「かして」「ありがとう」などの言葉を使ったやり取りを一緒にしながら、言葉を使う体験を重ねていけるように援助する。③ ●人見知りについては、できるだけ本児のそばに同じ保育者がついたり、担任以外の保育者の出入りに配慮したりして、安心して過ごせるようにする。	●鼻水が出たことを知らせてきたときには、本児の気づきに応え、「きれいにしようね」「おはな、拭こうね」などの言葉をかけてから顔にふれる。拭き終わったら、「気持ちよくなったね」と言葉を添え、"きれいにしよう"とする気持ちを育んでいけるようにする。①② ●指さしや片言で伝える本児の要求や思いを丁寧にくみ取り、「○○してほしいのかな」などの言葉で応えていくことで、伝わったうれしさを味わい、安心して自分の思いを表現していけるようにする。② ●プラスチックチェーンを容器に出し入れしたり、ままごと用のスプーンやれんげで素材をすくったりなど、手指を使ってあそぶ環境を整える。本児の様子に合わせて、「すくえたね」などの言葉をかけ、うれしい気持ちに共感していく。③ ●「金魚のひるね」（作詞／鹿島鳴秋 作曲／弘田龍太郎）など、本児の好きなふれあいあそびを繰り返し楽しみ、保育者とやり取りしながらあそぶ楽しさを味わえるようにする。④
子育て支援	●暑さによる疲れのためか、体調を崩しやすくなっている。登降園時には園と家庭で様子を伝え合い、適切に対応していく。	●今月からお迎え時間が変わるので、連絡事項などの伝え忘れがないように気をつけるとともに、本児の様子を丁寧に伝え、親子ともに安心して園生活を送れるようにする。
評価・反省	●食事では、おかわりをして、おなかがいっぱいになると「（ごちそうさまでし）た」と言い、機嫌よく終えている。今後も、心身両面において心地よく満たされた気持ちを味わえるように配慮していきたい。 ●思いを片言で伝える姿が増えてきた。言葉が通じるうれしさを感じていけるよう、丁寧にやり取りしていきたい。	●食事は後半のグループで食べているが、前半のグループの様子を見て、先に食べたがることがある。そのときの本児の気持ちを大切にし、臨機応変に対応していく。 ●ホールや園庭では、大きいクラスの子がやっていることに興味をもち、じっと見ている。安全面に配慮しながら、本児の"やってみたい"気持ちに応えていきたい。

＊「評価・反省」は9月末の内容です。

絵本

あそびましょ
作/松谷 みよ子　絵/丸木 俊
偕成社

ねこが いっぱい
作/グレース・スカール
訳/やぶき みちこ
福音館書店

かお かお どんなかお
作/柳原 良平
こぐま社

もじゃ もじゃ
作/せな けいこ
福音館書店

だっこして
作/にしまき かやこ
こぐま社

おつきさまこんばんは
作/林 明子
福音館書店

歌

「だっこしてギュー」(作詞・作曲/福尾野歩　中川ひろたか)

「くっついた」(作詞・作曲/三枝ちひろ)

「うさぎとかめ」(作詞/石原和三郎　作曲/納所弁次郎)

「おつきさま」(わらべうた)

「えんやらもものき」(わらべうた)

「にぎりぱっちり」(わらべうた)

「金魚のひるね」(作詞/鹿島鳴秋　作曲/弘田龍太郎)

「いもむしごろごろ」(わらべうた)

10月

クラスの計画

前月末の子どもの姿

●午前睡を取らず、午後にまとまって眠る子が増えている。
●戸外に出る前、自分の靴を"履かせて"と持ってくることがある。
●園庭ではエノコログサにふれたり、砂場や大型遊具であそんだりしている。

今月のねらい

●保育者に見守られて、好きなあそびを楽しむ。
●散歩に出掛け、秋の自然にふれる。

養護

●戸外のあそびが増えるので、一人一人の行動やいる場所を把握したり、次の行動を予測したりして、安全に過ごせるよう気をつける。
●子どもの"○○したい""○○してほしい"という思いを受け止め、一人一人の思いが満たされるように応えていく。

保育の内容

●手づかみや、スプーン・フォークを使って、自分で食べることを楽しむ。
●全身を大きく動かしたり、手指を使ったりすることを楽しむ。
●保育者の言葉をまねしたり、喃語で話そうとしたりする。
●ほかの子の近くであそんだり、かかわろうとしたりする。
●秋の自然を探索する。

環境の構成

●高月齢児は他児とのかかわりが増え、ものや場所の取り合いをすることが予想されるので、十分な数のおもちゃを用意したり、スペースを整えたりする。
●一人一人の午睡を保障するため、早く目覚めた子は別の部屋で過ごせるようにするなど配慮する。

保育者等の連携

●誤食を防ぐため、一人一人の離乳状況、アレルギーの有無を共有し、配膳前にはメニューを読み上げ、確認し合う。

10月末の評価・反省

●他児とのやり取りの中で、ものの取り合いが出てきた。すぐに止めるのではなく、必要なときに援助したり、仲立ちしたりするように心がけていきたい。

個別の計画

	Tちゃん（10か月・男児）
前月末の子どもの姿	●食べ物を見ると声を出したり、身を乗り出したりする。 ●手づかみで食べようとする。 ●まとまって長い時間眠るようになっている。 ●四つばいやつかまり立ちをするときがある。 ●棚の間から"ばあ"と顔を出してあそぶ。 
保育の内容	①自分で食べることを楽しむ。 ②いろいろな姿勢であそぶ。 ③身近な人やものに興味をもち、かかわりを楽しむ。
養護的な側面を含めた配慮	●「おいしいね」など、言葉をかけながら食事を進め、本児の"食べたい"気持ちに共感していく。コップからお茶を飲むとき、こぼれることが多いので、五指を開いて安定してコップが持てるように保育者の手を添え、傾き加減などを丁寧に見ていく。① ●自分で動けるうれしさに共感しながら、さらに動きたい気持ちが膨らんでいくよう、少し離れた所から呼びかけるなどして働きかけていく。また、つかまって立てる場所を豊富に用意したり、壁面やベッドの柵におもちゃを設置したりして、本児の発達要求に応えられるように環境を整える。②  ●保育者にだっこを求めるなど、かかわりたい思いを出しているので、ふれあいあそびやもののやり取りなどをして一緒にあそび、思いに応えていく。また、興味のあるもので安心してあそべるようにそばで見守り、楽しさに共感していく。③
子育て支援	●季節の変わり目で体調を崩しやすいので、園と家庭で体調の変化などをこまめに伝え合い、健康に過ごせるようにする。
評価・反省	●午前睡が食事の時間にかかり、代替食を食べることが多かったが、月の後半は午前中に眠らないこともあり、しっかり食べていた。様子を見ながら、早めに食事をし、眠るというリズムを整えていきたい。 ●保育者の膝に乗ってきて甘えるが、担任以外の保育者には人見知りをする。安心して過ごせるよう配慮していきたい。

＊「評価・反省」は10月末の内容です。

Mちゃん（1歳・女児）	Jちゃん（1歳2か月・男児）
●3回食を食べているが、おかゆや舌触りが苦手なものは口から出したり、首を振ったりして食べようとしない。 ●四つばいで移動するようになり、行動範囲が広がっている。 ●保育者に"どうぞ"とおもちゃを渡す。 ●園庭の水道の蛇口を触り、水が出ないと、泣きながら保育者の顔を見る。	●着脱の際、保育者の言葉に合わせて、身体を動かそうとする。 ●一人で立ち上がったり、階段を四つばいで上ったりなど、活発に動く。 ●保育者がおもちゃを見せると、「うーうー」と声を出し、笑いながら手に取る。 ●園庭では草を引っ張ったり、砂にふれたりしてあそんでいる。
①いろいろな食材の味や食感に慣れる。 ②四つばいで移動することを楽しむ。 ③保育者に見守られて、探索を楽しむ。	①いろいろな食材の味や形態に慣れる。 ②身体を動かしてあそぶ。 ③保育者とのやり取りを楽しむ。 ④さまざまな素材の感触を楽しむ。
●「○○、おいしいよ」などと言葉をかけ、楽しい雰囲気の中で食事を進め、自ら食べてみようとする気持ちがもてるようにする。おかゆを嫌がることが多いが、口に入れようとすることもあるので、無理強いせずに、おおらかな気持ちで見守っていく。① ●保育者も四つばいになって一緒にあそんだり、階段やマットの山などを四つばいで上ってあそべるように環境を整えたりして、"動きたい"気持ちに応えていく。② ●園庭を動き回ったり、押し入れに入ったり、ものを出したりなど、活発に探索する姿を見守りながら、安全に楽しめるように配慮する。また、"○○したい"という思いが強くなってきているので、丁寧にやり取りしながら受け止め、応えてもらううれしさを感じられるようにする。③	●なんでも喜んで食べているので、離乳の完了に向けて、いろいろな食材の味や大きさ、硬さなどに慣れていけるようにする。① ●園舎内の階段や段差、マットの山などの上り下りを楽しめるような環境を整え、身体をたっぷり動かしてあそべるようにする。また、園庭を活発に動き回ってあそぶので、次の行動を予測し、危険のないように見守っていく。② ●保育者にかかわろうとする思いに応え、歌に合わせたしぐさやおもちゃを介したやり取りなどを通して、楽しい気持ちを共有していく。また、指さしで見つけたことや気づいたことを伝えようとするときは、本児の姿に応えて、「○○いるね」などとタイミングよく言葉を添え、やり取りする喜びや意欲を育めるようにする。③ ●砂にふれたり、型抜きをしたりして一緒にあそび、砂の感触を味わったりおもしろさを感じられるようにしたりする。また、ポリ袋や果物のネットキャップなどの素材を用意し、音や感触を楽しめるようにする。④
●園と家庭で食事の様子を伝え合い、喜んで食べられるような方法をともに考えていく。	●間もなく歩行が始まりそうなので、ファーストシューズについて、どのようなものがよいか、靴選びのポイントを伝え、参考になるようにする。
●手づかみで食べる姿が増えてきたが、少し食べると皿をひっくり返したり、食べ物を投げたりすることがある。理由を探るとともに、食べる姿を認め、喜びを感じられるようにしたい。 ●つかまり立ちをする姿が増えてきた。両手を離して、一人で立つこともあるので、安全な環境を整え、すぐに手を差し伸べられるように近くで見守る。	●保育者の手を取って、1、2歩あるき、うれしそうにしている。本児の"歩きたい"思いに応えるとともに、四つばいであそぶことも引き続き大切にしていきたい。 ●他児に関心が出てきて、そばに行ってじっと見たり、同じことをしようとしたりする。一緒にあそびながら、他児とかかわる楽しさを感じられるように援助していく。

指導計画（10月）

	Hちゃん（1歳3か月・女児）	Rちゃん（1歳4か月・男児）
前月末の子どもの姿	●食事では、おかわりをして、おなかがいっぱいになると「（ごちそうさまでし）た」と言う。 ●つかまり立ちから手を離し、つま先に力を入れて、一人で立つ。 ●すべりだいの階段を一段上っては、保育者のほうを振り返る。 ●「いーよ」「いや」など、思いを片言で伝える姿が増えている。	●スプーンやフォークを使って食べようとする。 ●おむつにおしっこが出ると、ズボンを下げようとする。 ●年上の子がやっていることに興味をもち、じっと見たり、まねしてやってみようとしたりする。 ●保育者と一緒に「なべなべそこぬけ」（わらべうた）を楽しみ、自分で回ろうとする。
保育の内容	①スプーンやフォークを使って食べようとする。 ②保育者やほかの子とのやり取りを楽しみ、かかわりをさらに広げる。 ③保育者に見守られて、興味のあるあそびを楽しむ。	①スプーンやフォークを使って食べる。 ②便座にすわってみる。 ③散歩を楽しむ。 ④いろいろなことに興味をもち、やってみようとする。
養護的な側面を含めた配慮	●手づかみで喜んで食べている姿を大切にしながら、食材をスプーンに載せておいたり、フォークに刺しておいたりして、食具への興味が高まるよう働きかける。握る力はまだ弱いので、スプーンなどは指全体でしっかりと握れるように援助する。① ●本児の言葉に、「○○が嫌なのね」などと言葉で応え、言葉が通じるうれしさを感じていけるようにかかわる。また、他児にかかわりたいという思いを大切にし、近くで見守ったり、様子に合わせて仲立ちしたりして、人とかかわる楽しさを感じていけるようにする。② ●いろいろなことやものに興味をもち、かかわろうとする意欲を大切にしながら見守り、振り返ったときには、その都度目を合わせて、本児の思いを代弁する言葉をかけ、応答的にかかわる。③	●スプーンやフォークを握る手にさりげなく保育者の手を添えるなどして、食具を使って食べたい気持ちが満たされるようにする。また、食事は後半のグループで食べることになっているが、その日の体調や朝食の時間、本児の様子に応じて、臨機応変に対応していく。① ●おむつがぬれていないときに、トイレに誘い、興味をもつようであれば便座にすわってみる。また、ズボンを脱ごうとしているときには、「おしっこ出たのかな。おむつを替えようね」と言葉をかけ、排尿→交換を一つの流れとして捉えられるようにする。② ●体調や気温を見ながら散歩を計画し、秋の自然にふれたり、電車や車などを見たりして戸外を楽しむ機会を作る。見つけたものを指さしや片言で知らせようとするときには、言葉を添えて応答的にかかわっていく。③ ●"○○したい"という思いがさらに膨らんでいるので、安全に気をつけながら、本児の思いが満たされるよう応えていく。また、「よかったね」「うれしいね」など、本児の思いを言葉にしてかかわる。④
子育て支援	●動きが活発になったり、言葉が増えたりなど、日々成長している姿を園と家庭で伝え合い、成長をともに喜ぶ。	●園で楽しんでいる絵本やわらべうたなどを紹介し、家庭であそぶときの参考になるようにする。
評価・反省	●午前睡を取ることがほとんどなくなり、午後にまとめて眠るようになった。午前中にたっぷりとあそべるようにしたり、落ち着いた環境を整えて睡眠を保障したりしていきたい。 ●歩行が始まり、ゆっくりと移動している。歩くうれしさを感じている姿を共感的に見守りながら、安全な環境を整えていきたい。	●熱やせきが出て欠席することが多かった。丁寧に健康観察を行うとともに、家庭での様子を聞き、本児の体調に合わせて過ごせるよう配慮していく。 ●おなかがいっぱいになると自分で"ごちそうさま"をし、着替えを持ってくるなど、見通しをもって生活している。自分で行動する姿を見守り、声をかけるタイミングを考慮する。

＊「評価・反省」は10月末の内容です。

おかあさんといっしょ

作／薮内 正幸
福音館書店

りんご

作／松野 正子　絵／鎌田 暢子
童心社

こんにちは

作／わたなべ しげお
絵／おおとも やすお
福音館書店

こんにちは、ばいばい

作／サトシン　絵／北村 裕花
神宮館

あーんあん

作／せな けいこ
福音館書店

おばけなんてないさ

作／槇 みのり　峯 陽
絵／せな けいこ
ポプラ社

「きのこダンス」（作詞／島本一男　作曲／湯浅とんぼ）	「うさぎ」（わらべうた）
「コブタヌキツネコ」（作詞・作曲／山本直純）	「いまないたからすが」（わらべうた）
「きつねのおはなし」（作詞／まど・みちお　作曲／渡辺茂）	「バッタンバッタン」（わらべうた）
「めぇる めぇる」（遠野のわらべうた）	

11月

クラスの計画

前月末の子どもの姿

- 行きたい場所や興味のあるおもちゃを見つけて、あそぶ。
- おもちゃの取り合いをすることがある。
- 散歩に出掛け、景色を見たり、探索したりして楽しんでいる。

今月のねらい

- 広い場所でのびのびと身体を動かしてあそぶ。
- 好きなあそびを保育者やほかの子と楽しむ。

養護

- 寒い季節に向けて、体調や気候を考慮しながら、薄着で過ごせるようにする。
- 子どもの伝えようとする思いを言葉にしながら応え、保育者の思いも伝えるなど、人とのやり取りが楽しく、心地よく感じられるようにする。

保育の内容

- 自分で食べたり、おかわりしたりしながら食事を楽しむ。
- 着脱に興味をもち、保育者の声かけに応じて手足を動かしたり、自分でやってみようとしたりする。
- 上り下りや乗り越えなど、いろいろな身体の動きを楽しむ。
- ほかの子への関心が高まり、同じことや同じものを楽しむ。

環境の構成

- 子どもの"やってみたい"気持ちに応えていけるように場や時間を保障し、安全に楽しめるようにする。
- 身体の動きが大きくなっているので、一人一人がのびのびと動けるように空間を作る。

保育者等の連携

- 行動範囲が広がっているので、安全に過ごせるよう、子どものいる場所や行動を職員全員で確認する。

11月末の評価・反省

- 体調などを考慮しながら、散歩に行くことができた。今後も散歩に出掛ける機会を作り、保育者やほかの子と一緒にさまざまな出合いを楽しんでいきたい。

個別の計画

	Tちゃん（11か月・男児）
前月末の子どもの姿	●手づかみでなんでもよく食べるが、こぼす量が多い。 ●午前睡を取らない日がある。 ●四つばいやつかまり立ちで探索を楽しんでいる。 ●担任保育者の顔を見ると笑ったり、膝に乗って甘えたりするが、ほかの保育者には人見知りをする。 ●保育者が太鼓をたたくと、まねをしてたたく。 
保育の内容	①安定した生活リズムで機嫌よく過ごす。 ②自分で食べることを楽しむ。 ③保育者とやり取りを楽しむ。 ④戸外でのびのびとあそぶ。
養護的な側面を含めた配慮	●食事中に眠くならないよう、食事の時間を早めにして、おなかがいっぱいになり、眠るというリズムを整えていく。①  ●自分で食べたい気持ちを大切にしながら、手でつかみづらいものは介助するなどして、一定量食べられるように援助する。よく食べているので、家庭と連携しながら完了食に移行し、咀嚼や嚥下の様子を丁寧に見ていく。② ●本児が興味を示したものを一緒に見たり、指さしや喃語などに言葉を添えて応えたりして、やり取りする楽しさを感じ、基本的信頼感を育めるようにする。また、簡単な歌あそびのしぐさを一緒に楽しむなど、心地よい気持ちのやり取りを味わえるようにする。③ ●園庭では、草や花にふれたり、砂の感触を楽しんだりして、本児のペースで探索を楽しめるようにそばで見守る。また、だっこで散歩に出掛け、暖かな日ざしや風に揺れる葉っぱなど、自然にふれる機会を作る。④
子育て支援	●薄着の大切さを共有し、調節しやすい衣服について具体的に伝えたり、質問に応じたりする。
評価・反省	●伝い歩きをしたり、一人で立ち上がったりするようになってきた。足元の環境に配慮し、自分から一歩を踏みだすのを待つようにする。 ●園庭では、4歳児（兄が在籍）に相手をしてもらったり、探索を楽しんだりしている。これから寒くなるが、本児の体調に気をつけながら、戸外であそぶ時間を保障していく。

＊「評価・反省」は11月末の内容です。

Mちゃん（1歳1か月・女児）	Jちゃん（1歳3か月・男児）
●手づかみで食べることが増えてきたが、少し食べると皿をひっくり返したり、食べ物を投げたりすることがある。 ●つかまり立ちから、両手を離して、一人で立つ。バランスを崩して倒れそうになっても、自分でつかまる所を見つけて、体勢を立て直そうとすることもある。 ●保育者と目が合うと笑顔を返したり、嫌なときは首を左右に振ったりして、自分の思いを表情やしぐさなどで保育者に伝えようとする。 ●自分のロッカーから着替えを引っ張り出してあそんでいる。	●離乳が完了し、新たに加わった食材も嫌がらずによく食べている。 ●保育者の手を握って、1、2歩あるく。 ●ほかの子のそばに行ってじっと見たり、同じことをしようとしたりする。 ●散歩の途中で、車や電車を見ると、"バイバイ"のしぐさをする。 ●絵本を見ながら指さし、「これ」と言う。
①自分のペースで食べる。 ②立った姿勢を楽しむ。 ③自分の思いや要求が伝わるうれしさを味わう。 ④手指を使ってあそぶ。	①鼻水を拭いてもらい、清潔にする心地よさを感じる。 ②保育者に仲立ちしてもらい、ほかの子とかかわろうとする。 ③戸外でのびのびと過ごす。 ④保育者と一緒に絵本を楽しむ。
●嚥下や歯の生え具合に配慮しながら、本児のペースで食べ進めていけるように分量を調整するなど、適切な援助を考える。また、皿をひっくり返したり、食べ物を投げたりする姿については、おおらかな対応を心がけながら、食感によるものなのか、飽きてしまうからなのかなど、理由を探っていく。① ●つかまり立ちであそべるような環境を工夫し、安全に立位を楽しめるよう、手を差し伸べられる位置で見守る。また、本児のうれしい気持ちを代弁し、共感する。② ●喃語や表情、指さしなどに込められた本児の思いをくみ取り、言葉にしたり、要求に応じたりして、思いが伝わるうれしさや安心感を味わえるようにする。③ ●引っ張る・つまむ・握る・出し入れするなど、手指を使うおもちゃを用意し、満足するまで繰り返しあそべるようにする。また、一緒にあそんで楽しさが広がるように援助する。④	●鼻水が出ているときには、いきなり拭かずに「おはなが出ているよ」「ティッシュで拭こうね」などと言葉をかけてから顔にふれるようにする。拭き終わったら、「きれいになったね」と言葉をかけ、気持ちよさを意識していけるようにする。① ●他児に興味をもち、じっと見ているときには「○○ちゃん、何をしているのかな？」と本児の気持ちを代弁したり、「○○ちゃん、△△しているね」と状況を言葉にしたりして、興味が膨らむようにする。また、他児と同じおもちゃが欲しいという思いが満たされるように同じ種類のおもちゃを複数用意する。② ●散歩に出掛け、秋の自然にふれたり、開放感を味わったりして、戸外の心地よさを楽しめるようにする。また、"歩きたい"思いに応えられるように、できるだけ平たんで安全な場所を探して、見守る。③ ●乗り物や食べ物など、本児が興味をもっているものが描かれた絵本を選び、1対1で楽しむ機会を作る。また、指さしや片言で伝えようとする姿を待って、応答的にかかわることで、やり取りの楽しさを味わえるようにする。④
●本児の好きなわらべうたなどを伝え、家庭であそぶときの参考になるようにする。	●「こえこえ＝これこれ」「わんわ＝動物全て」など、保護者が連絡帳で知らせてくる「Jちゃん語録」を共有したり、園からも伝えたりして、ともに育てている関係が深まるようにする。
●食材は軟らかいものより硬いものを好むので、食感の苦手なものは量を調節しながら様子を見ていく。また、満腹になったり、飽きたりすると皿を投げるので、本児に確認しながら食事をおしまいにしていくようにする。 ●ブラシを頭に当てて、髪をとかすまねをするなど、つもりになってあそぶ姿が出てきた。本児の様子に応えて言葉をかけ、"つもり"が膨らむようにする。	●空になった皿を持ち上げて、おかわりを要求するなど、楽しんで食事をしている。手づかみで意欲的に食べる姿を認めながら、スプーンやフォークにも興味をもてるよう働きかけていきたい。 ●歩行が始まり、バランスを取りながら歩いている。歩行を楽しめるように安全な環境を整え、そばで見守っていきたい。

これ

いやいやなのね

電車だね、バイバイ

	Hちゃん（1歳4か月・女児）	Rちゃん（1歳5か月・男児）
前月末の子どもの姿	●食べる量が増え、食事を終えるのを嫌がることがある。 ●主に手づかみで食べているが、スプーンやフォークを使おうとする姿も見られる。 ●午前睡を取ることがほとんどなくなり、午後にまとめてぐっすり眠る。 ●歩行が始まり、うれしそうにゆっくりと歩く。 ●砂場で、カップの中に入っている石を皿やおわんなどに入れ替えることを楽しんでいる。	●熱やせきが出て欠席することが多かった。 ●おなかがいっぱいになると、自分で"ごちそうさま"をして、食事を終える。 ●生活の流れがわかり、食後に着替えを持ってくるなど、身の回りのことを自分でやってみようとする。 ●ほかの子と同じことをしたり、かかわろうとしたりする。
保育の内容	①食事を楽しむ。 ②歩く楽しさを味わう。 ③保育者とふれあってあそぶ。	①保育者に手伝ってもらいながら、ズボンを脱ごうとする。 ②みたてたり、つもりになったりしてあそぶ。 ③ほかの子とのかかわりを楽しむ。
養護的な側面を含めた配慮	●おかわりできるように少量ずつ盛り付けを工夫するなど、満足して食事を終えられるよう配慮する。スプーンなどを使おうとするときには、一口量に分けたり、小さく潰したりして、自分で食べられるように援助する。また、あそびの中でも、スプーンを使えるような環境を整える。① ●平たんな広い場所で歩いたり、手作りのL字ブロックを押したりしてあそび、歩くうれしさを感じている姿を共感的に見守る。また、一緒にボールを追いかけたり、少し離れた所から声をかけたりなど、歩きたい気持ちがさらに高まるような働きかけも工夫する。② ●「おふねがぎっちらこ」など、本児の好きなわらべうたを繰り返し楽しみ、保育者とふれあいながら身体を動かすことを楽しめるようにする。③	●自分でズボンを脱ごうとしているときにはさりげなく援助しながら見守り、自分でできた喜びを感じられるようにする。また、身の回りのことへの興味や、"自分で"の意欲が膨らむように、様子を見ながら、脱いだ衣服をロッカーのかごに入れることなども一緒にしてみる。① ●経験したことを再現して楽しめるように、身近な道具にみたてられるような小物や空き容器などを用意する。また、模倣のイメージが広がるよう、本児の"つもり"に合わせて、一緒にあそぶ。② ●他児と同じ場所で同じあそびを楽しめるようにおもちゃの数やスペースを確保し、そばで見守ったり、一緒にあそんだりする。また、他児と一緒に絵本を見たり、手あそびをしたりして、楽しい思いを共有していけるようにする。③
子育て支援	●園と家庭で離乳食の食べ具合を伝え合い、離乳を完了していけるように連携する。	●園と家庭で体調の変化などをこまめに伝え合い、健康に過ごせるようにする。
評価・反省	●離乳を完了したが、野菜や硬いものを嫌がることがある。よくかんで食べられるように声をかけたり、調理室と連携しながら量や硬さなどを調節したりしていく。 ●歩けるようになり、周囲のものやことへの興味がどんどん広がっている。楽しいことやうれしいことに共感しながら、安心して探索を楽しめるようにする。	●着脱が終わると、自分から脱いだ衣服をかごに入れようとする。意欲を損ねないように配慮しながら、入れ間違いに気をつける。 ●鼻水が出ている子を見つけると、ティッシュペーパーを持ってきて、拭いてあげようとするなど、他児への興味・関心が高まっている。心地よいかかわりができるよう見守っていきたい。

＊「評価・反省」は11月末の内容です。

絵本

コロちゃんは どこ?
作/エリック・ヒル
評論社

だるまさんと
作/かがくい ひろし
ブロンズ新社

だるまさんの
作/かがくい ひろし
ブロンズ新社

おててがでたよ
作/林 明子
福音館書店

ふうせんねこ
作/せな けいこ
福音館書店

ぼうしかぶって
作/三浦 太郎
童心社

歌

「**きのこ**」(作詞/まど・みちお　作曲/くらかけ昭二)

「**こんやのねずみ**」(わらべうた)

「**どうどうめぐり**」(わらべうた)

「**パンやさんにおかいもの**」(作詞/佐倉智子　作曲/おざわたつゆき)

「**どんぐり**」(作詞/戸倉ハル　作曲/小林つや江)

「**ととけっこー**」(わらべうた)

「**こりゃどこのじぞうさん**」(わらべうた)

「**あしあし あひる**」(わらべうた)

12月

クラスの計画

前月末の子どもの姿

●ズボンの着脱に興味をもち、自分でやってみようとする。
●ほかの子と同じことをしてあそぼうとする。
●散歩に出掛け、落ち葉にふれたり、斜面を上ったりしてあそぶ。

今月のねらい

●あそびや生活の中で、興味をもったことをやってみようとする。
●保育者やほかの子とのかかわりを楽しむ。

養護

●感染症がはやる時期なので、健康観察を丁寧に行い、体調の変化が見られたときには適切な対応を行う。
●"○○したい" "○○してほしい" などの思いがさらに膨らむよう、楽しさに共感したり、環境を再構成したりする。

保育の内容

●興味をもった身の回りのことを、保育者と一緒にしてみようとする。
●外気にふれ、身体を動かしてあそぶ。
●自分の思いを身ぶりや指さし、言葉で伝えようとする。
●保育者やほかの子と一緒にふれあいあそびを楽しむ。

環境の構成

●道具を使うことへの興味が膨らむよう、スプーンやおたまなど、ままごとの道具の種類や数の充実を図る。
●高い所に上りたい気持ちが高まっているので、安全に楽しめる場所を保障する。

保育者等の連携

●調理室と連携して、調理前の野菜や煮干しなどの食材を見る機会を作る。
●看護師と連携して、おう吐物の処理の手順などを保育者間で確認し合う。

12月末の評価・反省

●下痢や熱などで体調を崩す子が多かった。体調に合わせて、無理のない生活を送れるよう配慮していきたい。

個別の計画

	Tちゃん（1歳・男児）
前月末の子どもの姿	●完了食を食べている。 ●伝い歩きをしたり、一人で立ち上がったりする。 ●園庭で兄が在籍する4歳児クラスの子に相手をしてもらったり、探索を楽しんだりしている。 ●戸外で手のひらに当たる太陽の光に気づき、指を動かしたり、手を振ったりする。 ●「まんま」「あった」と言う。
保育の内容	①着脱に興味をもち、手や足を動かそうとする。 ②いろいろな姿勢になり、身体を動かす楽しさを味わう。 ③手指を使うあそびを楽しむ。
養護的な側面を含めた配慮	●衣服を交換するときには、「お手々、出るかな」「ズボンをはくよ」など、行為に合わせた言葉をかけ、自分から手足を動かそうとするのを待つようにする。ただ、保育者の言葉かけに対して身体を動かすときもあれば、そうでないときもある段階なので、その都度、本児の気持ちに合った援助を心がける。① ●立ったり、座ったりすることを楽しんでいる姿を見守りながら、楽しい気持ちに共感していく。まだ直立の姿勢は不安定なので、突然バランスを崩すことを想定しながら見守り、安全面には十分に配慮する。② ●本児の興味に合わせて、引っ張ったり、つまんだり、出し入れしたりするおもちゃを用意し、手指を使って探索を楽しめるようにする。また、本児の様子に応じて、「出てきたね」などの言葉をかけ、楽しさに共感しながら一緒にあそぶ。③ 出てきた 出てきた
子育て支援	●歌に合わせて手をたたく姿があるので、家庭であそぶときの参考になるように、園で楽しんでいる手あそびやわらべうたなどを伝えるとともに、そのときの本児の様子も知らせる。
評価・反省	●歩行が始まり、歩くことを楽しんでいる。十分に歩くことのできる安全な環境を整え、歩くうれしさに共感していきたい。 ●他児がしていることに興味をもち、同じことをしてみようとする姿が出てきた。声をかけながら見守り、他児への興味が膨らむよう援助していきたい。

＊「評価・反省」は12月末の内容です。

Mちゃん（1歳2か月・女児）	Jちゃん（1歳4か月・男児）
●軟らかいものより硬いものを好み、トーストなどを喜んで食べる。 ●ブラシを頭に当てて、とかすまねをしてあそぶ。 ●砂場で砂をカップに入れたり、出したりしてあそぶ。 ●「ちょちちょちあわわ」（わらべうた）のしぐさをまねして楽しんでいる。	●空になった皿を持ち上げて、おかわりを要求するなど、意欲的に食べている。 ●バランスを取りながら歩く。 ●指さしや表情、片言で思いを伝えようとしている。 ●「お舟はぎっちらこ」（作詞／井上 徹 作曲／江沢清太郎）に合わせて身体を揺らして楽しんでいる。
①いろいろな食材の味や食感に慣れる。 ②みたてたり、つもりになったりしてあそぶ。 ③保育者とのやり取りを楽しむ。	①スプーンやフォークを使ってみようとする。 ②歩くことを楽しむ。 ③保育者と言葉のやり取りを楽しむ。
●軟らかいものは口から出すことがあるが、硬いものはよく食べているので、完了食に移行する。食感が苦手なものは量を調節するなど配慮し、「○○、甘くておいしいよ」などの言葉をかけながら無理せず進めるようにする。また、満腹になったり、食事に飽きたりする様子が見られたら、皿を投げるなどする前に、本児に確認して食事をおしまいにする。① ●身近なものにみたてられる空き容器や積み木、布などを用意したり、「もしもし、Mちゃんですか」などといった本児の様子に合わせた言葉をかけたりしながら一緒にあそび、"つもり"が膨らむようにする。②もしもし、Mちゃんですか？ ●しぐさが楽しいわらべうたや手あそびなどを選び、繰り返し楽しめるようにする。また、"バイバイ"と手を振ったり、お辞儀をしたりする姿に言葉を添え、やり取りする心地よさを味わえるようにする。③	●手づかみで喜んで食べる姿を大切にしながら、食具への興味が高まるよう、スプーンに一口分だけ載せておいたり、食材をフォークに刺しておいたりする。様子に応じて、一緒にスプーンを持って口まで運ぶなどし、徐々に自分で口に運ぶ回数が増えていくよう援助する。① ●歩行の発達に伴い、ますます行動範囲が広がることが予想されるので、安心して歩行を楽しめるような環境を整え、そばで見守る。また、ボールを一緒に追いかけてあそんだり、腕に掛けて歩けるおもちゃを用意したりして、歩きたい気持ちが膨らむように働きかける。② ●本児の指さしや言葉に、「○○だね」と言葉を添えて返し、伝わった喜びを感じられるようにする。また、理解する言葉が増えてくるので、ものと言葉、動作と言葉が一致していくよう、話しかけるときにはゆっくり、はっきりと話す。③
●園でよく食べた献立については具体的に伝え、家庭での食事の参考になるようにする。また、完了食に移行するので、食べ具合などをこまめに伝え合い、離乳の完了に向けて連携する。	●体調を崩しがちなので、園と家庭で体調についてこまめに伝え合い、変化が見られたときには早期に対応していけるようにする。
●食事の時間を少し遅らせたことや、軟飯から白米になったことで、よく食べるようになってきた。心地よい生活リズムで過ごし、食事も睡眠も十分にとれるようにしていきたい。 ●見慣れない保育者には泣いて、人見知りをするようになってきた。担任以外の保育者の動きに配慮して、安心して過ごせるようにする。	●階段を立って下りようとしたり、すべりだいを座って滑ろうとしたりなど、"やってみたい"思いが膨らんでいる。本児の思いを受け止めながら、安全に楽しめるように配慮し、見守っていきたい。 ●車や電車のおもちゃをつなげたり、積み重ねたりしてじっくりとあそんでいる。満足するまで楽しめるよう、時間やスペースを保障していきたい。

指導計画（12月）

185

	Hちゃん（1歳5か月・女児）	Rちゃん（1歳6か月・男児）
前月末の子どもの姿	●離乳が完了。野菜を嫌がるが、ほかに食べるものがなくなると食べようとするものもある。レンコンなどの硬いものは残すことが多い。 ●園庭や散歩先であちこち歩き回るなど、行動範囲を広げている。 ●ままごとの鍋の中にプラスチックチェーンを入れて、スプーンで混ぜてあそぶ。 ●"読んで"と、保育者の所に絵本を持ってくる。	●脱いだ衣服をロッカーのかごに入れようとする。 ●布団に入っていても、ほかの子があそんでいると、布団から出てあそぶことがある。 ●ままごとで皿を並べたり、食べるまねをしたりして楽しんでいる。 ●「ぼ（うしをかぶりたい）」「にゅうにゅう（牛乳を飲みたい）」など、言葉で思いを伝えている。
保育の内容	①いろいろな食材に慣れる。 ②戸外で身体を動かしてあそぶ。 ③興味のあるものやことに自らかかわり、満足するまで楽しむ。 ④保育者と絵本を楽しむ。	①保育者と一緒に身の回りのことをしようとする。 ②本児のペースで心地よく入眠する。 ③思いを受け止めてもらい、安心して自分を出してあそぶ。 ④ほかの子と一緒にふれあいあそびを楽しむ。
養護的な側面を含めた配慮	●触覚や味覚が発達し、食感や味の違いを感じ取れるようになってくる時期なので、「レンコン、シャキシャキしておいしいよ」などの言葉をかけ、自分から"食べてみよう"という思いがもてるよう働きかける。また、調理前の野菜を見る機会を作るなどして、食材に興味をもてるようにする。① ●気温や体調に配慮しながら戸外であそぶ機会を作り、固定遊具やボールなどで、身体を動かしてあそべるようにする。② ●興味を広げ、あちらこちらでかかわってあそぶ姿を見守りながら、楽しさに共感したり、満足するまで楽しめるようにスペースを確保したりする。園庭の探索では、どこにいて何をしているかを保育者間で常に確認し合う。③ ●膝に乗せて、本児が持ってきた絵本を一緒に見ながら、指さしや片言に応答的にかかわる。また、絵本の中に出てくるしぐさなどをまねして、やり取りを楽しめるようにする。④	●主体的に身の回りのことを行うようになってきているので、本児のペースで進めていけるよう、時間に余裕をもつ。また、いろいろな身の回りのことを自分でやってみたいという思いを尊重し、帽子をかぶる、靴を片づけるなど、本児が興味をもったことをできるよう見守っていく。① ●本児の思いを尊重し、少しあそんでから、タイミングを見て再び布団に誘い、心地よく入眠できるようにする。② ●いろいろな場面で、自分の思いをしっかりと主張するようになってきている。その都度、本児の思いを受け止め、安心してありのままの自分を出していけるようにする。また、一語で自分の思いを表すので、「帽子をかぶろうね」「牛乳を飲もうね」など、言葉を添えて返していく。③ ●1対1で楽しんだわらべうたを他児とも一緒に行い、楽しさを共有する。相手に合わせて動くことは難しいので、そばで見守りながら仲立ちし、心地よくかかわっていけるようにする。④
子育て支援	●園や家庭で本児が発した言葉を伝え合いながら、言葉への興味が高まってきていることを喜び合い、応答的にかかわることの大切さについて共通理解を図る。	●イヤイヤをするなど、自我が芽生えてきて、大変に思う保護者の気持ちに寄り添いながら、自己主張することの意味や大切さについて伝え、対応の仕方を一緒に考えていく。
評価・反省	●排尿すると知らせたり、戸外に出る前に靴下を持ってきたりなど、身の回りのことを理解し、主体的に生活するようになってきた。本児の様子に合わせて、言葉をかけ、意欲が膨らむよう援助する。 ●自分のロッカーからコートを出して、手を通そうとしたり、かばんを持って出掛けようとしたりなど、"つもり"が膨らんできている。本児の"つもり"を言葉にして、楽しさに共感していきたい。	●他児とのかかわりの中でも自分の思いを主張することが増えてきた。思いを受け止めながら、楽しいかかわりができるよう援助していきたい。 ●保育者の話していることがわかり、やり取りを楽しんでいる。具体的なわかりやすい言葉を使い、簡単な用事を頼むことなどもしていきたい。

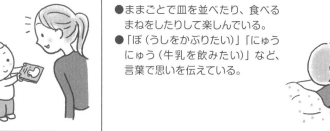

＊「評価・反省」は12月末の内容です。

絵本

ももんちゃん ぽっぽー

作／とよた かずひこ
童心社

かんぱーい

作／山岡 ひかる
アリス館

ぶー ぶー ぶー

作／こかげ さち　絵／わきさか かつじ
福音館書店

わんわん わんわん

作／高畠 純
理論社

ぽん ちん ぱん

作／柿木原 政広
福音館書店

ぞうさんとねずみくん

作／なかえ よしを　絵／上野 紀子
ポプラ社

歌

「あがりめさがりめ」（わらべうた）	**「ねんねこせ」**（わらべうた）
「あひるの行列」（作詞／小林純一　作曲／中田喜直）	**「ぺったらぺったん」**（わらべうた）
「どんどんばしわたれ」（わらべうた）	**「おもちゃのチャチャチャ」**（作詞／野坂昭如　作曲／越部信義）
「かってこ かってこ」（わらべうた）	**「さるのこしかけ」**（わらべうた）

指導計画（12月）

1月

クラスの計画

前月末の子どもの姿

- 下痢や発熱など、体調を崩している子が多い。
- スプーンやフォークを使って食べようとする。
- してほしいことや、やってみたいことなどを表情や言葉、身ぶりで伝えようとする。

今月のねらい

- 寒い冬を健康に過ごす。
- 身の回りの、興味をもったことを自分でしてみようとする。

養護

- 健康観察を丁寧に行い、体調の変化に留意しながら、健康に過ごせるようにする。
- 自分でやりたい思いをかなえ、満足できるように、一人一人の様子に合わせて援助したり、時間や場を保障したりする。

保育の内容

- 保育者やほかの子と一緒に食べる楽しさを味わう。
- 便座にすわってみる。
- 簡単な身の回りのことを自分でしようとする。
- 保育者とあそびながら、ほかの子とかかわる楽しさを味わう。
- リズムあそびや手あそびを保育者やほかの子と楽しむ。

環境の構成

- 室温や湿度に留意し、定期的に換気も行う。
- 子どもの興味が膨らんだり、やってみたい気持ちが広がったりするように、おもちゃ棚の内容を見直す。
- 積み木や電車などで、じっくりとあそべる環境を整える。

保育者等の連携

- アレルギー除去食の有無や、離乳の何期かを、保育者間で確認し合う。除去食がある場合は、保育者はアレルギーをもっている子から離れずに、食事を終えたら別の部屋に移し、子どもがアレルギー食材に近づかないように気をつける。

1月末の評価・反省

- 排せつや着脱に興味をもつ子が増えてきている。子どもが興味を示したときに、じっくり取り組めるよう、時間と場を保障し、援助する。

個別の計画

	Tちゃん（1歳1か月・男児）
前月末の子どもの姿	●手づかみで食べたり、コップを持って飲んだりするが、こぼす量が多い。 ●歩行が始まり、日に日に歩く距離が長くなっている。 ●ほかの子がしていることに興味をもち、同じことをしようとする。 ●歌に合わせて、手をたたいたり、身体を動かしたりする。 
保育の内容	①よくかんで食べる。 ②探索を楽しむ。 ③指さしや片言で、保育者に思いを伝えようとする。 ④保育者に仲立ちしてもらい、ほかの子にかかわろうとする。
養護的な側面を含めた配慮	●本児の食べる様子に合わせて「もぐもぐしようね」などの言葉をかけたり、口の動きを見せたりして、よくかんで食べられるようにする。また、自分で食べたり、飲んだりしたい気持ちを大切にしながら、一定量食べられるよう、援助する。① ●歩行距離が伸びているので、いろいろな所に歩いていき、探索を楽しめるよう、周囲の安全を確認しながら見守る。また、振り向いて保育者の姿を確認するときには、目を合わせてほほえんだり、言葉をかけたりし、安心して楽しめるようにする。② ●指さしや片言に込められた本児の思いをくみ取り、言葉にして返すなどして、保育者と気持ちを通わせる経験を重ねていけるようにする。③  ●他児と同じことをしようとしているときは、「○○ちゃんと同じだね」などの声をかけながら、共感的に見守ったり、かかわりをもてるよう仲立ちしたりする。また、同じ種類のおもちゃを多めに用意して、本児の思いに応えていく。④
子育て支援	●日中の睡眠が1回になってきたので、家庭と連携して24時間サイクルで生活リズムを整えていく。
評価・反省	●完了食をよく食べている。離乳の完了に向けて、家庭での食事の様子を聞くなど、連携しながら進めていきたい。 ●安定した姿勢で歩くようになってきた。歩きたい気持ちがより一層膨らむよう、環境を整えたり、働きかけたりしていきたい。

＊「評価・反省」は1月末の内容です。

Mちゃん（1歳3か月・女児）	Jちゃん（1歳5か月・男児）
●完了食を食べはじめる。食事の時間を遅くすると、進んで食べるようになる。 ●見慣れない保育者には泣いて、人見知りをする。 ●はいはいで移動したり、膝立ちの姿勢で歩いたりしている。 ●帽子のおもちゃをかぶったり、脱いだりを繰り返し楽しんでいる。 ●ごにょごにょとジャルゴンを言う。	●手づかみが主だが、スプーンやフォークを使ってみようとすることもある。 ●階段を立って下りようとしたり、すべりだいを前向きに座って滑ろうとしたりする。 ●ほかの子と顔を近づけて笑い合う。 ●車や電車のおもちゃをつなげたり、積み重ねたりして、じっくりとあそんでいる。
①心地よい生活リズムで過ごし、よく食べ、よく眠る。 ②伝い歩きや箱押しを楽しむ。 ③保育者に見守られて、興味のあるあそびを楽しむ。 ④保育者とのやり取りを楽しむ。	①スプーンやフォークを使って食べようとする。 ②ほかの子とかかわる楽しさを感じる。 ③やってみたい思いを膨らませながら、探索を楽しむ。
●本児の生活リズムを大切にし、心地よく食事や睡眠に向かえるよう配慮する。また、食事の際、見た目や、口に入れて嫌なものを投げる姿はあるが、手づかみでよく食べ、咀嚼や嚥下もしっかりしているので、離乳を完了していく。① ●立ち上がった目線の先に興味をもっているおもちゃを置くなどして、伝い歩きでの移動を誘ってみる。また、段ボール箱を用意し、押して前進する中で、足を前に出す経験ができるように配慮する。② ●あそびを見つけ、自分からかかわろうとする意欲を大切にし、満足するまで楽しめるよう時間や場を保障したり、十分な数のおもちゃを準備したりして、楽しさに共感する。③② ●本児のおしゃべりに相づちを打ったり、言葉を返したりして、応答的にかかわり、保育者とやり取りする楽しさを感じられるようにする。④	●自分で食べようとする姿を大切にしながら、食材をすくったり、刺したりしやすい大きさにする。また、本児の手にさりげなく手を添え、食具を使って食べてみたい思いが満たされるように援助する。① ●他児とかかわる様子や、そのときの本児の思いを言葉にしながら、楽しさに共感していく。また、保育者と1対1で楽しんだふれあいあそびを、他児と一緒に楽しむ機会を作り、かかわってあそぶ楽しさを感じていけるよう仲立ちする。② ●いろいろなことをやってみたい思いが広がってきているので、安全面に気をつけながら、本児の思いが満たされるよう見守る。階段では、保育者も四つばいの姿勢になって後ろ向きに下り、本児が自ら同じ姿勢をとれるよう働きかける。③
●離乳の完了に向けて、青魚などのアレルギーの有無を家庭で確認してもらい、連携しながら進めていく。	●園で楽しんでいる絵本やわらべうたなどを紹介し、家庭であそぶときの参考になるようにする。
●機嫌が悪くなると怒って泣くことがある。本児の思いを言葉にしながら受け止め、安心して自分を出していけるようにする。 ●膝立ちで歩く姿が多いが、立ち上がって歩く姿も見られるようになってきた。不安定な姿勢で動く場面が増えるので、安全面に十分配慮する。	●おむつがぬれたことを保育者に伝えることがある。認める言葉をかけるとともに、おむつがぬれていないときには、トイレに誘い、便座にすわる経験をしていけるようにする。 ●歩行が安定してきて、園庭ではまてまてあそびを楽しんでいる。引き続き、体調に配慮しながら、戸外で身体を動かしてあそんでいきたい。

指導計画（1月）

	Hちゃん（1歳6か月・女児）	Rちゃん（1歳7か月・男児）
前月末の子どもの姿	●おむつに排尿すると、トイレをのぞき、「ちっち」と言う。 ●着替えの際、自分でロッカーからTシャツを出す。 ●ロッカーからコートを出して、着ようとしたり、かばんを持って出掛けようとしたりする。 ●語彙が増え、「みかん」「くつ」などの一語文を盛んに言う。 ●自分のものがわかり、ほかの子が持とうとすると泣いて訴える。	●食事の時間を楽しみにし、自分でエプロンや手拭きタオルを持ってきて準備しようとする。 ●保育者に誘われて便座にすわろうとする。 ●ままごとでほかの子と"乾杯"をしたり、いろいろなものを配ったりしてあそぶ。 ●ほかの子と場やものを取り合うことがある。 ●シールはりを楽しんでいる。
保育の内容	①便座にすわってみる。 ②保育者に手伝ってもらいながら、身の回りのことをしようとする。 ③保育者と一緒にみたてたり、つもりになったりしてあそぶ。 ④自分の思いや要求を言葉で伝えようとする。	①食事を楽しむ。 ②便器で排尿しようとする。 ③ほかの子とのかかわりを楽しむ。 ④いろいろな素材にふれてあそぶ。
養護的な側面を含めた配慮	●おむつがぬれていないときに、本児の思いを確認しながら、便座に誘ってみる。排尿を知らせてきたときには、「おしっこ、出たのね。おむつを取り替えようね」と言葉をかけ、排尿→交換を一つの流れとして捉えられるようにする。① ●身の回りのことをしてみようとする気持ちを大切にし、そばで見守ったり、難しそうなところはさりげなく手伝ったりして、自分でできた喜びを感じられるようにする。② ●お出掛けあそびやままごとでは、本児の"つもり"に合わせて言葉をかけて一緒にあそび、楽しさに共感していく。また、身近な道具にみたてられるような小物などを用意する。③ ●一語文に込められた本児の思いを丁寧にくみ取り、言葉を加えながら返し、思いが伝わるうれしさを感じられるようにする。また、ままごとあそびなどを通して、言葉のやり取りを楽しめるよう働きかける。④③ ●自分のものをほかの子が持つことを拒む姿を成長のあかしと捉えて尊重し、言葉を添えて丁寧にかかわる。	●食事の準備をしたり、おかわりをしたりして、食事を楽しんでいる姿を共感的に見守る。また、食後に皿とコップを重ねて運ぼうとするので、危なくないよう見守りながら、本児の思いを大切にし、食事への満足感が得られるようにする。① ●本児の排尿間隔に合わせてトイレに誘い、少しずつ便座にすわる経験を増やしていく。タイミングが合い、排尿したときには「おしっこ出たね」と一緒に喜び、"また行こう"という思いにつながるようにする。② ●保育者とのあそびを通して、他児とのかかわりが広がるよう仲立ちし、かかわる楽しさや心地よさを共有していけるようにする。他児にかかわろうとするが、うまく言葉にならずに強引なかかわり方になることもあるので、まずは本児の思いをしっかりと受け止めたうえで、代弁したり、相手の思いを伝えたりする。③ ●シールや新聞紙などの素材にふれて一緒にあそび、おもしろさを感じられるようにする。また、本児の興味に合わせた素材や場などの環境を整える。④
子育て支援	●1歳6か月児健診を受ける予定なので、健診時の様子を共有し、大きくなったことを喜び合う。	●年末年始の休み中の体調や過ごし方などを聞き、無理なく園生活のリズムに戻していけるようにする。
評価・反省	●野菜や見慣れないものは口にしないことがある。本児の気持ちを確かめながら、無理強いしない程度にすすめていきたい。 ●保育者の言っていることを理解して行動したり、保育者の言葉をまねてやり取りを楽しんだりしている。言葉でのやり取りを一層楽しめるよう、かかわっていきたい。	●突発性発疹や肌の乾燥、軟便など、体調を崩すことが多かった。家庭と連携し、早期発見・対応を心がけていきたい。 ●食後に保育者のまねをして、エプロンや手拭きタオルを洗おうとする。やりたい気持ちや、やろうとする姿を大切にし、そばで見守っていきたい。

＊「評価・反省」は1月末の内容です。

ももんちゃん どすこーい

作／とよた かずひこ
童心社

ごぶごぶ ごぼごぼ

作／駒形 克己
福音館書店

くつくつあるけ

作／林 明子
福音館書店

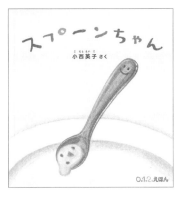

スプーンちゃん

作／小西 英子
福音館書店

のりものいっぱい

作／柳原 良平
こぐま社

なーらんだ

作／三浦 太郎
こぐま社

「ゆっさんゆっさん」（わらべうた）

「やまからころころ」（わらべうた）

「かんてきわって」（わらべうた）

「かぜひききつね」（作詞・作曲／阿部直美）

「かれっこやいて」（わらべうた）

「たかいたかいをして」（作詞・作曲／谷口國博）

「あくしゅでこんにちは」（作詞／まど・みちお　作曲／渡辺茂）

「くまさん くまさん」（わらべうた）

2月

前月末の子どもの姿

●排せつや着脱に興味をもち、やってみようとする。
●「だめー」など、自分の思いを出す。
●自分の思いが通らず、相手の子をひっかいたり、かんだりすることがある。
●ほかの子が泣いているとそばに行き、顔をのぞき込む姿がある。

今月のねらい

●身の回りのことを自分でするうれしさを感じる。
●身体を動かして楽しく過ごす。

養護

●子どもの行動範囲や発達過程を把握し、行動や行為から危険を予測して、対応する。
●自我の芽生えに伴い、自己主張する姿を肯定的に受け止め、安心して自分の思いを出していけるようかかわる。

保育の内容

●ズボンの着脱や手洗いなどを、保育者と一緒にしてみる。
●身体を動かすあそびを楽しむ。
●保育者やほかの子と、言葉やもののやり取りを楽しむ。

環境の構成

●ズボンの着脱や手洗いなどを "自分でしてみたい" という気持ちに応えられるよう、時間や場を保障する。
●保育者が使う道具類など、おもちゃ以外のものにも興味をもち、ふれてみたり、使おうとしたりする姿が見られるので、安全面に配慮して見守るようにする。

保育者等の連携

●探索行動が活発になっているので、子どもの動きを保育者間で共有し、危険なことではない限り見守っていくように連携する。

2月末の評価・反省

●指さしや片言で自分の思いを伝えようとしている。伝わった喜びを感じられるように丁寧なかかわりを心がけていきたい。

個別の計画

	Tちゃん（1歳2か月・男児）
前月末の子どもの姿	●なんでもよく食べる。 ●安定した姿勢で、あちらこちらを歩いている。 ●担任の姿を見つけるとうれしそうに近寄ってくるが、担任以外の保育者だと顔をじっと見て、様子をうかがう。 ●プランターの土や水たまりの水にふれてあそぶ。 
保育の内容	①いろいろな食材の味や形態に慣れる。 ②身体を動かしてあそぶ。 ③ほかの子とかかわる楽しさを感じる。 ④手指を使ってあそぶ。
養護的な側面を含めた配慮	●なんでもよくかんで食べているので、離乳を完了し、いろいろな食材の味や形態、硬さなどに慣れていけるようにする。① ●少し離れた所から名前を呼ぶなどして、歩きたい気持ちがより一層膨らむよう、働きかけていく。また、平たんでない場所を歩こうとすることが予想されるので、安全には十分気をつけ、すぐ手を差し伸べられるようそばで見守る。固定遊具などにも興味をもち、"やってみたい" という思いが膨らんでいるので、安全面に配慮しながら、思いが満たされるよう見守る。② ●保育者と一緒にあそぶ中で、他児とかかわる楽しさを感じられるよう、一緒にリズムあそびやわらべうたを楽しむなど働きかけを工夫する。③ ●洗濯ばさみを外したり、ひもに通したビーズを動かしたりなど、手指を使ったあそびを十分に楽しめる環境を整え、本児の興味に応じて一緒にあそぶようにしていく。④ 
子育て支援	●離乳の完了に向けて、食べたことがない食材を試してもらったり、家庭での食事の様子を聞いたりして、連携しながら進めていく。
評価・反省	●声や片言で保育者に思いを伝えようとする姿が一段と増えてきている。思いが伝わるうれしさを感じられるように丁寧なやり取りを心がけたい。 ●興味のあるものを見つけて、じっくりとあそんでいる。満足するまで楽しめるよう時間や場を保障していきたい。

＊「評価・反省」は2月末の内容です。

Mちゃん（1歳4か月・女児）	Jちゃん（1歳6か月・男児）
●手づかみでよく食べるが、あまり好きではなかったり、いらなくなったりすると、食べ物や皿を投げることがある。 ●膝立ちで歩くことが多いが、立ち上がって歩くこともある。 ●機嫌が悪くなると怒って泣くことがある。 ●机の下に潜ったり、ティッシュペーパーを箱から引っ張り出してみたりなど、探索を楽しんでいる。	●おむつがぬれたことを保育者に知らせ、脱ごうとする。 ●「待て待て」と保育者に追いかけられることを楽しんでいる。 ●自分の思いどおりにならないと、床に突っ伏して怒る。 ●気に入ったあそびや歌などがあると、"もう1回"と要求する。 もう1回？
①スプーンやフォークを使って食べようとする。 ②歩くことを楽しむ。 ③思いを受け止めてもらい、安心して過ごす。 ④保育者に見守られて、探索を楽しむ。	①保育者に誘われて、便座にすわってみる。 ②思いを受け止めてもらい、安心して自分を出して過ごす。 ③好きなあそびを満足するまで楽しむ。
●手づかみで食べる姿を大切にしながら、食材をスプーンに載せたり、フォークに刺したりしておき、自分で食具を使って口に運ぶ経験をしていけるようにする。食具であそびはじめたときには、無理せず、保育者が介助したり、手づかみで食べられるようにしたりする。① ●本児の"歩きたい"気持ちを受け止め、平たんな広い場所を確保する。また、保育者の衣服をつかみながら歩こうとするなど、支えを求める姿が見られたときは、背後や正面から保育者の両手の人さし指と中指を握って歩けるように援助し、本児のペースで歩くことを楽しめるようにする。② ●自分の思いどおりにならず、泣いているときには、「悲しいね」など、本児の思いを言葉にして寄り添い、"自分の思いを受け止めてもらった"と、安心感を得られるようにかかわる。③ ●探索する姿をそばで見守り、本児からの"見つけた！""おもしろいよ"といった働きかけに応じて声をかけたり、目を合わせてほほえんだりして、共感していく。④	●おむつがぬれたことを保育者に伝えにきたときには、「おしっこ出たのね。よかったね」と言葉をかけておむつ交換に誘い、「排尿→交換」を一つの流れとして捉えられるようにする。また、排尿間隔を把握し、おむつがぬれていないときは、本児の思いを確認したうえで、便座に誘ってみる。① ●自分の思いを主張して駄々をこねたり、かんしゃくを起こしたりする姿を発達の過程として肯定的に捉え、思いに共感する言葉をかけたり、スキンシップを図ったりして、安心して自分を出していけるようにする。また、「どっちの○○にする？」など、自ら選び、決定できるように選択肢を提示するなど、かかわり方を工夫する。② どっちのボールにする？ ●電車や車のおもちゃなど、好きなおもちゃであそんでいるときは時間や場を保障し、満足するまで楽しめるようにする。本児の思いを先取りしないように気をつけながら、要求に応えて繰り返しあそび、思いが満たされるようにする。また、保育者とあそぶ中で、他児ともかかわり、楽しさを共有していけるよう仲立ちする。③
●けがをしないか、体調を崩さないかといった保護者の不安を丁寧に受け止め、降園時や連絡帳でのこまやかなやり取りを心がける。	●保育参加の希望があるので、園での様子を通して、成長を喜び合う機会となるようにする。
●自分の靴がわかり、"履かせて"と持ってくる。身の回りのことへの興味が育ってきている姿として捉え、丁寧に応えていく。 ●「バイバイ」「たっち」などの一語文を話すようになってきた。本児の言葉に応答的にかかわり、やり取りを楽しめるようにしたい。	●登園時間が遅い日は、本児の様子を見ながら、後半のグループで食事をするなど配慮し、心地よい生活を送れるようにする。 ●他児への興味が膨らみ、同じあそびをして楽しんでいる。様子を見守りながら、他児とかかわる楽しさにつながるように配慮したい。

指導計画（2月）

	Hちゃん（1歳7か月・女児）	Rちゃん（1歳8か月・男児）
前月末の子どもの姿	●スプーンやフォークを使って自分で食べる。 ●野菜や見慣れないものは口にしないことがある。 ●保育者の言葉を理解して行動したり、言葉をまねしたりする。 ●シールをはがしたり、はったりしてあそぶ。 ●気に入ったわらべうたを断片的に口ずさむ。	●突発性発疹、肌の乾燥、軟便など体調を崩すことが多い。 ●食後に保育者のまねをして、食器を片づけたり、エプロンや手拭きタオルを洗おうとしたりする。 ●ほかの子に抱きついたり、靴や衣服を「どうぞ」と渡したりする。 ●リズムあそびでは楽器の音に合わせて止まったり、片足を上げようとしたりする。 ●面ファスナーをはがす手作りおもちゃで繰り返しあそんでいる。
保育の内容	①保育者やほかの子と一緒に楽しく食べる。 ②ほかの子とのかかわりを楽しむ。 ③保育者と言葉のやり取りを楽しむ。	①身の回りのことを自分でするうれしさを味わう。 ②保育者やほかの子とのやり取りを楽しむ。 ③手指を使ってあそぶ。
養護的な側面を含めた配慮	●「ニンジン、甘いね」など、やり取りしながら食事を進め、保育者や他児と一緒に食べる楽しさを感じられるようにする。また、苦手なものについては、「おいしいよ」と言葉をかけながら無理強いしない程度に勧め、一口でも食べられたときには十分に認める。① ●他児のあそびに興味をもっている様子が見られたら、同じおもちゃをさりげなく近くに置いたり、あそびに誘ってみたりして、他児と一緒という感覚を楽しめるよう援助する。また、本児が気に入っているわらべうたを他児も含めて一緒にあそべるように働きかける。② ●言葉のリズムや音の響きがおもしろい絵本を選び、出てくる言葉をまねして言うなどして、絵本の世界を一緒に楽しむ。また、言葉でのやり取りを通して保育者と気持ちが通じ合う体験を重ねられるように、本児の伝えたい思いを代弁し、共感していく。③	●身の回りのことを自分でやりたい気持ちや、やろうとする姿を大切にし、時間や場を保障しながらそばで見守ったり、さりげなく手伝ったりして、思いが満たされるようにする。また、「やって」と手伝いを求めてきたときには、本児の思いを受け止め、手伝うようにする。① ●ままごとあそびで「ちょうだい」「どうぞ」などのやり取りをしたり、ほかの子のしぐさのまねをしたりなど、かかわりを楽しめるよう、一緒にあそびながら仲立ちしていく。また、やり取りを楽しめるようなあそびを一緒にし、楽しさを共有していく。② ●手指を使ったあそびへの興味が膨らんでいるので、本児の発達に合った手作りおもちゃを用意し、じっくりと取り組めるよう環境を整える。あそび方については、保育者がイメージしている内容と違っても否定せず、子どもがいろいろと試そうとする姿を見守る。③
子育て支援	●言葉がますます増えていることを喜び、言葉を使ったやり取りを楽しんでいる保護者の思いに共感し、成長を喜び合う。	●健康観察を丁寧に行ったり、園と家庭で体調を伝え合ったりして、疾病の早期発見・対応を心がける。
評価・反省	●ズボンを着脱しようとしたり、トイレに行こうとしたりなど、身の回りのことを自分でやろうとしている。本児のペースで進めていけるよう見守っていきたい。 ●リズムあそびを一緒にするなど、他児とのかかわりが増えてきた。あそぶ様子を見守りながら、楽しい思いに共感していく。	●食具を使って食べるようになっているが、日によっては、「やって」と言うことがある。そのときどきの本児の気持ちに寄り添い、援助していく。 ●戸外であそぶより、室内であそぶことを好む。本児の気持ちを尊重しながら、戸外でのあそびにも興味をもてるよう援助していきたい。

＊「評価・反省」は2月末の内容です。

どんどこ ももんちゃん
作／とよた かずひこ
童心社

ももんちゃん えーんえーん
作／とよた かずひこ
童心社

いちご
作／平山 和子
福音館書店

おたんじょうび
作／まつい のりこ
偕成社

きんぎょが にげた
作／五味 太郎
福音館書店

ばいばい
作／まつい のりこ
偕成社

「おやゆびねむれ」（わらべうた）	「つくしんぼ」（作詞・作曲／鶴川ききょう保育園）
「豆まき」（作詞・作曲／日本教育音楽協会）	「なべなべそこぬけ」（わらべうた）
「おでこさんをまいて」（わらべうた）	「どてかぼちゃ」（わらべうた）
「せんぞやまんぞ」（わらべうた）	「げんこつ山のたぬきさん」（わらべうた）

3月

クラスの計画

前月末の子どもの姿

●自分でズボンを着脱しようとする。
●ほかの子のあそびに興味をもち、一緒に楽しんだり、やり取りしたりする一方で、おもちゃを取り合うこともある。
●指さしや片言で、自分の思いを伝えようとする。

今月のねらい

●あそびや生活の中で、やりたい思いを膨らませる。
●保育者やほかの子と好きなあそびを楽しむ。

養護

●体調や気温に留意しながら、薄着で過ごせるように衣服を調節する。
●他児とかかわりたい思いを大切に、仲立ちしたり、一緒にあそんだりして、一人一人が満足感をもって過ごせるようにする。

保育の内容

●保育者やほかの子と一緒に食事を楽しむ。
●保育者に見守られたり、手伝ってもらったりしながら、身の回りのことを自分でしてみようとする。
●戸外でのびのびとあそぶ。
●身近な人とかかわってあそぶ楽しさを味わう。

環境の構成

●他児とものや場を取り合う場面が増えているので、おもちゃの数や空間を見直し、安心してあそべるようにする。

保育者等の連携

●進級に向けて、最後の1週間を1歳児室で過ごせるよう、保育者間で連携する。
●子どもたちの行動範囲が広がり、ほかのクラスにもあそびにいくので、職員同士で声をかけ合い、子どもがいる場所や様子を把握する。

3月末の評価・反省

●生活やあそびにおいてやりたい思いが大きくなり、しっかりと主張していた。一人一人のペースに合わせてかかわり、思いを受け止めるようにした。

個別の計画

Tちゃん（1歳3か月・男児）	
前月末の子どもの姿	●離乳を完了。硬さのあるものもよくかんで食べる。 ●大型遊具やテーブルなど、高い所に上ろうとする。 ●手指を使うおもちゃなど、興味のあるあそびを見つけ、じっくりと楽しんでいる。 ●声や片言で保育者に思いを伝えることが増える。 ●リズムあそびの音が聞こえるとホールに行き、ほかの子の姿をじっと見たり、一緒に身体を動かそうとしたりする。
保育の内容	①自分で食べることを楽しむ。 ②ほかの子と同じことをしてあそぶ。 ③やってみたい思いを膨らませながら、探索を楽しむ。 ④自分の思いが伝わるうれしさを味わう。
養護的な側面を含めた配慮	●こぼす量が多いが、"自分で食べたい""保育者に手伝われたくない"という本児の思いを尊重し、「おいしいね」「上手に食べられたね」など、共感的な言葉をかけ、見守る。また、コップを持った途端に傾けるので、本児の様子に合わせて、手を添えて援助したり、コップに入れる量を減らしたりする。① ●他児のすることに興味をもって、同じようにしようとするので、そばで見守ったり、仲立ちしたりして、思いが満たされるようにする。また、他児が持っているおもちゃを欲しがるときには、「○○ちゃん、△△しているね」などの言葉をかけ、同じようなおもちゃを渡し、隣で楽しめるようにする。② ●いろいろなことをやってみたい思いが膨らんできているので、安全面に気をつけながら、見守ったり、楽しい思いに共感したりする。③ ●本児の伝えようとしている思いを受け止め、言葉に置き換えるなど、丁寧なやり取りを心がけ、思いが伝わったうれしさや、受け止めてもらえた安心感を味わえるようにする。④
子育て支援	●動きが活発になり、家庭でのけがが増えているので、注意したいことについてポイントなどを共有する。
評価・反省	●他児とおもちゃを取り合い、声を出して怒ったり、おもちゃを引っ張ったりする姿が見られてきた。今後も思いに寄り添い、受け止め、安心して自分を出していけるようにする。 ●階段の上り下りに興味をもち、繰り返し楽しんでいた。立ったまま下りようとするなど、他児をまねする姿もある。安全面に配慮しながら、思いが満たされるよう援助していきたい。

＊「評価・反省」は3月末の内容です。

Mちゃん（1歳5か月・女児）	Jちゃん（1歳7か月・男児）
●自分の靴がわかり、"履かせて"と持ってくる。 ●園庭やホールなど、あちらこちらを歩き、探索活動を楽しんでいる。 ●ほかの子への興味が広がり、頭をなでたり、同じあそびをしたりしている。 ●「バイバイ」「たっち」などの一語文を話す。 ●リズムあそびでは、「どんぐり」（作詞／戸倉ハル　作曲／小林つや江）に合わせて転がることを楽しんでいる。	●スプーンやフォークを使って食べる。 ●鼻水を拭こうとすると、嫌がるが、きれいになるとにっこりと笑う。 ●ほかの子への興味が膨らみ、同じあそびをして楽しんでいる。 ●フェルトペンを持ち、手を左右に動かし、線を描く。
①保育者と一緒に簡単な身の回りのことをやってみようとする。 ②保育者と一緒に戸外でのびのびとあそぶ。 ③ほかの子とのかかわりを楽しもうとする。 ④保育者と言葉のやり取りを楽しむ。	①保育者と一緒にズボンをはこうとする。 ②さまざまな素材にふれてあそぶ。 ③描画を楽しむ。
●本児が興味をもった身の回りのことについて、言葉をかけながら一緒に行い、自分でしてみようとする意欲が育まれるようにする。また、着脱の援助をするときには、本児が保育者の手元を見ているか、確認しながら進める。① ●気温や体調を見ながら戸外で過ごす機会を多く作り、雑草などの自然物にふれたり、砂場で型抜きをして一緒にあそんだりする。安定した姿勢で歩くようになり、行動範囲が広がっているので、安全面に留意する。② ●他児にかかわりたいという気持ちを大切にし、そばで見守ったり、様子に合わせて仲立ちしたりし、かかわる楽しさに共感する。また、リズムあそびやわらべうたなどを一緒に楽しみ、かかわりが広がるよう働きかける。③ ●本児の言葉に応答的にかかわり、やり取りを楽しめるようにする。思いをうまく表現できないときには、気持ちを察し、言葉を補足するなど、丁寧なかかわりを心がける。④	●着脱に興味をもっている姿を大切にし、ゆったり見守ったり、さりげなく援助したりして、自分でできたうれしさを感じ、"またやってみよう"という意欲につながるようにする。① ●砂をカップに入れたり、保育者が作ったプリンや砂山を、手や足でつぶしたりなどを繰り返し楽しみ、砂の感触を味わえるようにする。また、ポリ袋や気泡緩衝材（エアパッキング）、新聞紙、シールなどの素材にふれるあそびを工夫し、感触や音などの楽しさを全身で味わえるよう、環境を整える。② ●フェルトペンやクレヨンでの線描きを満足するまで楽しめるように、仕切りなどでほかのあそびとはスペースを別にする。生活面でも自分でしようとする姿が見られるので、紙や描画材も自分で選べるように環境を整える。一般的に2歳頃までは、空いている手で紙を押さえながら描くことが難しいので、紙が動かないようにセロハンテープで留める。③
●言葉が増えてきて喜ぶ保護者の気持ちに共感、応答的にかかわることの大切さについて認識を共有する。	●自我の芽生えに伴い、自分の思いを怒ったり、泣いたりして主張する姿に、保護者が育児の大変さを感じている。連絡帳や登降園時のやり取りを通して、保護者の気持ちに寄り添い、共感する。
●おかわりを要求するなど、よく食べるようになってきた。今後も、本児の様子に合わせた援助を心がけ、喜んで食べられるようにしたい。 ●「耳はどこ?」と聞くと、指で示す（可逆の指さし）などの姿が出てきた。理解している言葉も増えてきているので、引き続き、言葉を使ったやり取りを一緒に楽しんでいきたい。	●身の回りのことを自分でやりたい気持ちが膨らみ、やってみようとすることが増えてきた。時間に余裕をもち、本児のペースで進められるよう、今後も配慮していきたい。 ●好きなことやものを見つけて、じっくりとあそんでいる。満足するまであそべるよう、環境を整えたり、楽しさに共感したりすることができた。

おおー！
すごい、すごい

ぐしゃっ

指導計画（3月）

	Hちゃん（1歳8か月・女児）	Rちゃん（1歳9か月・男児）
前月末の子どもの姿	●「（いただき）ます」「（ごちそうさまで）した」と、手を合わせて挨拶しようとする。 ●保育者に誘われ、トイレに行こうとする。 ●自分でズボンを着脱しようとする。 ●小走りで移動したり、不安定な場所に立とうとしたりする。 ●「ちゅーちゅー」「ぶーぶー」など、絵本の中の言葉をまねしながら、保育者とのやり取りを楽しんでいる。	●スプーンやフォークを使って食べるが、保育者に「やって」と言うこともある。 ●ほかの子と同じあそびを楽しむ姿がある一方で、自分の思いが通らないと、泣いて訴えたり、相手を押したりすることがある。 ●戸外より室内であそぶことが多い。 ●「にゅうにゅう、ちょうだい」など、二語文を話す。
保育の内容	①便器で排尿しようとする。 ②身の回りのことを自分でやってみようとする。 ③全身を動かしてあそぶ。 ④保育者やほかの子とやり取りしながらあそぶ。	①保育者やほかの子と一緒に食事を楽しむ。 ②戸外あそびを楽しむ。 ③保育者と言葉のやり取りを楽しむ。
養護的な側面を含めた配慮	●本児の排尿間隔に合わせてトイレに誘う。タイミングが合い、便器で排尿したときには一緒に喜び、"また行こう"という気持ちをもてるようにかかわる。誘っても、「いや」「でない」と言うときには、本児の主張を尊重し、後で誘うようにする。① ●身の回りのことに興味をもっているので、本児のペースで進めていけるよう、時間に余裕をもち、やりやすい環境を整える。また、食事のエプロンを持ってくる、帽子をかぶるなどを一緒に行い、自分でできる身の回りのことが増えるように援助する。② ●全身の動きが活発になってきたので、追いかけっこをしたり、園庭の丸太の上に立ったりして一緒にあそび、本児の思いが満たされるようにする。③ ●リズムあそびや手あそび、歌あそびなどを他児と一緒に繰り返し行い、楽しさを共有していけるようにする。また、保育者の言葉やしぐさをまねする姿に共感し、人とやり取りする楽しさを味わえるようにする。④	●食べさせてもらいたがるときには、本児の気持ちを受け止めながら、その気持ちに応じた援助を心がけ、楽しく食べられるようにする。また、「おいしいね」など、やり取りをしながら進め、保育者や他児と一緒に食べる楽しさを感じられるようにする。少しずつ苦手なものが出てきているが、食材のおいしさを言葉で伝えるなどし、一口でも食べられたら、十分に認める。① ●室内であそびたい思いを尊重しつつ、戸外でのあそびも楽しめるよう、本児がどのようなあそびに興味をもっているかを探り、一緒に楽しむ。また、プランターの土の中にいる幼虫やダンゴムシを一緒に探すなど、自然物にふれる機会も作っていく。② ●本児の言葉に、少しほかの言葉を添えて返すなど、丁寧なやり取りを心がける。言葉を通して気持ちが通じ合ううれしさや楽しさを感じられるようにかかわる。③
子育て支援	●1歳児室に積極的にあそびにいっている姿を伝え、保護者が進級を楽しみにできるよう配慮する。	●苦手なものを食べなかったり、皿をひっくり返したりなど、家庭の食事で困っているようなので、園での食事の様子や対応の仕方を知らせ、参考になるようにする。
評価・反省	●靴を自分で履こうとする姿が見られるなど、身の回りのことへの興味がますます広がっている。難しそうにしているときにはさりげなく手伝い、"できた"うれしさを感じられるようにする。 ●手を床につくポーズ（股のぞき）を繰り返している。するたびに保育者に「すごい?」と聞き、楽しんでいた。拡大していく自我に丁寧にかかわりたい。	●1歳児室に引っ越しをすると、とてもうれしそうな表情をしていた。新担任への引き継ぎを丁寧に行い、引き続き、うれしい気持ちで過ごせるようにしたい。 ●ボールあそびや砂場での型抜き、虫探しなど、戸外あそびを楽しむ姿が増えてきて、進んで戸外に出るようになった。今後も本児が興味をもっているあそびを通して、楽しさを共有していきたい。

＊「評価・反省」は3月末の内容です。

絵本

ノンタン おしっこ しーしー

作／キヨノ サチコ
偕成社

いいこでねんねできるかな

作／きむら ゆういち
偕成社

おべんとう

作／小西 英子
福音館書店

おひさま あはは

作／前川 かずお
こぐま社

どうぶつのおかあさん

作／小森 厚　絵／薮内 正幸
福音館書店

ひとりでうんちできるかな

作／きむら ゆういち
偕成社

歌

「**あおむしのさんぽ**」（作詞・作曲／三枝ちひろ）

「**おちょず**」（わらべうた）

「**いっちょここんぼこ**」（わらべうた）

「**べんけいが**」（わらべうた）

「**おてぶし てぶし**」（わらべうた）

「**おにさのるすに**」（わらべうた）

「**手をつなごう**」（作詞／中川李枝子　作曲／諸井誠）

「**バスにのって**」（作詞・作曲／谷口國博）

CD-ROMで、 ダウンロードで、 必要なデータに クイックアクセス！

本書に掲載されている指導計画（P.147 〜 199）、保育イラスト（P.201 〜 228）のデータは、付録の CD-ROM に収録されています。また、データは Web サイトからダウンロードもできるので、使いやすいほうをご利用ください。

●CD − ROMでデータを使う場合

巻末付録のCD‐ROMをドライブにセットして使います。データを使用する前に、必ず P.229 〜 239 を参照してください。

● Webサイトからダウンロードしたデータを使う場合

① パソコンのブラウザを立ち上げ、下記のダウンロードページにアクセスします。

https://hoikucan.jp/book/012saijinohoiku/0saijinohoiku/

② 下記のID、パスワードを入力します。

ID　0saijinohoiku　　　　　パスワード　0star

③ 指導計画か保育イラスト、必要なデータを選んでクリックします。
ダウンロードの方法についてはサイトをご覧ください。

●データはご購入された個人、または法人、団体が私的利用の範囲内で使用できます。
IDとパスワードの共有、譲渡は禁止しています。

データに関して、次のような用途での使用、行為は禁じています。
○園や施設の広告　　　　　　　　　　○ホームページ、SNS などネット上での使用*
○園や施設のポスター、パンフレット　○イラストや指導計画の販売
○物品に印刷しての利用　　　　　　　○ID、パスワードの販売
○企業の PR、広告、マークなど

*制作したおたよりをPDFなどの形式で、園のホームページ等に掲載することはできます。

0・1・2歳児の
保育イラスト

園だより、クラスだよりから、掲示やお知らせ、シアター、プレゼント作りまで、保育のさまざまな場面で役立つイラスト集です。付録のCD-ROMには、カラーデータ、モノクロデータの両方が収録されています。モノクロイラストは、このイラスト集をコピーして使うこともできます。

● 保育イラストのデータは下記からダウンロードして使うこともできます。

 0歳児の
保育

https://hoikucan.jp/book/012saijinohoiku/0saijinohoiku/
ID　0saijinohoiku　パスワード　0star

※データの使用に際しては、P.229以降を必ずお読みください。

● ファイル名の頭には、カラーには「c-」、モノクロには「m-」が入っています。

202-01

202-02

202-03

202-04

202-05

202-06

202-07

202-08

202-09

202-10

202-11

202-12

202-13

202-14

202-15

202-16

203-01

203-02

203-03

203-04

203-05

203-06

204-01

204-02

204-03

204-04

204-05

204-06

204-07

204-08

204-09

204-10

204-11

204-12

204-13

204-14

204-15

204-16

204-17

204-18

204-19

204-20

204-21

205-01

205-02

205-03

205-04

205-05

205-06

205-07

205-08

205-09

205-10

205-11

205-12

205-13

205-14

205-15

205-16

205-17

205-18

205-19

保育イラスト

206-01

206-02

206-03

206-04

206-05

206-06

206-07

206-08

206-09

206-10

206-11

206-12

206-13

206-14

206-15

206-16

02_保育
イラスト
カラー
02_
季節・夏
c-206-01
モノクロ
02_
季節・夏
m-206-01

207-01

207-02

207-03

207-04

207-05

207-06

保育イラスト

208-01

208-02

208-03

208-04

208-05

208-06

208-07

208-08

208-09

208-10

208-11

208-12

208-13

208-14

208-15

208-16

208-17

208-18

208-19

208-20

208-21

208-22

208-23

209-01

209-02

209-03

209-04

209-05

209-06

209-07

209-08

209-09

209-10

209-11

209-12

209-13

209-14

209-15

209-16

209-17

209-18

209-19

209-20

209-21

保育イラスト

210-01

210-05

210-02

210-06

210-03

210-04

210-07

210-08

210-09

210-10

210-11

210-12

210-13

210-14

210-15

211-01

211-02

211-03

211-04

211-05

211-06

212-01

212-02

212-03

212-04

212-05

212-06

212-07

212-08

212-09

212-10

212-11

212-12

212-13

212-14

212-15

212-16

212-17

212-18

212-19

212-20

212-21

212-22

212-23

212-24

213-01

213-02

213-03

213-04

213-05

213-06

213-07

213-08

213-09

213-10

213-11

213-12

213-13

213-14

213-15

213-16

213-17

213-18

213-19

保育イラスト

214-01

214-05

214-02

214-06

214-03

214-07

214-04

214-08

214-09

214-10

214-11

214-12

214-13

214-14

214-15

215-01

215-02

215-03

215-04

215-05

215-06

保育イラスト

216-01　　216-02　　216-03　　216-04

216-05　　216-06　　216-07　　216-08　　216-09

216-10　　216-11　　216-12　　216-13

216-14　　216-15　　216-16　　216-17

216-18　　216-19　　216-20　　216-21

216-22

216-23　　216-24

217-01

217-02

217-03

217-04

217-05

217-06

217-07

217-08

217-09

217-10

217-11

217-12

217-13

217-14

217-15

217-16

217-17

217-18

217-19

217-20

217-21

217-22

217-23

保育イラスト

子どもの姿

218-01

218-02

218-03

218-04

218-05

218-06

218-07

218-08

218-09

218-10

218-11

218-12

218-13

218-14

218-15

218-16

218-17

218-18

218-19

218-20

219-01

219-02

219-03

219-04

219-05

219-06

219-07

219-08

219-09

219-10

219-11

219-12

219-13

219-14

219-15

219-16

219-17

219-18

219-19

219-20

219-21

219-22

219-23

219-24

219-25

219-26

219-27

219-28

219-29

保育イラスト

220-01

220-02

220-03

220-04

220-05

220-06

220-07

220-08

220-09

220-10

220-11

220-12

220-13

220-14

220-15

221-01

221-02

221-03

221-04

221-05

221-06

221-07

221-08

221-09

221-10

221-11

221-12

221-13

221-14

221-15

221-16

221-17

221-18

221-19

保育イラスト

222-01

222-02

222-03

222-04

222-05

222-06

222-07

222-08

222-09

222-10

222-11

222-12

222-13

222-14

222-15

222-16

222-17

222-18

223-01　　223-02　　223-03　　223-04

223-05

223-06

223-07

223-08

保育イラスト

224-01

224-02

224-03

224-04

224-05

224-06

224-07

224-08

224-09

224-10

224-11

224-12

224-13

224-14

224-15

224-16

224-17

224-18

224-19

224-20

224-21

225-01

225-02

225-03

225-04

225-05

225-06

225-07

225-08

225-09

225-10

225-11

225-12

225-13

225-14

225-15

225-16

225-17

225-18

225-19

225-20

225-21

225-22

225-23

225-24

225-25

225-26

225-27

225-28

225-29

225-30

保育イラスト

226-01

226-02

226-03

226-04

226-05

226-06

226-07

226-08

226-09

226-10

226-11

226-12

226-13

226-14

226-15

226-16

226-17

226-18

226-19

227-01　227-02　227-03　227-04　227-05
227-06　227-07　227-08　227-09　227-10
227-11　227-12　227-13　227-14　227-15
227-16　227-17　227-18　227-19　227-20
227-21　227-22　227-23　227-24　227-25
227-26　227-27　227-28　227-29　227-30

保育イラスト

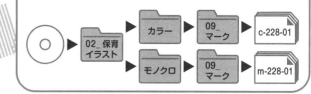

228-01

228-02

228-03

228-04

228-05

228-06

228-07

228-08

228-09

228-10

228-11

228-12

228-13

228-14

228-15

228-16

228-17

228-18

228-19

228-20

228-21

228-22

228-23

228-24

228-25

228-26

228-27

228-28

228-29

228-30

指導計画・保育イラストデータの使い方

指導計画（P.147〜199）、保育イラスト（P.201〜228）で紹介した内容は付録のCD-ROMにデータが収録されています。ここでは、それらのデータの使い方を解説します。データを使う前に、必ずお読みください。

●指導計画・保育イラストのデータは下記からダウンロードして使うこともできます。

 0歳児の保育 https://hoikucan.jp/book/012saijinohoiku/0saijinohoiku/
ID　0saijinohoiku　パスワード　0star

データをお使いになる前に必ずお読みください

●データの使用許諾と禁止事項

■本CD-ROMに収録されているデータやサイトからダウンロードしたデータは、ご購入された個人または法人・団体が、その私的利用の範囲内で使用することができます。

■園児などの募集広告、施設や園バスのデザイン、施設や団体のPR、物品に印刷しての販促への利用や販売など、営利を目的とした配布物や掲示物には使用できません。また、不特定多数の方に向けた配布物や広報誌、業者に発注して作る大量部数の印刷物に使用することもできません。

■ホームページやSNSなどのインターネット上 (私的利用を含む) など、すべてのウェブサイトに使用することはできません (制作したおたよりをPDFなどの形式で園のホームページ等に掲載することはできます)。

■使用権者であっても、本CD-ROMに収録されているデータやサイトからダウンロードしたデータを複製し、転載・貸与・譲渡・販売・頒布 (インターネットを通じた提供も含む) することを禁止します。また、イラストデータを変形・加工して利用することも同様に禁止とします。

■本CD-ROMは図書館およびそれに準ずる施設において、館外へ貸し出すことはできません。

●著作権

■弊社は、本CD-ROMに収録されているデータや、サイトからダウンロードしたデータのすべての著作権を管理しています。

●免責

■弊社は、本CD-ROMに収録されているデータや、サイトからダウンロードしたデータの使用により発生した直接的、間接的または波及効果によるいかなる損害や事態に対して、一切の責任を負わないものとします。

●動作環境について

■OS：Microsoft Windows 10 以上推奨
ソフトウェア：Microsoft Word 2016以上
ドライブ：CD-ROMの読み込みが可能なドライブ
アプリケーション：JPG形式、BMP形式のデータが扱えるアプリケーションソフト

●「指導計画」のWord文書データについて

■「指導計画」は、Microsoft Word 2016に最適化されています。お使いのパソコンの環境やアプリケーションのバージョンによっては、レイアウトが崩れる可能性があります。

●「保育イラスト」の画像データについて

■Windowsで使用できる画像データが収録されています。

■カラーデータは「JPG」、モノクロデータは「BMP」のファイル形式で収録されています。

■画像を拡大しすぎると、線や輪郭が粗くなることがあります。

●説明画面について

■P.232〜239の操作方法や操作画面は、「Microsoft Windows10」上で、「Microsoft Word 2016」を使って紹介しています。お使いのパソコンの環境によって操作方法や操作画面が異なる場合がありますので、ご了承ください。

■その他、パソコンについての基礎知識、Windowsの基本操作は、それぞれの解説書をご覧ください。

●CD-ROM取り扱い上の注意

■CD-ROMは一般のオーディオプレーヤーでは再生しないでください。パソコンのCD-ROMドライブのみでお使いください。

■CD-ROMを取り扱う際は、細心の注意を払ってください。傷をつけたりするとデータが読み取れなくなることがあります。

■CD-ROMは、パソコンのCD-ROMドライブに正しくセットし、各パソコンの操作方法に従ってください。トレイに正しく載せなかったり、強い力で押し込んだりすると、CD-ROMドライブが壊れるおそれがあります。その場合も一切の責任を負いませんのでご注意ください。

※Microsoft、Windows、Wordは、米国Microsoft Corporationの米国およびその他の国における登録商標、または商標です。
※本文中では®マークおよび™マークは省略しております。

CD-ROM 収録データ一覧

付録の CD-ROM には、以下のデータが収録されています。

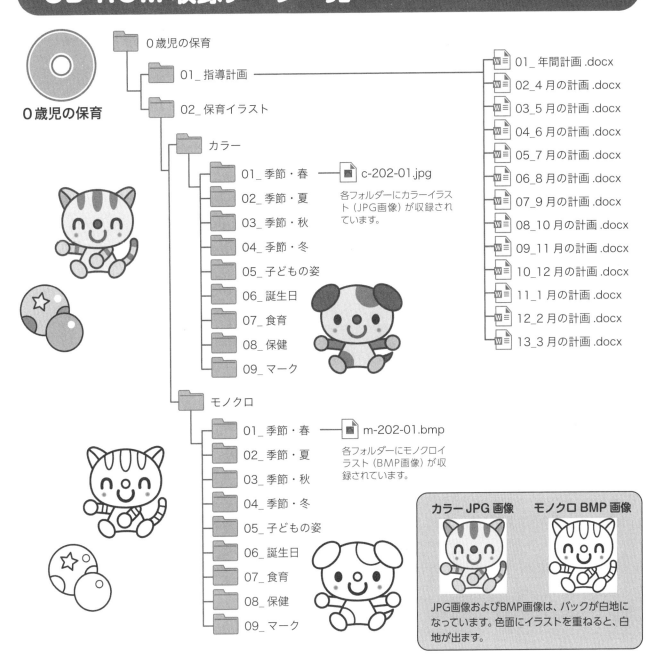

0歳児の保育

- 0歳児の保育
  - 01_ 指導計画
    - 01_ 年間計画 .docx
    - 02_4 月の計画 .docx
    - 03_5 月の計画 .docx
    - 04_6 月の計画 .docx
    - 05_7 月の計画 .docx
    - 06_8 月の計画 .docx
    - 07_9 月の計画 .docx
    - 08_10 月の計画 .docx
    - 09_11 月の計画 .docx
    - 10_12 月の計画 .docx
    - 11_1 月の計画 .docx
    - 12_2 月の計画 .docx
    - 13_3 月の計画 .docx
  - 02_ 保育イラスト
    - カラー
      - 01_ 季節・春 ── c-202-01.jpg
        各フォルダーにカラーイラスト（JPG画像）が収録されています。
      - 02_ 季節・夏
      - 03_ 季節・秋
      - 04_ 季節・冬
      - 05_ 子どもの姿
      - 06_ 誕生日
      - 07_ 食育
      - 08_ 保健
      - 09_ マーク
    - モノクロ
      - 01_ 季節・春 ── m-202-01.bmp
        各フォルダーにモノクロイラスト（BMP画像）が収録されています。
      - 02_ 季節・夏
      - 03_ 季節・秋
      - 04_ 季節・冬
      - 05_ 子どもの姿
      - 06_ 誕生日
      - 07_ 食育
      - 08_ 保健
      - 09_ マーク

カラー JPG 画像　　モノクロ BMP 画像

JPG画像およびBMP画像は、バックが白地になっています。色面にイラストを重ねると、白地が出ます。

マウスの使い方

クリック
左ボタンを1回カチッと押します。ファイルやフォルダー、またはメニューを選択する場合などに使用します。

ダブルクリック
左ボタンを素早く2回続けてカチカチッと押します。プログラムの起動や、ファイルやフォルダーを開く場合に使用します。

右クリック
右ボタンを1回カチッと押します。右クリックすると、操作可能なメニューが表示されます。

ドラッグ
左ボタンを押しながらマウスを動かし、移動先でボタンを離す一連の操作をいいます。文章を選択する場合などに使用します。

指導計画データの使い方

❶ファイルの基本操作

1 ファイルを開く

①CD-ROMをドライブにセットします。

②「自動再生」画面が表示された場合は、その画面をクリックし、自動的に開かない場合は、画面下タスクバーの「エクスプローラー」をクリックします。

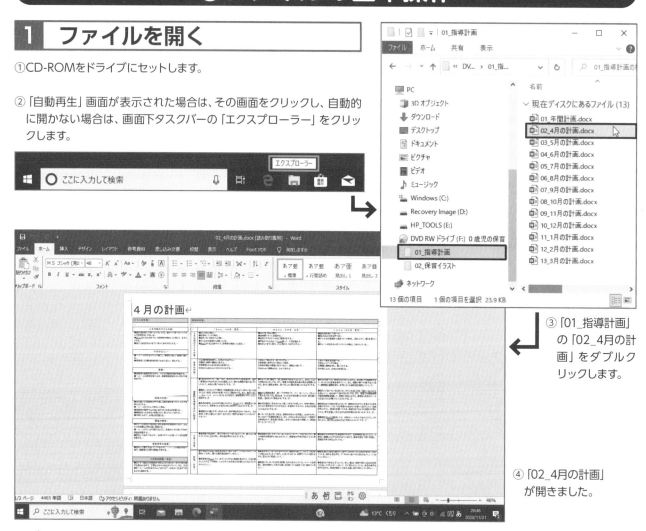

③「01_指導計画」の「02_4月の計画」をダブルクリックします。

④「02_4月の計画」が開きました。

2 名前を付けて保存する

①「ファイル」をクリックします。

②「名前を付けて保存」をクリックし、保存先を選択します。

232

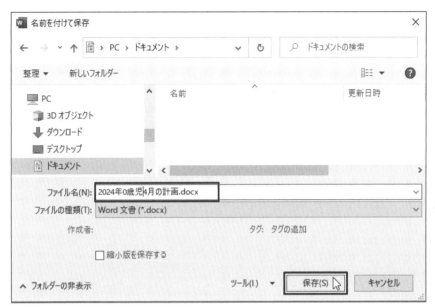

③ファイル名を入力し、「保存」を
クリックします。

3 印刷する

① 「ファイル」を
クリックします。

③枚数を入力します。

④ 「印刷」をクリックします。

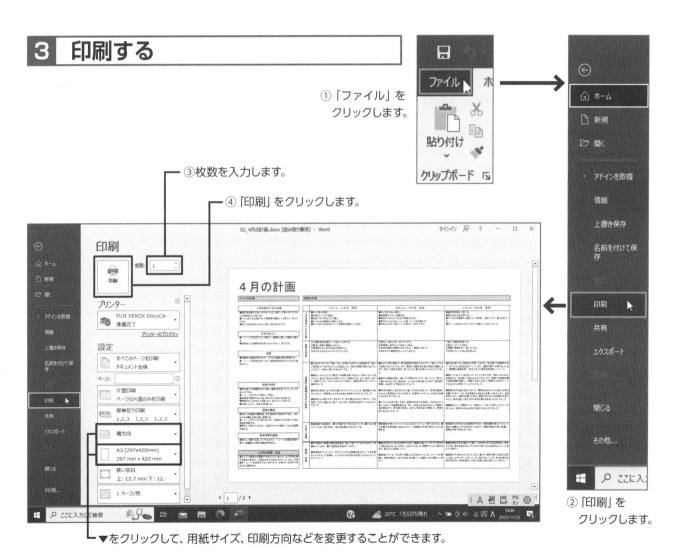

② 「印刷」を
クリックします。

▼をクリックして、用紙サイズ、印刷方向などを変更することができます。

データの使い方

❷文章を変更する

1 文章を変更する

ここにカーソルを合わせて、変更したい所までドラッグします。

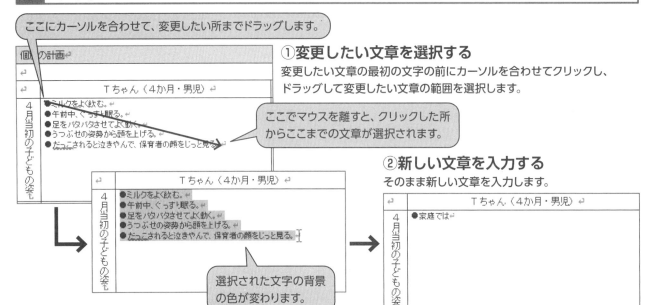

①変更したい文章を選択する
変更したい文章の最初の文字の前にカーソルを合わせてクリックし、ドラッグして変更したい文章の範囲を選択します。

ここでマウスを離すと、クリックした所からここまでの文章が選択されます。

選択された文字の背景の色が変わります。

②新しい文章を入力する
そのまま新しい文章を入力します。

2 書体や大きさ、文字列の方向、行間、文字の配置を変える

①文字の「書体」や「大きさ」を変える
文字を好きな書体（フォント）に変えたり、大きさ（フォントサイズ）を変えたりしてみましょう。まず、「**1**-①変更したい文章を選択する」と同じ方法で、変更したい文章の範囲を選択します。
次に「ホーム」タブのフォントやフォントサイズの右側「▼」をクリックし、書体とサイズを選びます。

※フォントサイズ横の「フォントサイズの拡大」「フォントサイズの縮小」ボタンをクリックすると、少しずつサイズを変更できます。

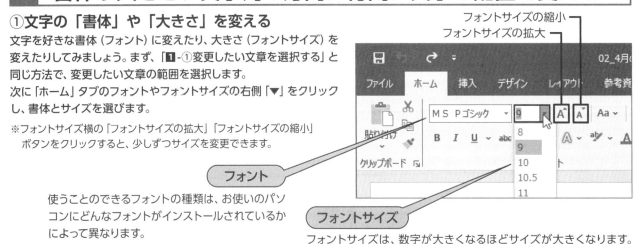

フォント

使うことのできるフォントの種類は、お使いのパソコンにどんなフォントがインストールされているかによって異なります。

フォントサイズ

フォントサイズは、数字が大きくなるほどサイズが大きくなります。
フォントサイズを8以下にしたい場合は、手動で数値を入力します。

下の例のように、文章が新しい書体と大きさに変わりました。

変更前 フォント：MS Pゴシック
フォントサイズ：9

変更後 フォント：HG丸ゴシックM-PRO
フォントサイズ：10

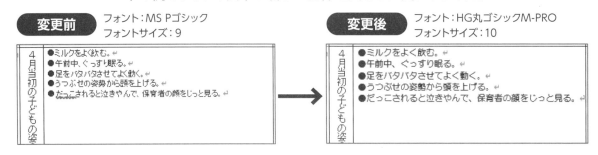

② 文字列の方向・配置を変更する

変更したいセルを選択し、「表ツール」の「レイアウト」タブの「配置」から文字列の配置や方向を設定します。

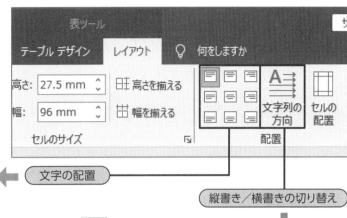

▤ 左端揃え（上）

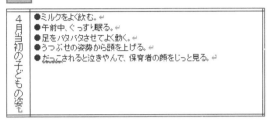

文字の配置

縦書き／横書きの切り替え

▥ 縦書き

変更したいセルを選択し、「文字列の方向」ボタンをクリックすると、縦書きの「両端揃え（右）」の配置になります。

▤ 中央揃え（中央）

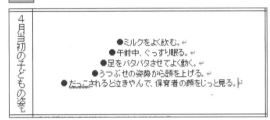

配置も縦書きに変わります。下図は、文字の配置を「両端揃え（中央）」に設定しています。

▤ 両端揃え（下）

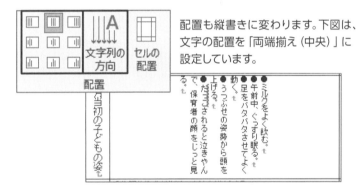

③ 「行間」を調整する

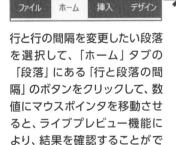

行と行の間隔を変更したい段落を選択して、「ホーム」タブの「段落」にある「行と段落の間隔」のボタンをクリックして、数値にマウスポインタを移動させると、ライブプレビュー機能により、結果を確認することができます。行間の数値をクリックすると決定します。

変更前 行間1

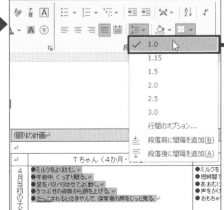

変更後 行間1.15

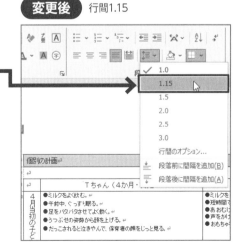

データの使い方

保育イラストデータの使い方

❶ Word 文書にイラストを入れる

1 「Word」を開く

「Word」を起動し、スタート画面の「新規」から「白紙の文書」を選択して、Word文書を開きます。

2 用紙の設定をする

画面左上の「レイアウト」のタブをクリックし、「サイズ」「印刷の向き」「余白」ボタンをクリックして、用紙の大きさや余白などを設定します。

3 イラストを挿入する

① 「挿入」タブの「画像」ボタンをクリックし、「このデバイス…」を選びます。

▼をクリックし、「中アイコン」以上を選ぶと、プレビュー表示になります。

③ 「m-202-06」を選択し、「挿入」をクリックします。

② 「図の挿入」画面が表示されたら、「0歳児の保育」→「02_保育イラスト」→「モノクロ」→「01_季節・春」の順に選択して開きます（フォルダーをダブルクリック、または右クリックで「開く」を選択すると開きます）。

❷イラストの大きさや位置を変える

1 イラストの書式設定をする

イラストが選択された状態で、画面上部の「図ツール」の「図の形式」タブをクリックします。「文字列の折り返し」で、「行内」以外を選びます。「行内」以外に設定すれば、画面上でイラストを自由に移動できるようになります。ここでは「背面」を選択。「背面」にすると、イラストの上に文字列を配置できます。

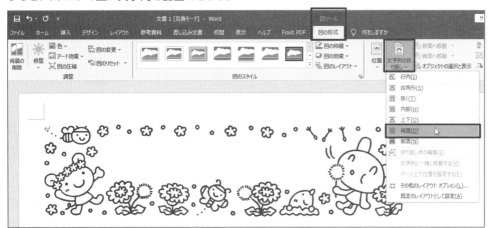

※「文字列の折り返し」では、挿入したイラストと入力した文字列などの配置関係を設定できます。「行内」以外に設定すれば、イラストを画面上で自由に移動できるようになります。「行内」に設定すると、イラストを移動できなくなるので、注意してください。その他の設定については、Wordの説明書をよく読んで、目的に合った設定をしてください。

2 イラストを拡大・縮小する

挿入されたイラストをクリックして選択すると、イラストの周囲に○が表示されます。四隅の○印のうちの一つにマウスポインタを合わせて両矢印になったら、対角線上の内側や外側に向かってドラッグします。ドラッグ中は、マウスポインタの形は十字になります。

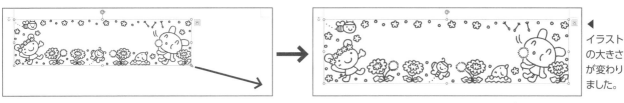

◀ イラストの大きさが変わりました。

※P.44～45で紹介しているメダルとペープサートの絵人形も、同様にして大きさを調節して作ってください。

※四隅の○にマウスポインタを合わせてドラッグすると、縦横比を保ったまま拡大・縮小できますが、上下左右の中央にある○にマウスポインタを合わせてドラッグすると、その方向に伸縮し、イラストが変形してしまいます。イラストの拡大・縮小は、四隅の○をドラッグしましょう。

3 イラストを移動する

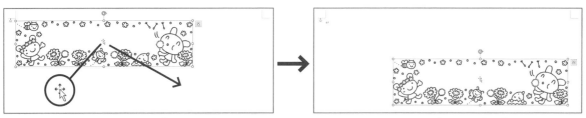

選択したイラストの上にマウスポインタを合わせると、マウスポインタの形は十字矢印になります。そのまま動かしたい方向へドラッグします。

▲マウスボタンから指を離すと、イラストはその位置に移動します。

❸テキストボックスを作って文字を入れる

1 テキストボックスを作る

①「挿入」タブの「テキストボックス」をクリックします。

③文字を入れたい場所
の始点から終点まで
をドラッグします。

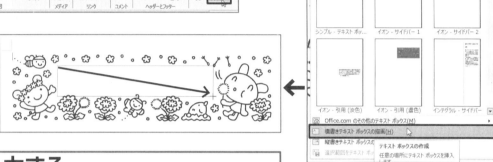

2 文字を入力する

テキストボックス内に
カーソルを合わせて
から、文字を入力し、
Enter キーを押します。

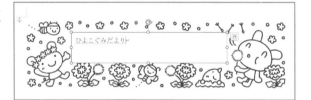

②表示された画面の下部にある「横書きテキスト ボックスの描画」または、「縦書きテキスト ボックスの描画」をクリックします。ここでは、「横書きテキスト ボックスの描画」を選択。

3 文字の書体や大きさを変える

①入力した文字列をドラッグして選択
します。画面上部の「ホーム」タブ
をクリックし、フォントの▼をクリッ
クして文字の書体を選び、フォント
サイズの▼をクリックして文字の大
きさを設定します。

②ここでは、フォントを
「HGP創英角ポップ
体」、サイズを「28」
に設定。

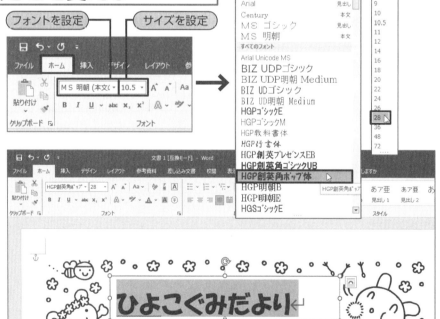

❹テキストボックスを設定する

1 テキストボックスの形を変える

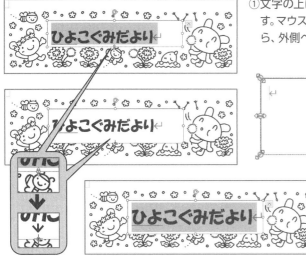

①文字の上にマウスポインタを置いてクリックし、テキストボックスを選択します。マウスポインタを枠の下の中央や右中央の○に合わせて、両矢印になったら、外側へドラッグして枠を広げます。

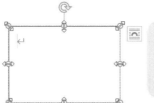

テキストボックスを選択した状態で、マウスポインタを四隅や上下左右の○に合わせて、両矢印になったら、その方向へドラッグすると、大きさや形が変わります。

②また、文字列をドラッグして選択し、Ctrlキーを押しながら［ キー（全角では「 キー）を押すと、文字が少しずつ小さくなり、Ctrlキーを押しながら］ キー（全角では」キー）を押すと、少しずつ大きくなります。サイズ「33」で、ちょうどいい大きさになりました。

2 テキストボックスの色と線を設定する

①テキストボックスをクリックして選択し、上部「描画ツール」の「図形の書式」タブで「図形のスタイル」の「図形の塗りつぶし」をクリックして、枠内の色を選びます。色をつけないなら「塗りつぶしなし」をクリックします。

②同じく「図形のスタイル」の「図形の枠線」をクリックし、枠線の色や太さを指定します。線をつけないなら「枠線なし」をクリックします。

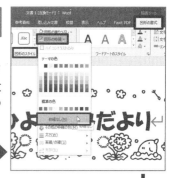

③マウスポインタをテキストボックスの外側に置いてクリックすると、図のように枠線が消えます。

3 テキストボックスを移動する

①テキストボックスを選択し、マウスポインタをテキストボックスの枠線上に合わせます。十字矢印に変わったら、動かしたい方向へドラッグすると自由に移動できます。

②移動できました。テキストボックスを選択した状態でCtrlキーを押しながら↑ ↓ ← → キーを押すと、矢印の方向に少しずつ移動できます。ちょうどいい位置になりました。

CD-ROM&ダウンロードデータ付き
あそび・生活・発達・健康・指導計画・保育のアイディア・保育イラスト

指導・監修　片川智子　酒井治子　鈴木みゆき　帆足暁子　山中龍宏

STAFF

表紙・CD レーベルデザイン ● 長谷川由美

表紙イラスト ● 市川彰子

本文デザイン ● 小早川真澄　高橋陽子　千葉匠子　長谷川由美　福田みよこ
　　　　　　　　柳田尚美（N/Y graphics）

製作 ● 会田暁子　浅沼聖子　小沼かおる　くらたみちこ　やべ りえ　リボングラス

イラスト ● 青木菜穂子　浅沼聖子　有栖サチコ　井坂愛　石川えり子　石崎伸子
　　　　　　いとうみき　おのでらえいこ　かまたいくよ　菊地清美　くらたみちこ　コダイラヒロミ
　　　　　　小早川真澄　佐古百美　しぶたにゆかり　菅谷暁美　セキ・ウサコ　たかぎ＊のぶこ
　　　　　　高橋美紀　田中なおこ　仲川かな　中小路ムツヨ　ひのあけみ　町塚かおり
　　　　　　村東ナナ　ヤマハチ　わたなべふみ　わたべ仁美

楽譜制作 ● 石川ゆかり

協力 ● 小杉眞紀　谷村安子　あかねの虹保育園　おおぎ第二こども園
　　　　かしのき保育園　新杉田のびのび保育園　バオバブ霧が丘保育園　ひむろこだま保育園
　　　　町田わかくさ保育園　雄踏ちゅうりっぷこども園

おたより文例 ● 磯亜矢子

撮影 ● 戸高康博　冨樫東正

イラストデータ制作 ● 蟻末治　小早川真澄

DTP 制作 ● 明昌堂

データ校閲 ● 佐々木智子

校閲 ● 草樹社　学研校閲課

編集・制作 ● ほいくりえいと（中村美也子　後藤知恵）
　　　　　　　リボングラス
　　　　　　　（若尾さや子　加藤めぐみ　篠﨑頼子　三浦律江子　森川比果里　矢野寿美子）